www.ingramcontent.com/pod-product-compliance
Lightning Source LLC
Chambersburg PA
CBHW070535230426
43665CB00014B/1702

LE
SIÉGE DE PARIS

MICHEL LÉVY FRÈRES, ÉDITEURS

OUVRAGES DU MÊME AUTEUR

Format grand in-18

Idées anti-proudhoniennes. 3e édition. . . . . . 1 vol.

Mon Village. 2e édition. . . . . 1 vol.

Le Mandarin. 2e édition. . . . . 1 vol.

Récits d'une Paysanne. 3e édition. . . . . . . 1 vol.

Voyage autour du Grand Pin. 2e édition. . . 1 vol.

Dans les Alpes. . . . . 1 vol.

L'Éducation de Laure. . . . . 1 vol.

Saine et Sauve. . . . . 1 vol.

Paris. — Typographie Georges Chamerot, rue des Saints-Pères, 19.

JULIETTE LAMBER

(Mᵐᵉ EDMOND ADAM)

LE SIÉGE DE PARIS

JOURNAL D'UNE PARISIENNE

PARIS

MICHEL LÉVY FRÈRES, ÉDITEURS

RUE AUBER, 3, ET BOULEVARD DES ITALIENS, 15

A LA LIBRAIRIE NOUVELLE

1873

Droits de reproduction et de traduction réservés

PRÉFACE

Ai-je eu tort de laisser paraître ces notes, qui n'étaient point destinées à la publicité, et que des amis trop bienveillants peut-être ont sauvées du feu?

J'y ai réfléchi, et je ne me repens pas.

On peut leur reprocher d'être trop intimes. La vérité est qu'en les écrivant je ne songeais pas à faire de l'histoire. Si c'est un défaut, n'est-ce pas aussi un avantage? Prises au jour le jour, pour ma fille absente, sans autre préméditation, elles ont au moins le mérite d'être sincères. Le jour où j'ai autorisé la publication de ces notes, j'aurais voulu

en changer le cadre, mais j'ai craint de les dénaturer. Après tout, la seule question qui importe est celle-ci : en racontant ce que je voyais, ce que j'entendais autour de moi, n'ai-je pas raconté en même temps ce que d'autres ont vu et entendu autour d'eux ? N'avons-nous pas tous, pendant quatre mois, vécu de la même existence, pensé, agi, souffert de la même manière ? Ne nous sommes-nous pas tous offerts au sacrifice ou au combat avec le même patriotisme ? Mes émotions, mes espérances, mes enthousiasmes, mes jugements, mes colères, n'ont-ils pas été partagés par tous les Parisiens ? S'il en est ainsi, je suis autorisée à croire que mon tableau, pour n'être qu'un tableau de genre, un tableau d'intérieur, est le tableau exact, fidèle, de Paris assiégé !

On peut me dire encore que j'ai contrevenu à l'usage, en publiant des mémoires sitôt après les événements accomplis. Soit! mais les ennuis de cette infraction à la prudence sont pour moi, pour l'auteur, et non pour le public.

Enfin, à ne voir dans ce livre qu'un hommage rendu à Paris, je ne suis pas disposée à le regretter. Même après son insurrection, après les fautes qu'il a commises, après les crimes commis en son nom, j'ai conservé mon admiration pour l'héroïsme que Paris a déployé pendant le siége. Les désordres extraordinaires qui ont suivi ne sont pas un fait isolé dans l'histoire des grands siéges et des grandes catastrophes. Le devoir des historiens est de chercher, de trouver l'explication de ce phénomène, lorsque les esprits seront calmés. En attendant, si les événements que je raconte servent, dès à présent, à faire mieux comprendre ceux que je ne raconte pas, mon plus cher désir sera réalisé.

Golfe-Juan, 15 janvier 1873.

J. L.

A MA FILLE

Chère Alice,

Mes lettres ne te suffisent pas, et tu me demandes de prendre, jour par jour, des notes sur ce qui se passera sous mes yeux dans notre cher Paris, durant ta longue absence. Je prendrai ces notes à la hâte, le soir ou dans la journée, selon le temps dont je disposerai; les unes seront complètes, les autres informes, mais tu y retrouveras certainement l'intérêt que tu trouves à nos conversations lorsque nous sommes réunies.

Je commence le soir du 3 septembre.

Juliette Lamber.

LE
SIÉGE DE PARIS

JOURNAL D'UNE PARISIENNE

3 septembre 1870.

Nous apprenons à Paris que quarante mille hommes ont capitulé avec Mac-Mahon, que Napoléon III est prisonnier.

Cela s'appelle la défaite ou plutôt le désastre de Sedan. La douleur nous accable ; mais le désespoir fait bien vite place à l'indignation. On sort de chez soi, on ne peut pas porter seul l'écrasante charge des malheurs de la France. Vers sept heures du soir, les boulevards se peuplent ;

tout le monde à la fois parle, gémit, s'indigne et discourt; beaucoup de gens pleurent de rage. Dans le grand bruit que fait la foule, je distingue deux choses : la plainte et la menace. Nous sommes retenus en face du café des Variétés; là, chacun déclare que l'humiliation et la honte de la France dépassent toute mesure! On raconte que Napoléon III, en capitulant, a livré les munitions de l'armée, l'artillerie, mais qu'il a sauvé ses bagages à lui. Cette longue file de voitures qui embarrassait tant la marche de nos troupes à Reims, et qui avait fait surnommer l'empereur Colis III par nos soldats, toutes ces voitures sont hors de danger. Qu'importe le reste à cet homme?

— Les Prussiens seront à Laon demain, et dans trois jours sous Paris, murmure un découragé. De quelque côté que nous regardions, c'est l'abîme. Notre dernière armée a capitulé. Nous ne sommes plus un peuple, mais un troupeau de prisonniers.

— Et ces hommes d'État de l'empire, messieurs, crie derrière moi un vieillard, où sont-ils aujourd'hui? Les députés, les ministres, tous ces

attachés à la maison de l'empereur, ces soi-disant cariatides du système, sont redevenus poussière. Vous verrez qu'il n'y aura pas un homme dans le parti bonapartiste pour arrêter l'effondrement.

Les exclamations désolées ricochaient autour de moi.

— Nous sommes trahis, nous sommes vendus, nous sommes perdus! Nous voilà punis de nous être, pendant vingt ans, désintéressés de la chose publique.

— Nous avons trop répété : « A demain les affaires sérieuses ! »

— Aussi, à l'heure des mâles résolutions, nous n'avons pour nous sauver que des généraux imbéciles et des gouvernants affolés.

— A bas l'empire! crient cent voix.

— Oui, tout vaut mieux que ce qui est! Quoi qu'il advienne, nous ne serons ni plus stupidement commandés, ni plus odieusement gouvernés.

— Messieurs, citoyens, dit l'orateur d'un groupe de gens qui venaient de la rue Mont=

martre, hâtons-nous! les Prussiens marchent sur Laon. Tâchons d'utiliser les heures de répit que nous laisse encore l'ennemi victorieux. Si nous ne pouvons plus attaquer, au moins essayons de nous défendre; si nous ne pouvons sauver la patrie, sauvons au moins l'honneur!

Vers dix heures, le boulevard depuis la rue Montmartre jusqu'au nouvel Opéra ressemble à un immense forum.

Au-dessus de toutes les têtes se dresse le spectre du Deux-Décembre. On revoit les morts sanglants de ce jour néfaste mêlés à l'hécatombe de Sedan. La haine, la violence débordent de tous les cœurs; les menaces, les injures, les récriminations s'amoncellent sur Bonaparte. Traître! lâche! ces deux mots répétés par des milliers de voix forment une sorte d'accompagnement sourd, mal rhythmé, irritant, plein d'orage, aux paroles aiguës et vibrantes qui jaillissent de toutes parts.

Un mouvement de va-et-vient continuel agite cette masse inquiète, désespérée, dont le flot monte et s'enfle.

La haine de la foule, un moment attachée et comme fixée sur Napoléon III, se détourne tout à coup en indignation violente contre le Corps législatif. N'est-ce pas le Corps législatif qui a voté cette guerre maudite et qui a consommé notre désastre par sa bassesse? Cette chambre, cette misérable chambre a une séance ce soir même à minuit. Il faut marcher sur elle et la chasser!

Au moment de se former en colonne sur la chaussée, la foule s'arrête hésitante. Rien de plus étonnant que ce spectacle, exclusivement parisien. On cherche un mot d'ordre, un mot de ralliement, je ne sais quelle parole populaire qu'on chantera au besoin sur l'air des lampions et sans laquelle Paris ne s'ébranlera pas. On propose:

— A bas le Corps législatif!
— Non! non!
— Alors, vive la République!
— C'est trop tôt.
— Vive la France!
— Connu.
— Mort aux Prussiens!

— Attendons.

Tout à coup les bravos retentissent, la foule acclame un mot, un seul... Comme un jet de lumière électrique, ce mot éclaire brusquement les intelligences, il définit le caractère de la révolution qui se prépare, il est l'expression de l'acte collectif le plus merveilleux qui se puisse accomplir, parce qu'il concilie cent opinions dans un seul cri, parce qu'il résume toutes les énergies individuelles en un acte commun, simple, puissant, irrésistible. Ce mot, qui a été successivement : *Vive la Charte! Vive la réforme!* est, le 3 septembre 1870, comme en juillet 1830 et en février 1848, un mot habile, sonore, que tous les partis répètent sans effroi, qui imprime au mouvement sa signification précise : c'est le mot *Déchéance!* scandé ainsi par les Parisiens : *Dé-ché-ance!*

Une colonne immense, interminable, tenant la chaussée des boulevards, les trottoirs, psalmodie sur l'air des *Lampions* ce mot de *Déchéance,* s'agglomère, se grossit de tout ce qu'elle rencontre sur son passage, va vers la

Bastille pour saluer le génie de la Liberté et réveiller le faubourg Saint-Antoine, endormi depuis vingt ans.

Quand nous revenons de la place de la Bastille vers le boulevard Montmartre, nous formons une masse serrée, dense, innombrable. Une députation se détache et se rend chez le général Trochu par la rue de la Paix. Des délégués choisis par la foule vont trouver les députés de l'opposition rue de la Sourdière.

Après bien des allées, des venues, des pourparlers, des débats, des discussions, auxquels nous prenons tous part, il est entendu qu'on remettra au lendemain la manifestation contre le Corps législatif. La facilité de réunir une plus grande armée de citoyens, le hasard heureux qui fait du 4 septembre un dimanche, ce mot de *déchéance* si bien trouvé, qui convient à M. Trochu, nous dit-on, que les députés de l'opposition approuvent avec enthousiasme, et qui détermine si politiquement le but de la révolution, tout cela calme les plus impatients et satisfait les plus irrités.

La foule prend donc rendez-vous pour le lendemain dimanche, à l'heure de l'ouverture du Corps législatif. On décide que la manifestation, pour être plus digne, plus solennelle, se fera sans trouble, avec discipline. Les partisans de la déchéance seront vêtus de l'uniforme de la garde nationale et sans armes. On espère obtenir des faubourgs qu'ils défilent, avec leurs officiers, par compagnies et par bataillons. La séance de la chambre étant fixée à deux heures, on arrête que le rendez-vous sera pour une heure, afin que les députés de l'empire voient, au moment de siéger, le peuple rassemblé sur les quais, sur le pont, sur la place de la Concorde.

Il est minuit environ quand la foule se disperse. Beaucoup de gens rentrent chez eux, mais beaucoup aussi vont dans les faubourgs, aux extrémités de Paris, porter le mot d'ordre.

Je remonte chez moi. Le boulevard, tout à l'heure si plein de bruit, de mouvement, redevient silencieux ; quelques voitures, de temps à autre, roulent sourdement sur la chaussée ; des

gens attardés passent comme des ombres inquiètes. Si le boulevard est désert, dans les appartements, depuis le premier étage jusqu'aux mansardes, toutes les fenêtres sont éclairées. La grande ville ne dormira pas cette nuit!

A la première heure du matin, le 4 septembre, l'émotion est rentrée, homme par homme, aux foyers domestiques. C'est dans la famille que la patrie tient son dernier conseil. L'illumination générale n'annonce pas une fête, mais une veillée : la veillée des larmes. Il semble que sous chaque toit un malade est à toute extrémité et qu'on passe la nuit à son chevet.

Ce malade, c'est la France à l'agonie!

4 septembre.

Le temps est splendide ; les conservateurs sont effarés. J'ai vu arriver, ce matin, notre ami le réactionnaire que tu as surnommé, ma

1.

chère Alice, « le perroquet blanc ». Son effroi de l'invasion prussienne se double de l'épouvante d'une révolution communiste ; il est affolé de peur, et il m'a fait une harangue où il y avait autant de *taratata* que dans le discours de Pourceaugnac. Tu sais qu'il n'est point bonapartiste, ton perroquet ; il m'a dit :

— Ce misérable Napoléon payait des socialistes excentriques, des babouvistes, pour effrayer les bourgeois, pour surexciter les ouvriers. Vous croyez à une révolution ?.. vous aurez une émeute sociale, le pillage, le reste ! Ah ! oui, vous allez proclamer la déchéance, revendiquer notre honneur, sauvegarder les pauvres miettes de la France ! La patrie appelle au secours, et les ouvriers vont vous chanter :

> Les peuples sont pour nous des frères,
> Et les bourgeois des ennemis.

Que de rancunes, de divisions et de haines !... Vous allez voir !... C'est bien le moment des réformes sociales ! Les Prussiens détruisent l'épargne des paysans ; les Prussiens brûlent les ma-

chines des industriels; les Prussiens réquisitionnent l'argent des riches! Et vous iriez, dans un instant pareil, vous soucier de capital, de crédit, de questions ouvrières!.. Ah! les insensés!

— C'est vous qui êtes fou, lui dis-je; personne ne veut de révolution sociale; il n'y a qu'une pensée aujourd'hui dans tous les cœurs, dans toutes les classes: défendre la France!

Ah! le beau dimanche, le beau jour que ce 4 septembre! Tant de lumière, de soleil, un ciel si bleu, ne sont point faits pour éclairer des scènes de désolation et de meurtre.

Paris est superstitieux; il s'inquiète fort de la pluie ou du beau temps. Pour la première fois depuis le règne de Napoléon le Petit, il ne pleuvra pas sur le peuple un jour de manifestation. Tu te rappelles, Alice, ce chambellan qui nous disait un jour: « Quand nous donnons des fêtes, quand nous passons des revues, il fait le soleil de l'empereur. Lorsque le peuple de Paris essaye une manifestation, il reçoit une

averse et rentre chez lui trempé jusqu'aux os et crotté jusqu'à l'échine. »

Le soleil luit aujourd'hui, et c'est le soleil du peuple! Notre patriotisme ne risque pas d'être mouillé. Ce dimanche permet aux ouvriers de faire leur demi-journée, aux petits marchands d'ouvrir leur boutique le matin. Chacun d'eux se dit qu'il pourra remplir, le même jour, ses devoirs de travailleur, de père de famille, et de citoyen. Les petites causes s'enchaînent aux grands effets. Pas une femme ne retient son mari, pas un enfant son père. Tout est pour le mieux, et Paris est prêt à délivrer la France.

De bonne heure, le succès de la journée paraît certain à ceux qui visitent les faubourgs.

Mais sur les boulevards, vers dix heures, la lecture du *Journal officiel* semble avoir remis tout en question. La séance du Corps législatif, annoncée hier pour deux heures, y est annoncée aujourd'hui pour midi. Bien des patriotes hochent la tête. Il y a là une manœuvre évidente, la préméditation de dérou-

ter la colère publique, d'attirer d'abord les gardes nationaux des quartiers du centre, puis ceux des quartiers excentriques dans quelque piége. Le gouvernement se croit sans doute en mesure d'empêcher la révolution! il a rassemblé dans la nuit assez de forces pour dompter Paris! En effet, tout ce qui reste ici de troupes défile majestueusement sur le boulevard, de dix à onze heures du matin, et des spectateurs goguenards affirment que les mêmes bataillons passent et repassent plusieurs fois.

On pense à changer dans les faubourgs l'heure du rendez-vous : c'est impossible! Mais la majorité de l'Assemblée se réunit à midi très-précis; on ne peut attendre jusqu'à deux heures pour donner à la gauche l'appui d'une force extérieure.

Toute hésitation, qui laisse aux bonapartistes le temps de prendre des mesures extrêmes contre les députés de l'opposition, devient dangereuse. On s'agite dans les groupes, sur le boulevard; on se promet de rallier à la hâte les éléments d'une demi-manifestation, au ris-

que de tomber dans quelque traquenard de Piétri ou de Palikao. Les moments sont précieux, il faut agir avec audace, et, par tous les moyens, quels qu'ils soient, occuper la police et les troupes, de midi à une heure, sur la place de la Concorde. On jure de se conduire comme ces avant-gardes courageuses qui se sacrifient jusqu'à l'arrivée du corps d'armée.

Dès onze heures et demie, les adversaires les plus résolus de l'impérialisme se dirigent vers le Corps législatif. Tous sont émus, tous comprennent la gravité des circonstances. Possédés par le désir violent de délivrer la France, ils sont tous convaincus de la légitimité de la révolution qui va s'accomplir; aucun d'eux ne craint ni ne veut une convulsion sociale : proclamer la déchéance, créer un gouvernement national, voilà ce que viennent faire ceux qui débouchent, de onze heures et demie à midi et demi, des boulevards, de la rue Royale, de la rue de Rivoli, sur la place de la Concorde.

Fidèles au mot d'ordre de la veille, ils portent l'uniforme de la garde nationale, ils n'ont

point d'armes ; on prétend faire de cette manifestation un comice, non un combat.

Les Parisiens essayeront, par leur seule présence sur la place de la Concorde, d'imposer la déchéance de l'empire ! Quelques-uns de ceux qui marchent ainsi désarmés croient cependant à des résistances folles du bonapartisme aux abois. Le régime des coups d'État et des coups de casse-tête inspire encore des terreurs ; on dit partout que l'impératrice a donné l'ordre de faire sauter la place de la Concorde et le Corps législatif lui-même, si la gauche y triomphe !

Un homme d'environ cinquante ans, qui semble taillé pour les actions décisives, paraît des premiers sur la place. Les jeunes gens qui le suivent hésitent à l'aspect de cette grande place presque entièrement déserte. Ce chef improvisé leur dit :

— J'ai vu, suivi et observé les commotions populaires depuis quarante ans. Lorsqu'une grande idée surgit dans les masses, qu'elle confond et rassemble comme hier soir, en un même élan, toutes les ardeurs patriotiques,

cette grande idée est victorieuse, cet élan brise ou culbute les obstacles, fussent-ils des montagnes, fussent-ils Pélion sur Ossa! Un gouvernement qui n'a prévu que des résistances matérielles ne sait à qui s'en prendre, ni par quel moyen combattre une idée; il est alors étonné, ahuri; car, si les émeutes s'organisent et s'écrasent, les révolutions naissent spontanément, elles sont la force des choses, et contre elles les choses de la force ne peuvent rien! Je vous entends répéter avec les naïfs que l'impératrice a fait miner les égouts, la place de la Concorde, le Corps législatif; j'en conviens, il eût été d'une moralité plaisante que les égouts sauvassent l'empire ; mais, je vous le déclare, les égouts, la place de la Concorde et le Corps législatif ne sauteront pas. Avançons!

Vers midi, un millier d'hommes sans peur sont amassés à droite et à gauche du pont de la Concorde; ils se tiennent les coudes serrés, résolus à ne pas rompre d'une semelle.

Le pont est occupé à son entrée par les agents

de police, par une haie de gendarmes à cheval assez nombreux pour charger la foule, par un bataillon de la garde nationale, le 6ᵉ, composé en majeure partie des habitants de la rue Lafayette, de la rue Laffitte et de la rue du Helder. Les gendarmes, en selle, le sabre au poing, attendent immobiles l'un de ces ordres impitoyables qui lancent sur des hommes, sur des femmes, sur des enfants, un ouragan de cavaliers.

A midi, des légions de sergents de ville, qui semblent sortir de terre, couvrent la place, s'entre-croisent sur le pont au milieu des gardes nationaux, se répandent sur le quai d'Orsay; ils gardent ainsi, au dehors et au dedans, la grille du Corps législatif.

Il y a comme un grand silence, une sorte de calme, de repos convenu précédant l'orage et la lutte. Quelques hommes agités, impatients d'en finir, se rassemblent et traversent le pont de Solferino; ils veulent tourner le Corps législatif; mais ils essayent en vain de se frayer un passage au travers des carrés épais de la

troupe et des haies des sergents de ville. Toutes les rues aboutissant à la place de Bourgogne sont fermées et gardées comme le pont de la Concorde; impossible de songer à rompre les rangs profonds des soldats et des chevaux. Ceux qui s'y entêtent sont arrêtés.

La surexcitation des impatients redouble; quelque sot engagement va commencer là, quand un officier de gendarmerie étale avec ostentation, du haut de son cheval et de ses mains levées, un journal : *le Rappel !* On applaudit. Dans ces moments de fièvre, le moindre fait prend des proportions extraordinaires. Ce *Rappel*, déployé par les mains d'un gendarme du côté du titre, par-dessus la tête des agents de police, frappe l'esprit des gardes nationaux ; ils reviennent par le pont de Solferino sur la place de la Concorde ; chacun d'eux raconte et commente la chose. Dix minutes plus tard, cet incident d'un officier de gendarmerie lisant le *Rappel* sur le pont de Solferino est si bien grossi, que beaucoup de gens vont crier jusque sous les pieds des chevaux de la compagnie des

gendarmes du pont de la Concorde : « Les gendarmes du pont de Solferino sont avec le peuple ! »

La police somme la foule de circuler. « A la Seine, les casse-tête ! » répliquent cent voix. Les agents se précipitent sur ceux qui crient ; mais la foule, composée alors d'au moins dix mille personnes, protége et abrite dans ses rangs les citoyens menacés.

Il est plus de midi et demi. Les premiers arrivés des partisans de la déchéance se sont peu à peu engagés sur le pont de la Concorde. A quels dangers ils s'exposent, poussés, écrasés par les gardes nationaux de l'ordre, par les agents de police et par les gendarmes ! Tout l'effort du moment se concentre là. Des groupes de gardes nationaux sans armes continuent d'apparaître aux issues de la place de la Concorde, mais ils sont toujours clair-semés. Voyant si peu de monde auprès du pont, la plupart s'en retournent et découragent en chemin ceux qui arrivent isolément.

On se demande avec angoisse si le Corps

législatif, en séance depuis une demi-heure, a ratifié le traité de Sedan, accepté le déshonneur de la France.

Sur le pont de la Concorde les paroles sont violentes.

— Lavons-nous de nos souillures aujourd'hui même, dit un patriote; balayons les ordures bonapartistes; la France va mourir empestée, si nous ne l'assainissons pas.

— Débarrassons-nous des lâches pour lutter à outrance contre la Prusse, reprend un Strasbourgeois, sans quoi Bismark prendra notre Alsace.

— Mes amis, s'écrie un troisième, de façon à être entendu par les gendarmes, Napoléon III s'est appliqué, dans cette guerre, à flétrir, à déshonorer les militaires. Notre pauvre armée! qu'en ont fait les généraux de cour, qu'en a fait l'homme de Sedan?

Les femmes arrivent en grand nombre sur la place; elles questionnent les gardes nationaux : Qu'y a-t-il de nouveau? Que se passe-t-il? Que va-t-on faire?

La femme d'un ouvrier, au bras de son mari, pénètre dans un groupe ; elle est pâle, frémissante :

— Vous le voyez, s'écrie-t-elle, il faut encore du sang au boucher du Deux-Décembre ; il n'en a pas assez répandu ! Les gendarmes vont tirer sur nous comme en 1851. Ils m'ont logé une balle dans la tête sur le boulevard Montmartre ; je l'ai gardée et je la sens qui s'échauffe aujourd'hui !

Et, comme on écoutait, elle ajouta :

— J'avais quatorze ans, je sortais de l'atelier à mon heure ordinaire. Parce que j'étais blessée, ils ont arrêté mon père, en disant qu'on ne sortait pas ainsi dans les rues quand on se bat, si ce n'est pour se battre ! Les assassins ! il faut se venger d'eux !

On entoure cette femme, que son mari retient dans la crainte qu'elle ne se précipite vers les gendarmes pour les défier. Elle s'adresse à la foule, elle énumère, un à un, avec une éloquence haineuse, tous les forfaits de Napoléon le Petit ; sa voix brève, ses paroles vigoureuses

soufflent l'indignation et provoquent la vengeance. Cette femme a la passion du vrai peuple de Paris, honnête, sincère, juste, pour qui le succès ne légitime rien, que la peur ni l'égoïsme n'ont jamais forcé à l'absolution. On l'applaudit, et l'on sent que les crimes nouveaux de l'empire ne doivent point faire oublier les crimes anciens.

Il est une heure. Les agents de police, deux fois, ont chargé la foule, mais les hommes et les femmes lentement amassés sur la place sont des Parisiens sans peur. Point de panique! Ils se laissent charger et songent, malgré leur petit nombre, à tenter un effort suprême.

Entraînés plus d'une fois, depuis vingt ans, par des agents provocateurs, des ouvriers demandent quels sont les hommes qui tiennent la tête de la colonne sur le pont de la Concorde; ils s'assurent qu'on peut sans crainte risquer sa vie pour les soutenir. On leur crie des noms de républicains connus, de ces noms auxquels le peuple de Paris ajoute une épithète enviable, quoique vulgaire : « C'est un vrai! »

Au moment où le cri : « En avant ! » se fait entendre sur les quais, et où la foule se précipite comme un ouragan vers le pont pour le forcer, un autre cri : « Les voilà ! » retentit avec une telle puissance que la masse entière s'arrête comme par miracle.

La colonne du pont, serrée, à moitié prisonnière, incapable de faire un mouvement et qui peut, à la moindre lutte, être prise entre deux feux, croit à l'arrivée de gardes nationaux de l'ordre et elle a un moment de cruelle inquiétude. Mais la voix formidable de milliers d'amis, qui chantent sur l'air des lampions le fameux mot *déchéance,* rassure les nôtres et trouble les derniers partisans de l'empereur Napoléon troisième. Des bataillons innombrables de gardes nationaux sans armes font irruption sur la place de la Concorde par la rue Royale ; ils couvrent le milieu de la chaussée, les trottoirs ; ils s'inclinent en courbe épaisse à l'angle de la Madeleine et du café Durand. Ce n'est pas tout ! Par la rue de Rivoli, sur le quai des Tuileries, le faubourg Saint=

Antoine, les hauts quartiers défilent à perte de vue. Tous ces hommes marchent sans armes, en rang, les chefs auprès des compagnies. De temps à autre, la voix du peuple, *vox Dei,* fait entendre son arrêt : *Déchéance !*

Les mots, les cris, se confondent dans une sorte de grondement terrible, semblable au bruit de la mer courroucée. On écoute ce cri formidable ; on regarde cet océan qui marche ; on recule devant ces flots énormes qui déferlent sur une berge trop étroite. Quelle puissance résisterait à cette puissance ? Le vrai souverain est là ! Nulle force ne vaincra ce nombre. Toutes ces volontés unies en une seule volonté colossale, irrésistible, dicteront leurs lois.

Il est une heure et demie. Dans toutes les directions, le peuple afflue vers le Corps législatif. Nul encombrement au milieu de ces larges issues. Les voies stratégiques faites pour mitrailler les Parisiens en cas d'émeute aident à la circulation.

Durant l'interminable procession d'au moins cent mille gardes nationaux, pas un poste n'est

désarmé, ni un pavé arraché, ni une boutique d'armurier pillée, ni une barricade commencée ! Ceux qui avaient des armes chez eux les y ont laissées. Le peuple de Paris n'est pas venu sur la place de la Concorde comme assaillant, mais comme justicier. Il a l'audace et la fierté ; il a l'amour sacré de la patrie.

Je me mêle à cette assemblée de frères ; j'éprouve la sainte émotion de l'égalité ; je veux la liberté. Bénie soit la formule de la Révolution française !

L'oubli complet de soi, le dévouement absolu au pays, le culte de la dignité nationale, voilà ce que Paris offre à la France, place de la Concorde, le 4 septembre.

Que fait à ce moment l'impératrice régente, dont le drapeau flotte encore sur le dôme des Tuileries ? L'Espagnole, entretenue à grands frais par la France et qui nous doit tout : rang, honneurs, plaisirs, richesses, va-t-elle essayer de dompter Paris, de changer ses égouts en volcans, de faire vomir ses canons ? Va-t-elle donner l'ordre de rouler au bord de la terrasse

les mitrailleuses qu'on dit cachées dans l'orangerie ?

Sur le pont de la Concorde il y a maintenant une lutte bras à bras, corps à corps. Chaque soldat, chaque gendarme, est entouré par vingt hommes ; on interpelle les officiers et les sous-officiers : tous perdent du terrain. La foule qui grossit, dont le flot n'a cessé de monter de minute en minute, qui emplit la place, les quais, et noircit l'horizon de tous côtés, montre aux défenseurs de l'Empire la folie d'une résistance. Les gardes nationaux du 6e bataillon sont eux-mêmes ébranlés ; les quelques patriotes perdus dans leurs rangs se rassurent et déclarent qu'ils appuieront aussi la déchéance.

Tout à coup l'ordre de charger la foule est lancé de l'autre côté du pont ; les soldats, mécaniquement, tirent leurs sabres ; les chevaux se soulèvent ! Aussitôt des mains arrêtent les mains des gendarmes ; les sabres rentrent au fourreau ; chaque cheval, tenu à droite et à gauche par la bride, demeure pétrifié à sa place. Acculés contre la balustrade du pont, les agents

de police ne peuvent plus se mouvoir. La manifestation devient si imposante, le peuple est en si grande force, que les casse-tête impuissants tombent des poings des assommeurs.

Le spectacle est superbe. Malgré le nombre immense des hommes et des femmes amassés, la foule n'a rien de nerveux, et l'on circule aisément autour des groupes ; on parle des événements, du triomphe probable de la journée.

La colonne va franchir le pont, de l'avis de tout le monde ; mais on n'ose point peser sur elle dans la crainte de la broyer ; on la laisse avancer lentement et sûrement. La défaite certaine du bonapartisme donne au peuple parisien, malgré nos désastres, une sorte de gaieté vaillante et enthousiaste. « L'ennemi du dehors seul nous menacera demain, répète la foule ; alors tous les héroïsmes s'uniront librement pour combattre et vaincre l'étranger. »

Des estafettes à cheval essayent de traverser la place pour aller porter ou demander des ordres aux Tuileries ; elles sont arrêtées, forcées

de livrer leurs armes, de crier : « Vive la déchéance ! »

Tandis que, sur le pont, notre avant-garde pénètre comme un coin dans la masse compacte des agents de police, des gendarmes, des soldats et des gardes nationaux armés, un groupe de vieillards et de femmes protégés par les balustres qui relient entre eux les premiers candélabres de la place, discutent sur la forme de gouvernement à choisir lorsque la déchéance sera proclamée.

Les uns proposent la République ; les autres disent qu'on épouvantera le pays avec un gouvernement révolutionnaire ; quelques-uns repoussent l'idée de la République par la raison qu'elle ne peut accepter la liquidation de l'empire. Je fais un discours, et, comme c'est mon premier début, je m'accroche à mes phrases, je me juche tant bien que mal sur mes idées.

— La République, dis-je, n'est ni une femme, ni une divinité qu'il faut garder de toute souillure, et que la moindre tache salirait. La République, c'est la plus grande somme de courage,

d'intelligence, d'activité, d'expansion qu'un peuple puisse produire ; si la société est une forme répétée et agrandie de nous-mêmes, la République est le résultat de nos meilleures actions, un composé vivant de nos devoirs, de nos droits, de nos intérêts les plus larges et les plus progressifs. On ne décrète pas la République, on la fait ; elle est, elle va naître de vous-mêmes, aujourd'hui, à son heure, et viable. Ni maladie sociale, ni chancre monarchique, ne la tueront dans l'avenir. Vive donc la République !

J'ai quelque succès avec mon pathos ; mais j'ai surtout la joie d'entendre répéter : « Vive la République ! » par des milliers de voix.

Cependant la colonne massée sur le pont ne pouvait franchir les derniers obstacles ; ceux qui la commandaient luttaient depuis deux heures, ils n'avaient plus de voix, ils étaient épuisés. Sous la perpétuelle menace des baïonnettes de « l'ordre », ils ne reculaient point, mais ils ne pouvaient avancer.

Aux abords des quais, à l'angle du pont et

plus loin, sur toute la place, l'emportement gagnait la foule. Un bataillon de gardes nationaux sans armes, partisan de la déchéance, surexcité par l'acharnement du 6° à barrer le passage, fit tout à coup, sur le pont, un brusque mouvement en arrière, et courut sur le quai, au pas gymnastique. Il allait chercher des armes.

Il y eut un instant de panique générale, sans gravité pour les gens répandus sur la place, mais fort dangereuse pour la petite troupe du pont, laquelle se trouva cernée, et ne parvint à se dégager qu'avec force horions donnés et coups de poings reçus.

Soudain, sur le perron du Corps législatif, une cinquantaine d'hommes apparaissent; ils agitent leurs bras, leurs chapeaux, des journaux, des mouchoirs; une émotion irrésistible saisit la foule tout entière. « Les députés nous appellent à leur secours, s'écrie-t-on; en avant! en avant! »

Qu'y a-t-il? On entend battre la charge sur le pont: sont-ce les nôtres ou les amis de l'empire qui donnent le signal du combat? La pen-

sée qu'on va faire des décharges sur nous ne trouble plus personne ; le peuple est arrivé à ce degré de résolution où la folie des paniques n'est plus possible.

Mais un cri s'échappe de toutes les poitrines : « Victoire ! ils ont passé. » En effet, les nôtres ont forcé le pont ; c'est le 55e bataillon, celui du Temple, qui a battu la charge, entraîné par la petite troupe qui tient la tête de la colonne depuis onze heures et demie du matin. La foule traverse et se répand sur les quais du palais Bourbon comme un torrent de lave. Les gendarmes à cheval partent à fond de train ; ils retournent à leurs casernes et soulèvent derrière eux la poussière de l'empire ; le peuple applaudit et crie : « Vivent les gendarmes ! » On veut pénétrer dans le palais Bourbon ; le général Palikao s'oppose à l'envahissement de l'Assemblée et commande la résistance à l'intérieur des grilles ; on parlemente, et c'est à grand'peine qu'on obtient l'entrée de quelques délégués.

Bientôt le peuple s'irrite contre ces velléités

de résistance ; il brise les grilles du palais Bourbon, inonde la salle des pas perdus, envahit les tribunes. Le général Palikao, monté sur une chaise, apostrophe la foule et s'efforce de contenir la trombe qui va renverser le trône de ses maîtres ; on le repousse avec mépris. Tous les couloirs de la chambre, toutes les tribunes s'emplissent de gardes nationaux exaltés, impatients de voir proclamer la déchéance. A la nouvelle de l'envahissement, les députés s'étaient retirés dans les bureaux ; on les appelle. La gauche seule reparaît ; on crie de toutes parts : « La déchéance ! » Les bancs de la droite demeurent vides. Dans les bureaux, les députés bonapartistes, défaits, hésitants, ne savent pas prendre une résolution virile, de celles qui obligent les adversaires eux-mêmes à dire : « Ces hommes ont essayé de conjurer par leur propre ruine la ruine de leur pays. »

Gambetta parle au milieu d'un fracas inexprimable. Malgré l'autorité d'un nom populaire, d'un talent irrésistible, l'orateur s'épuise dans une lutte vaine. On crie sans interruption : « La

déchéance! Vive la République! vive Gambetta! » Le député de Paris supplie les tribunes de consentir à ce que la chambre délibère librement. On lui répond : « Où est votre assemblée, où sont ses membres ? » Une voix stridente interpelle Gambetta par ces mots qu'on applaudit à outrance : « Plus de phrases, des faits ! »

Sur l'invitation pressante des membres de la gauche, quelques députés de la droite rentrent en séance et prennent place à leurs bancs. M. Schneider s'assoit dans son fauteuil et réclame le silence ; il parle des dangers que court la France, il rappelle que l'étranger est aux portes de la capitale, il entretient les envahisseurs de difficultés parlementaires, de formes légales. Mais la révolution n'a rien à démêler avec les formes légales de l'empire ; elle abroge les statuts de la tyrannie et en fait des lettres mortes.

Tandis que les députés opposent aux tribunes l'argutie de la légalité, on entend, au dehors, le bruit des portes qui se brisent. Il est trois

heures. La foule se précipite dans l'hémicycle de l'Assemblée. Gambetta essaye de lutter encore ; il demande au peuple d'attendre ses représentants, il dit qu'on est allé les chercher. M. Schneider seconde les efforts de l'orateur. Toujours la légalité impériale ! Mais où sont-ils donc, les députés ? où sont les amis de M. Schneider ? où se cache la majorité du Corps législatif ? Elle fuit déjà loin des bureaux où on la croit fièrement retranchée.

Les envahisseurs des tribunes descendent par les portes des pourtours dans l'enceinte de l'Assemblée ; M. Schneider quitte son fauteuil avec dignité, et la foule lui livre lentement passage ; les ministres ont disparu !

Au moment où le président de la chambre sort par la portière de droite, sa sonnette jette des cris désespérés. Jules Ferry se précipite au fauteuil pour la faire taire. Les escaliers, les bancs de l'Assemblée, les pourtours, les tribunes sont combles ; c'est une confusion, un bruit, un trouble inénarrables...

Tout à coup il se fait un moment de silence ;

Gambetta parle et soulève les bravos par cette déclaration : « Bonaparte et sa dynastie ont à jamais cessé de régner sur la France. »

— Maintenant, citoyens, dit Jules Favre dans un groupe, songeons au pays et non à la vengeance !

Le mépris pour l'empire est tel qu'on ne pense pas même à lui accorder l'honneur de la haine ; il est déjà comme enseveli sous ses hontes. Personne ne s'est levé pour défendre un gouvernement soutenu hier encore par huit millions de suffrages ; après la catastrophe de Sedan, que pouvait-il faire, sinon s'affaisser sur lui-même ? Il s'est effondré au souffle des événements ; son infâme poussière s'envole et se disperse ; de ce Bonaparte-là, il ne restera pas même des cendres !

« Vive la République ! la République est rétablie ! » s'écrie-t-on avec enthousiasme. Une clameur immense retentit sur la place de la Concorde, et répond aux cris des envahisseurs du Corps législatif. La République est acclamée par plus de trois cent mille voix.

Dans la salle du Corps législatif, Jules Favre refuse de proclamer la République ; il résiste aux vœux du peuple. Arrière la légalité du Deux-Décembre ! Place au droit ! Place à la République ! Désormais la République est le seul gouvernement légitime.

Il n'y a plus un instant à perdre. Les Prussiens, dit-on, s'avancent jusqu'à la petite ville forte de la Fère, qui ne peut les arrêter. Paris a délivré la France du gouvernement impérial : le voilà tenu d'organiser à la hâte un gouvernement nouveau !

Les envahisseurs du Corps législatif, dans le trajet qu'ils font de la chambre à l'Hôtel de ville, où Jules Favre et Gambetta leur ont donné rendez-vous, décident qu'ils vont créer un gouvernement de défense nationale. J'aimerais mieux la reconnaissance pure et simple de la République. Il faut le souffle révolutionnaire pour balayer l'invasion !

La majeure partie de la foule parisienne demeure sur cette belle place ensoleillée, ornée de banderoles rouges faites avec les ceintures

des gardes mobiles et accrochées à tous les candélabres, à toutes les statues. On fête la République naissante, de laquelle on espère le salut de notre France; et, dans le premier moment d'un amour heureux, la possession de la liberté fait oublier aux Parisiens l'imminence du danger.

— Eh bien! disait un brave ouvrier aux gens qui l'entouraient, nous voilà donc, nous les voleurs, les partageux, les assassins! Nous voilà par un beau dimanche, oui, nous sommes tous ici! Et il n'y aura ni un vol ni un assassinat, parce que Piétri n'a pas eu le temps de payer et d'ameuter sa bande de mauvais peuple. Tout le monde est content, jusqu'à la compagnie des omnibus, dont pas une seule voiture n'a été arrêtée et qui n'a pas perdu six sous!

On rit beaucoup de cette apostrophe et de la façon plaisante dont elle est débitée.

Le spectacle de la place de la Concorde est merveilleux! Depuis les marronniers séculaires des Tuileries jusqu'à l'horizon du mont Valérien

et des collines baignées par la Seine, le cadre est d'une telle grandeur, la foule se sent en une si vraie communion de désirs et d'idées, que la poésie et l'enthousiasme envahissent les cœurs les plus froids et les plus vulgaires. Tout provoque l'admiration, tout fascine les regards des Parisiens émus! Autour des candélabres, les banderoles rouges s'agitent sous la brise, enlacées, déployées ou frémissantes ; l'eau jaillit et chante dans les fontaines ; le dôme des Invalides, reluisant au soleil, s'arrondit fièrement sous sa carapace dorée ; les Champs-Élysées, verts et fleuris, déroulent deux longs rubans de parterres et convient à leur fête perpétuelle un peuple tout entier. Bien loin, dominant les ombrages des Champs-Élysées, on aperçoit l'Arc de Triomphe ; il dresse sa masse imposante à travers les flots d'une poussière vaporeuse faite de rayons. Par-delà les ponts, on voit la Cité, qui glisse au milieu de la Seine comme la proue d'un navire immense, ayant pour grands mâts les tours de Notre-Dame.

Paris est beau, le 4 septembre! Les Parisiens

sont contents d'eux, et fiers de la dignité avec laquelle ils viennent d'accomplir un grand acte.

Sur la place de la Révolution, la foule entonne le premier couplet de la *Marseillaise*. Cet hymne, si longtemps proscrit par l'empire, remue les âmes, entraîne les courages; ce chant de guerre, où tous les vers sont héroïques, montre la France blessée, mais fière, indomptable, prête encore à la bataille.

Le coq gaulois chante à l'aurore de la République, tandis que l'aigle de l'empire râle.

Le bruit court sur la place que la République est votée au Corps législatif par 187 voix contre 54. A tous ceux qui viennent s'informer des décisions du Corps législatif, on répond par ces chiffres avec assurance. Des soldats qui passent pour aller renouveler des postes crient: « Vive la République! »

Les républicains sont fous de bonheur et d'espoir.

Auprès du pont de la Concorde, sur le candélabre de droite, qui s'attache à des balustres, il y a,

depuis une heure de l'après-midi, un homme, un ouvrier, coiffé d'un fez rouge, jeune encore, au plus trente ans, avec de beaux traits graves, et qui, à l'exemple de certains derviches, s'entretient dans une sorte d'extase à force de chanter. Durant trois longues heures, il n'a pas cessé de reprendre et de recommencer la *Marseillaise*, dont il fait suivre chaque refrain du cri de : « Vive la République ! » Cet homme tient à la main un chiffon de papier, sur lequel est imprimée la *Marseillaise*. Il ne regarde rien, n'entend aucune apostrophe; il chante en lisant et lit en chantant, avec sa voix toujours égale, ferme, sonore. Perché haut, il devrait avoir le vertige ; mais il plane, lui et son chant, au-dessus de la foule. Lorsque la place tout entière crie : « Vive la République ! » il s'arrête, et l'on croit qu'il va tomber. On le descend à grand'peine de son piédestal improvisé : il est presque évanoui. Les Grecs, pour peindre à quel point cet homme au fez rouge s'est identifié à son action, en eussent fait un oiseau à tête couleur de pourpre chantant au milieu des foules.

Beaucoup de gens s'étaient portés vers la rue de Rivoli en apprenant que le nouveau gouvernement se rendait à l'Hôtel de ville ; mais tous furent arrêtés par une scène admirable.

Au pied de la statue de Strasbourg, qui personnifie à nos yeux tant de patriotisme, de courage, de dévouement à la France, des femmes, des hommes sont dévotement réunis ; ils regardent l'image de la capitale de l'Alsace et sentent leurs cœurs s'enflammer d'amour ; ils dévorent des yeux cette grande madone de pierre. Par un effort, moitié involontaire, moitié consenti, de l'imagination et du sentiment, le peuple prête tour à tour à la statue des expressions de tristesse ou d'espoir. La foule des adorateurs de cette Strasbourg pétrifiée grossit ; on entoure la chère ville, on lui prodigue les noms les plus enthousiastes, on lui décerne un culte. Trois jeunes hommes en blouse, des ouvriers alsaciens, escaladent le haut socle de la statue, grimpent sur ses bras, et la coiffent de ceintures rouges à moitié nouées, pareilles aux

banderoles qui flottent autour des candélabres de la place.

« Il faut la parer, l'orner, la couvrir de fleurs ! » s'écrie la foule. En un instant des bouquets, des feuillages, des rubans, des couronnes semblent naître du sol ; on fait la chaîne pour déposer toutes ces offrandes, tous ces tributs d'admiration sur le socle de la statue. Les trois jeunes ouvriers alsaciens reçoivent écharpes, gaze, fleurs, ceintures, qu'ils attachent autour du cou, aux bras, à la tête, aux mains de l'héroïque ville. Ce sont alors des applaudissements, des trépignements sans fin !

Une couronne d'immortelles monte lentement des mains de l'un des jeunes Alsaciens jusqu'au front de Strasbourg. « Pas d'immortelles ! non, non, pas d'immortelles ! répètent mille voix ; pas encore, elle n'est pas morte ! » On descend la couronne.

Aux Tuileries, le drapeau de présence impériale s'est enfin abaissé. « Jetez ces fleurs tumulaires dans les Tuileries, dit quelqu'un ; ceux qui vivaient là sont bien morts ! »

Sous l'arc décrit par la couronne funèbre lancée du socle de la statue jusque sur la terrasse du Jeu de paume, passe en rasant le mur une escouade d'agents de la police de sûreté; hués par la foule, ils se massent à l'angle du trottoir, près de la porte des Feuillants. Un murmure de colère accueille les serviteurs détestés de l'empire; on se précipite sur eux, ils sont désarmés, et leurs tricornes coiffent les candélabres d'alentour; on prend leurs épées, on brise leurs casse-tête... On crie: « A la Seine les assommeurs! » L'un de ces agents invoque la générosité du peuple, qui pardonne aux exécuteurs des basses œuvres de M. Piétri et les laisse fuir.

J'admire cette modération, surtout quand je me rappelle les événements de juin 1869, les scènes indescriptibles que nous avons vues de nos yeux sous notre balcon du boulevard Poissonnière, durant huit longues soirées! Combien de pauvres diables avons-nous entendus implorer grâce au premier coup de casse-tête! Je crois voir encore cet ouvrier dont la sœur

criait à fendre l'âme : « Mon frère ! mon pauvre frère ! » tandis que huit agents écrasaient l'homme tombé sur le bord du trottoir.

Je me souviens de cette émeute factice, de cette comédie bouffonne jouée tous les soirs à la même heure, par les mêmes hommes en mêmes blouses blanches, qui chauffaient le public sur le même trottoir, et descendaient au même endroit en hurlant de même, huit jours durant : « Vive la *Lanterne!* »

Enfin, l'empire n'est plus ! Nous avons écrasé l'infâme, et la générosité va bien au peuple.

La belle statue de Strasbourg est couverte d'ornements, entourée d'adorateurs ; il faut un chant, un cantique à ce culte : c'est encore la *Marseillaise*. On entonne le refrain de l'hymne guerrier, devenu un hymne religieux. Après le refrain, les jeunes gens qui ont paré la statue et qui ne cessent de recevoir des fleurs, des feuillages, des guirlandes, saisis par ce chant, s'arrêtent tout à coup ; chacun dans son geste, chacun dans sa pose, illuminés par l'inspiration merveilleuse d'un art inconscient mais admi-

rable, attachés ou appuyés à la statue, l'un auprès de la tête et fixant une guirlande retenue dans les mains levées d'un autre, le troisième nouant des banderoles rouges au bras gauche de l'idole et comme enfoui à moitié sous la verdure, tous trois avec de belles voix chantent le premier couplet de l'hymne que Strasbourg a inspiré jadis à Rouget de l'Isle.

A ces vers :

> Entendez-vous dans nos campagnes
> Mugir ces féroces soldats ?

nous croyons entendre les Prussiens en Alsace et en Lorraine. Nous les voyons égorger les fils, les compagnes des paysans de France ! Puis-je te rendre, chère Alice, l'émotion que nous cause ce couplet qui nous parle de nos enfants et que chantent ces adolescents dont le plus âgé n'a pas vingt ans ? Au dernier vers, le jeune Alsacien qui s'accroche au bras gauche de la statue éclate en sanglots.

La foule ressent une émotion extraordinaire, les larmes coulent de tous les yeux... Chacun

de nous éprouve comme un vertige... Nos sentiments, nos désirs, notre enthousiasme, se cherchent, se mêlent, s'unissent et ne font plus qu'un seul désir, un seul sentiment, un seul enthousiasme ! Notre existence, épurée au souffle du patriotisme, n'a plus rien de personnel ; elle devient entièrement collective, nationale. Ma voix ne m'appartient plus, elle sonne à mon oreille, vibre dans ma bouche, sans que je la reconnaisse. Je me sens comme dépossédée de moi-même ! Je suis ravie par cet être mystérieux qui unit et harmonise en soi tant de facultés différentes, tant de puissances diverses, tant d'éléments contraires, tant d'intérêts, tant de sentiments rivaux, tant de forces ennemies, et je l'aime plus que moi-même : mon amour pour la patrie est plus fort que la mort ! Je me donne à la France !

Des cris de joie venus de la rue Royale nous arrachent à notre extase. Nous sommes si émus que nous voulons secouer notre attendrissement. Je cours à la rue Royale. Au coin de la place de la Concorde, du haut du balcon d'un cercle,

des jeunes gens distribuent au peuple des drapeaux tricolores. Ce n'est point la vue de ces drapeaux qui fait pousser à la foule des cris si joyeux, mais le défilé de deux régiments de lignards qui arrivent d'Épernay, chassés, hélas! par les Prussiens.

Sur le boulevard de la Madeleine, aux acclamations frénétiques des spectateurs, la foule fraternise avec les soldats; on leur fait crier : « Vive la République! » Un peu ahuris d'abord, ils demandent des explications. On leur dit qu'on vient de détrôner l'empereur, de chasser tous les traîtres. Les pauvres lignards croient à un miracle, quand on leur assure que la République va donner à la France, à l'armée, de vrais généraux, qui ne se laisseront plus surprendre, qui ne feront plus hacher par l'artillerie prussienne les régiments français.

« On s'est bien battu, mais on a été trahi, » répètent les soldats. Le mot de *trahison* résume pour le simple troupier et pour le peuple toutes les incapacités, toutes les faiblesses, toutes les négligences, toutes les lâchetés! Périclès disait

à propos de Lysiclès, général vaincu : « Son incapacité fut telle qu'on est en droit de dire qu'il a trahi sa patrie. »

Sur les quais, par la rue de Rivoli, des flots de peuple se dirigeaient vers la place de l'Hôtel de ville. On secouait l'empire comme un cauchemar ; la lumière avait dissipé tous les nuages, et, quoique le soleil inclinât déjà ses rayons sur le mont Valérien, il semblait que ce jour, plus lumineux qu'un autre, dût repousser à tout jamais l'ombre et la nuit. Cette République, si généreuse, si pure, si vaillante, si vertueuse, n'était-elle pas capable, comme Josué, d'arrêter le soleil ?

Qu'importe ? l'ombre et la nuit qui viennent passeront, mais la journée du 4 septembre ne passera point ! Au moment où deux tyrans se font une guerre horrible, témoignage de la plus stupide barbarie ; au moment où deux Césars épouvantent l'Europe par leurs meurtres, une révolution accomplie sans une goutte de sang versé rend la barbarie plus odieuse encore et marque le degré de civilisation où nous serions parvenus sans les monarques.

Les envahisseurs du Corps législatif ont suivi Gambetta et Jules Favre, et les ont escortés jusqu'à l'Hôtel de ville. Tous les retardataires des hauts quartiers, tous les curieux d'alentour occupaient la place lorsque le cortége parlementaire y arriva ; on eût dit que vingt hommes ne pourraient pénétrer au milieu d'une foule si compacte. Un général étant venu annoncer la déchéance de l'empereur et sommer les employés supérieurs de la Ville d'avoir à céder la place au gouvernement nouveau, n'avait pu traverser la foule qu'avec des efforts inouïs. Cependant, lorsque la voiture qui portait Gambetta parut, les rangs s'ouvrirent comme par enchantement jusqu'à la porte de l'Hôtel de ville. Le peuple, avec une admirable discipline, s'effaçait devant son élu.

Autour de la place, les femmes, les enfants, apparaissent aux fenêtres ; tous se félicitent, s'étonnent, s'émerveillent de ce qu'un événement si grave se soit accompli si simplement. L'empire, ce colosse de bronze, s'est effondré sur sa base d'argile.

La fin du jour est splendide. Le vieux fleuve parisien apporte sa brise fraîche au peuple rassemblé. L'Hôtel de ville est redevenu le Louvre superbe des révolutions. Les derniers rayons du soleil dorent le palais du peuple, jouent dans ses vitres, les font scintiller et leur donnent un éclat auprès duquel pâliraient les diamants de la couronne. Les portes s'ouvrent pour laisser pénétrer l'un des élus aimés des Parisiens, Gambetta, dans lequel tous les républicains espèrent, et dont la fortune encore nouvelle paraît plus certaine que celle de ses collègues. Gambetta monte les degrés du grand escalier, escorté des acclamations du peuple qui le suit et se répand dans les couloirs et dans les salles. Les Parisiens sont chez eux; ils reprennent possession de leur vieille Maison de ville, témoin de toutes leurs espérances et de tous leurs efforts.

Gambetta traverse la grande salle du Trône et se dirige vers le cabinet du préfet, où il attend les députés de Paris. La foule se recueille, et c'est au milieu du plus profond silence que

Gambetta propose la nomination d'un maire de Paris. Étienne Arago est accepté.

— Maintenant, citoyens, ajoute Gambetta, nous devons réparer les crimes de l'empire, et mettre en liberté les détenus politiques.

Le cri de : « Vive Rochefort ! » répond aux paroles de Gambetta.

On annonce que les amis de Rochefort sont allés le délivrer à Sainte-Pélagie, que son cortége est en marche vers l'Hôtel de ville. Gambetta, que sa haine de l'empire attache fraternellement à l'auteur de la *Lanterne,* s'approche de l'une des fenêtres de la salle du Trône, et crie à la foule sur la place : « Vive Rochefort ! » A ce moment Rochefort apparaît ; le prisonnier de Sainte-Pélagie s'avance porté et suivi par ses nombreux amis.

Les derniers événements n'ont donné que trop raison à la haute sagacité qui a inspiré la *Lanterne*. On dirait que, par l'ignominie de sa chute, Napoléon III a tenu à démontrer la modération de ces satires, qui hier encore paraissaient excessives. Après Sedan, la *Lanterne* semble trop douce!

A l'Hôtel de ville, le peuple lacère des tableaux représentant le fils de la reine Hortense par la même raison qu'il brise les aigles dans les rues. On confond dans la même exécration l'oiseau de proie du césarisme et le masque de César. Horace Vernet ne peut obtenir grâce pour Napoléon III qu'on exécute en effigie.

Le gouvernement provisoire de la défense nationale est proclamé à quatre heures et demie. Il est exclusivement formé des députés de Paris, et la foule exige que Rochefort en fasse partie.

Rochefort, en effet, est pour beaucoup dans la modération de cette journée. Si nous n'avions pas lu la *Lanterne*, il est probable que le 4 septembre n'eût pas été ce qu'il est; notre haine du Deux-Décembre ne se serait pas calmée sans représailles. Rochefort a si magistralement bafoué l'empire qu'aucun de nous ne se sent la moindre envie de décerner à l'empereur et aux hommes d'État ridiculisés par la *Lanterne* les honneurs du martyre. Rochefort a désarmé nos colères par un immortel éclat de rire.

Ces colères sont si bien désarmées que le Sénat a pu terminer sa dernière séance sous l'œil dédaigneux de trois spectateurs, et que les Tuileries n'ont été envahies qu'après le départ de la régente.

On parle d'une réunion du Corps législatif pour ce soir; mais cette anodine protestation n'inquiète personne. Les bonapartistes ont fui, et les conservateurs, gagnés par l'indulgence de la révolution, acceptent les faits accomplis.

On apprend que la République a été proclamée à Lyon et à Mâcon ce matin. Paris et la France se sont donc compris!

De vieux amis se rencontrent par les rues, on se serre la main, on s'embrasse. Quelles que soient les défaillances futures, le règne du Deux-Décembre est fini ; on sent déjà le bienfait moral de la chute de l'empire. Désormais, c'est pour la France que l'on combattra, non pour une dynastie! Et c'est pour la patrie qu'on sera patriote!

Le soir, sur le boulevard, tout Paris se retrouve; chacun sort de chez soi pour fouler le

sol de cette chaussée redevenue libre, que les canons de Bonaparte n'ensanglanteront plus ! La confiance et la résolution sont sur tous les visages.

Hélas ! cette journée radieuse, si grande par la sagesse et la générosité du peuple, s'écoule et va disparaître. Elle a été, entre deux crépuscules orageux, comme l'éclaircie de l'espoir. Le lendemain sera grave et peut-être terrible. Les Prussiens, que la joie de la délivrance nous a fait un moment oublier, marchent sur Paris ; ils peuvent, dans trois jours, être sous les murs de la capitale. Y entreront-ils ?

---

5 septembre.

Aujourd'hui, le peuple de Paris est apaisé ; il va à ses affaires ; il reprend ses habitudes comme si la veille il avait accompli le plus simple des devoirs. Nous voilà prêts aux plus grands sacrifices ! Le gouvernement n'est pas

composé peut-être de manière à satisfaire les exigeants; mais notre foi est grande, et il ne faut pas affaiblir notre courage par des doutes prématurés.

Nous ne pouvons jouir encore de notre liberté reconquise; de toutes parts d'implacables dangers nous menacent; les Prussiens, dit-on, seront jeudi à nos portes. Ne nous abandonnons pas! Soyons vaillants, tous, hommes et femmes de Paris!

Cette belle journée du 4 septembre a balayé toutes les impuretés de la cour bonapartiste; mais l'esprit public se débarrassera-t-il de ses corruptions aussi aisément que nous nous sommes débarrassés des corrupteurs? Oui. Ce grand fait révolutionnaire, ce grand acte de moralité humaine, qui a remplacé la bassesse par la fierté, l'indifférence par le dévouement, qui réveille nos vertus patriotiques, nous rendra notre force, notre santé et notre audace!

Mme Séchan vient me prendre pour me conduire au bois de Boulogne; elle prétend que j'ai la fièvre. Je l'attends au fond de sa

voiture, tandis qu'elle va prendre des nouvell[es] d'un membre de la famille Cuvillier-Fleur[y.] M. Cuvillier-Fleury et Mme H... B..., qui l[ui] fait visite, se lamentent, paraît-il, sur le 4 se[p]tembre. « Ils voient la ruine et les ténèbr[es] couvrir la France! » Ce sont leurs expres sions. Que veulent-ils? Les orléanistes n'eusse[nt] donc rien fait, si les républicains n'avaient pa[s] agi?

Je rentre chez moi et je trouve une dépêch[e] de M. Frapoli, grand maître de la franc-maçon nerie italienne; il me demande des nouvelles et je lui réponds, aussi par le télégraphe : « Tou[t] va bien ici; les Prussiens arrivent, nous comptons sur vous. »

Hélas! les Italiens ne viendront pas! Je me rappelle avec désolation une prophétie que le général Nino Bixio nous a faite, lors de notre dernier voyage à Florence : « Je suis allé en Allemagne, nous disait-il, étudier l'armée prussienne, et j'ai étudié l'armée française. Si la guerre éclate, vous serez vaincus, malgré la bravoure de vos soldats, tenez-le pour certain,

et dites-le à vos compatriotes. » Heureusement, nous avons la République, et nous allons créer une armée nouvelle !

6 septembre.

Ce matin, j'ai reçu une très-belle lettre de Mme Sand, ardente de patriotisme. Ma fille m'a écrit aussi ; sa lettre est à la fois sensée et enthousiaste. Jusqu'ici, comme elle a toujours vécu avec moi, je craignais qu'elle ne fût un écho et un reflet. Sa lettre que je relis, datée de Saint-Pair, par Granville, me permet de constater que ma fille est bien elle-même, tout en me ressemblant.

A ceux qui viennent me répéter : « Paris ne se défendra pas ! » je réponds : « Il se défendra. » Si l'on me dit : « Nous n'avons pas d'armes ; » je dis à mon tour : « Frappons du pied le sol de la France, et il en sortira des légions ! » Mon patriotisme est emporté. Je m'indigne trop

aisément. Je me reconnais bien pour une descendante des Gaulois. La bataille m'attire. J'ai des tendresses pour ces hommes qui ne craignaient que la chute du ciel.

On prétendait que l'empire, dans des luttes indignes d'un grand peuple, dans des agitations fausses, dans des jouissances énervantes, avait usé les ressorts de nos âmes. Rien n'y peut ! Les forts sont forts ! Ils se retrouvent dans les grandes luttes après s'être égarés dans les petites ! Comme les héros de leur vieille mythologie, pareils aux compagnons d'Odin le Preux, dans le *Walhalla,* les Français combattront sans fin, sans relâche, sans repos, l'ennemi de leur race et de leur sol.

Les gardes mobiles venus de province emplissent les rues ; ils portent la blouse et le képi ; ils sont gais ; on les accueille, on les choie partout. Les chers enfants ! Ils feront avec nous leur apprentissage d'héroïsme ; ils seront courageux si nous le sommes. Beaucoup de ces petits paysans arrivent chargés de choux, de pommes de terre, de lapins, surtout des lapins !

Singulier bagage que ces lapins! Je ne sais pourquoi tous ces prédestinés à la gibelotte me rappellent un mot plaisant. « Vous verrez, me disait un de nos amis, que ces Prussiens feront croire à l'Europe qu'ils ont improvisé leur armement, qu'ils ne voulaient pas la guerre, que c'est le lapin qui a commencé! »

Cent vingt mille hommes ont été faits prisonniers à Sedan! Des régiments français, sans armes, couverts de boue, mourants de faim, humiliés, vaincus, livrés, ont défilé devant les Prussiens, devant nos vainqueurs, et ceux-ci, durant la marche funèbre des vaincus, ont ironiquement joué la *Marseillaise!...* Je pleure de rage!... O sainte vengeance!...

---

7 septembre.

Quel désastre, quelle déroute que cette déroute de Sedan! Jamais, dans l'histoire, on n'a vu rien de pareil!... Il fallait ce misérable pour donner à nos malheurs ces proportions inouïes.

Quelle expiation pour la France! Que disent les plébiscitaires? Que pensent-ils de leur responsabilité? Osent-ils s'indigner encore contre les irréconciliables? Paris, au récit de la capitulation de Sedan, jure d'effacer de nos fronts, par la grandeur de son courage, la tache des lâchetés impériales.

---

8 septembre.

J'avais écrit à Jules Favre une lettre en réponse à la sienne. Je l'ai lue à M. Peyrat, qui me l'a prise pour la publier dans l'*Avenir national*, où elle paraît aujourd'hui. Nous ne nous étions pas vus, notre ami M. Peyrat et moi, depuis le 4 septembre. Nous avons parlé de notre République, de la bien-aimée, dont tous deux nous nous entretenions si souvent. Hélas! notre Belle au bois dormant a dormi pendant vingt ans! Quel cauchemar que son réveil!

Déjà on accuse le gouvernement de la Ré-

publique autour de moi. Déjà ! c'est bien tôt ! La besogne est dure ; si les hommes qui l'entreprennent sont insuffisants, ne commençons point par les décourager. Nous sommes leurs amis d'hier ! Parce qu'ils sont au pouvoir, allons-nous les abandonner ? Nous nous éloignons d'eux, quand nous devrions les seconder, les conseiller, les soutenir !

Quoi qu'on dise, je déclare que les membres du gouvernement provisoire demeurent accessibles à leurs anciens amis. Garnier-Pagès, Eugène Pelletan, Emmanuel Arago, Rochefort, Jules Simon, sont-ils des hommes qui vont se tenir perchés et isolés au faîte du pouvoir ? Non. Il faut qu'on les voie, qu'on les aide.

Le siége est imminent. Je songe avec désespoir que ma fille est absente depuis quinze jours, que je ne la reverrai pas, que je ne la reverrai peut-être plus. J'ai une idée folle : celle d'aller à Granville embrasser Alice une dernière fois, et de revenir à Paris. On me dit que c'est impossible, qu'on ne peut plus partir, tant les gares sont encombrées de gens épou-

vantés qui se pressent, qui s'étouffent, qui s'écrasent pour fuir le péril. On m'assure que, même en revenant après-demain, je puis trouver les lignes de chemin de fer coupées par les Prussiens. Après avoir signé ma lettre à Jules Favre, il faut que j'assiste au premier danger ; j'aurais l'air d'avoir glacé mon enthousiasme en chauffant celui des autres. Si je ne rentrais pas, on se demanderait pourquoi je suis sortie...

Je souffre trop ! Ma tête se perd. Je vais partir. Je passerai à travers tout... Je veux embrasser ma fille une dernière fois !

---

10 septembre.

Quel voyage ! Vingt-quatre heures de chemin de fer pour embrasser Alice et pour la voir une heure !... J'aime follement ma fille ; mais comme elle le mérite bien ! Qu'elle est tendre et forte à la fois ! Sa petite personne physique, si déli-

cate et si résolue, est bien la forme de sa personne morale.

Je suis contente d'elle et, par conséquent, de moi. Je l'ai élevée en respectant ses idées, ses goûts, son originalité, son caractère; elle était nonchalante, inattentive, j'ai compris ses lassitudes; j'ai patiemment attendu l'heure, le moment, l'occasion où je n'aurais pas besoin de pédantisme pour combattre un de ses défauts, pour rectifier un de ses jugements. Je ne lui ai pas montré, tout d'abord, les difficultés à vaincre; j'ai, par des sentiers faciles, conduit ma fille sur ce que je crois être les hauteurs du vrai; elle y chemine toute seule aujourd'hui, avec goût. Que de maîtres découragent leurs élèves, en disant : « Voici la route, mais vous ne pourrez pas y marcher! »

On m'avait répété sous toutes les formes que mon voyage était impossible. J'avais prié Adam de ne pas m'accompagner à la gare Montparnasse. Je voulais m'y rendre dès cinq heures du soir, pour partir à neuf. Quand j'arrivai à cette gare et que je vis des centaines de gens

abandonner leurs bagages qu'ils ne pouvaient emporter, que j'entendis les plaintes, les gémissements, les récriminations de plus de trois mille personnes; quand les employés me dirent qu'on laissait à chaque train les deux tiers des voyageurs, j'eus un moment d'hésitation, et je fus sur le point de retourner au boulevard Poissonnière.

La réflexion me donne du courage. Je pénètre au milieu d'une foule énorme qui fait queue depuis deux heures de l'après-midi. Je reçois des horions ; je me faufile à travers les gens ; on m'injurie ; j'outre-passe mon droit tant que cela m'est possible. Je veux partir, je le veux ! Je commets cent fraudes ; je me glisse au milieu d'hommes et de femmes qui résistent et se fâchent ; je fais queue pendant quatre heures, et j'avance de vingt places ! Je subis toutes les bousculades, je courbe la tête sous tous les reproches, j'adoucis humblement toutes les colères. Je raconte mon histoire à tout le monde : « Monsieur, madame, je vous en supplie, je vais embrasser ma fille à Granville et je reviens, laissez-moi passer ! »

A côté de la queue formée par nous, au milieu de laquelle je suis serrée comme dans un étau, il y en a une autre. Lorsqu'on ouvre la petite porte de la balustrade en spirale qui conduit au guichet, plus de mille personnes nous repoussent ; la seconde queue nous écrase contre la balustrade. Nous luttons, nous perdons nos places, les hommes frappent, les femmes crient ; c'est une bagarre affreuse. J'étouffe ! Je me sens pressée et broyée contre la balustrade que je n'ai point lâchée.

Je jette un cri de douleur, je perds un instant connaissance. Un ouvrier et un bourgeois, qui me protégent depuis plusieurs heures, s'arc-boutent en tenant la barrière et parviennent ainsi à me dégager un peu. Je respire ! Ils appellent à mon secours des gardes nationaux. Ceux-ci, outrés des injustices qui viennent de se commettre, forment un carré, et, baïonnettes en avant, font reculer les nouveaux venus. Autre bagarre ! Des coups de poing donnés et rendus, des menaces ! Je vois tout, j'entends tout à travers un nuage. Au moment où les

gardes nationaux sont refoulés jusque sur nous, j'entends mon nom jeté avec désespoir au milieu de ce bruit : « Juliette ! » J'aperçois la figure effrayée d'Adam...

Après son dîner, inquiet de moi, il est venu à la gare. Il me crie qu'il me défend de partir. Mais je suis auprès du fameux guichet tant convoité : j'ai deux billets ! Il est dix heures. Je ne consens pas à perdre le fruit de tant de peines. Je cherche ma femme de chambre, ma bonne Julie, à laquelle il est arrivé cent aventures ; j'échappe à mon seigneur et maître, et j'entre dans la salle d'attente. Autres difficultés, autre tumulte, assaut des wagons. Je me démène, j'ai des ruses de sauvage ! Deux mille personnes au moins demeurent sans place dans la gare. Nous partons !

On cause beaucoup en wagon depuis la guerre. Les hommes, il y en a cinq, racontent tous la même chose : ils vont ici ou là, faire ceci ou cela, mais ils reviennent tous à Paris le lendemain !... La seule femme qu'il y eût avec nous, une très-belle personne, affirme que Paris ne pourra tenir quinze jours devant les

Prussiens, et que même, durant ces deux petites semaines, il s'y commettra des horreurs !... Elle se dit franchement orléaniste, elle a une sincérité dont elle est fière, elle répète cent fois qu'il faut avoir le courage de ses opinions.

A la fin, ennuyée de ce bavardage :

— Madame, dis-je, si vous avez le courage de vos opinions, permettez que j'aie le courage des miennes. Je vous prédis que Paris tiendra au moins deux, peut-être trois mois, et qu'il ne s'y commettra point d'horreurs. Je me crois autorisée à vous faire cette prédiction, parce que je suis républicaine !

Jusque-là, je n'avais pas prononcé un mot. On s'était trompé, on s'était charmé, on s'était compris et approuvé sans moi. Ma brusque sortie cause un embarras général.

Après trois heures de retard, nous arrivons à Granville ; il pleuvait à verse, et je m'aperçus que j'avais conservé mes souliers de chambre, dont les semelles étaient des plus minces. Je barbotais dans une boue épaisse qui couvrait mes pantoufles.

Je louai un omnibus tout entier, à moi seul pour Saint-Pair. Sachant que je ne pouva[is] guère disposer que de trois quarts d'heure po[ur] voir Alice, je fis marché avec cet omnibus q[ui] me prenait à la gare de Granville et s'enga[]geait à m'y ramener deux heures plus tard.

Mon cœur battait bien fort. Alice m'ava[it] écrit qu'elle sortait par tous les temps avec mo[n] père, et qu'elle faisait de longues promenade[s] sur les falaises. J'étais dans la plus douloureus[e] inquiétude, et je me désolais à l'idée que m[a] fille pouvait être absente au moment de mo[n] arrivée à Saint-Pair. Quel désespoir pour mo[i] si j'étais forcée de repartir sans l'avoir vue[.] Adam m'avait fait jurer que je reprendrais, l[e] jour même de mon arrivée à Granville, un trai[n] de retour sur Paris. Le trajet de Granville [à] Saint-Pair, qui est long, me parut incommensu[]rable...

Ma fille était à sa fenêtre ! Je poussai un cri de joie. La chère petite avait rêvé, dans la nuit, que je viendrais la surprendre avant la fermeture des portes de Paris... Nous nous embrassâmes une

demi-heure durant. Nous pleurions tous, mon père, ma mère et moi ; nous séchions nos larmes en parlant de la France ; nous repleurions, nous nous réembrassions. Mes trois quarts d'heure se passèrent ainsi. Notre enthousiasme patriotique était si grand qu'il domina nos faiblesses et adoucit nos déchirements intimes. Ce fut mon Alice qui, la première, parla de ma réponse à Jules Favre, et me dit qu'elle approuvait sa mère d'avoir écrit cette lettre :

— Sois patriote, sois républicaine, sois Française, me dit-elle ; il faut que tu sois tout cela pour deux, puisque tu m'éloignes du danger.

Je craignais qu'elle ne me demandât de revenir à Paris ; je l'arrêtai :

— Toutes les mères ont fait comme moi, lui répondis-je, toutes celles qui ont pu.

— Ne crains rien, dit-elle en m'interrompant avec vivacité, je ne t'occuperai pas de ma personne dans un moment pareil ; fais ton devoir et oublie-moi.

Sur ces paroles, difficiles à prononcer et difficiles à entendre, nous recommençâmes tous qua-

tre à pleurer... C'était affreux de se quitter après une si courte entrevue!

Je me séparai de ma mère. Alice et mon père vinrent me conduire jusqu'à Granville. Le cocher de notre omnibus me recommanda son frère, un mobile, dont il me donna l'adresse. Les employés du chemin de fer nous dirent que l'administration ne répondait plus que d'un train, de celui que j'allais prendre, pour la rentrée à Paris. Ils me souhaitèrent bon voyage, en m'avouant qu'ils n'avaient délivré que quatre billets pour Paris, dont deux à moi.

Ma fille et mon père entrèrent dans mon wagon pour m'embrasser une dernière fois, et je repartis avec Julie.

A Écouché, on craint que la voie ne soit coupée. Je vais supplier le mécanicien de nous prendre, ma femme de chambre et moi, sur sa machine, s'il est forcé d'abandonner le train pour se lancer à la découverte; il est Parisien, il me le promet.

Le conducteur me raconte que nous sommes cinq voyageurs pour Paris, dont un chien; que

nous saurons à Fromenthal si réellement le train peut continuer; et qu'enfin, si nous ne pouvons rentrer par la gare Montparnasse, nous rentrerons par la gare Saint-Lazare. Le conducteur et le mécanicien sont résolus, comme nous, à passer à travers tout.

A Fromenthal, on nous dit que la voie est libre encore, mais on nous fait attendre une heure. Nous sommes lancés, par exemple, à toute vapeur, et nous arrivons à Paris brillamment secoués. Julie, moi, deux voyageurs et le chien, nous descendons. Les employés nous saluent d'un regard approbateur. Plusieurs d'entre eux disent tout haut : « A la bonne heure, voilà des femmes qui rentrent ! »

Adam m'attendait depuis longtemps ; il avait lu dans les journaux, le matin, que la ligne de Granville était coupée, et il était dans des transes mortelles. Moi, j'étais broyée.

11 septembre.

J'ai eu la visite du jeune lieutenant Plauchut, du 113e, qui vient de faire sa retraite avec le corps de Vinoy.

Pauvre petit Plauchut, comme il est amaigri! comme il a souffert! Quinze lieues le premier jour, douze le second, dix le troisième, dans la boue, sous la pluie. Ses hommes, les souliers en lambeaux, les pieds meurtris, mangeant des pommes de terre crues, des carottes, fuyaient les Prussiens qu'on apercevait chaque fois que les routes s'allongeaient en droite ligne! Les mitrailleuses seules ont sauvé le corps de Vinoy. Toujours placées à l'arrière-garde, elles protégeaient la marche.

A la Fère, les habitants les plus pauvres hébergent nos soldats, leur donnent du vin, des souliers; les femmes, de braves Picardes, distribuent des sacs pleins de provisions. Elles oublient leurs préférences pour les artilleurs de la Fère. Est-ce que tous ces malheureux en-

fants, tous ces lignards, tous ces échappés de Sedan que le corps de Vinoy a ramassés en chemin ; est-ce que tous les soldats ne sont pas au même titre, en ce moment, les défenseurs de la France? La petite ville de la Fère, comme toutes les villes fortifiées, a l'esprit militaire. Les habitants aiment les murailles qui les enferment, comme les habitants des villes ouvertes aiment les clôtures de leurs jardins. Ces remparts, on promet aux lignards de les défendre, on jure d'arrêter l'ennemi qui s'approche, le plus longtemps qu'on pourra. « Vive la France ! défendez bien Paris ! » s'écrient les hommes, les femmes, les enfants de la Fère quand le corps de Vinoy quitte la ville.

A Tergnier, le lieutenant Plauchut, qui au départ de Paris a mis une grande heure pour embarquer sa compagnie, la voit disparaître, se caser dans les wagons en cinq minutes ! Les malheureux ne rapportent rien de ce qu'ils ont emporté. Lui-même, le lieutenant Plauchut, ne sait pas ce que sont devenus ses bagages.

Le corps de Vinoy, arrivé à Mézières le soir même de son départ de Paris, reçoit tout à coup

l'ordre de repartir. Il faut se hâter : nous sommes vaincus ! Les officiers perdent, égarent leurs bagages, leurs vêtements, leur argent. Le jeune lieutenant regrette surtout un pantalon à pieds que son oncle lui avait donné et qui faisait envie à tous les officiers du 113ᵉ. « Pendant cette affreuse retraite, me disait-il, nos hommes, qui ne pouvaient plus se tenir debout, couraient cent mètres pour tuer un lièvre. Tous mes camarades, l'un après l'autre, se détachaient de leurs compagnies pour venir me faire une scie sur mon pantalon à pieds. Rien ne vaut la gaieté, ajoutait le brave petit lieutenant, pour guérir les ampoules aux pieds. »

On dit à Paris que Laon s'est fait sauter, que les gardiens de la poudrière ont attiré les Prussiens, sous la promesse d'une convention, et qu'ils se sont ensevelis avec eux. Laon est le chef-lieu de mon département. En 1815, la petite ville s'est défendue à outrance, et elle est restée pure de l'occupation étrangère.

Le commandant des mobiles, à Laon, m'inspirait des inquiétudes. C'est le petit-fils d'un homme

que j'ai appris à détester en naissant. Son nom revenait sans cesse au milieu des récits de ma grand'mère, qui m'a élevée, et qui m'a nourrie dans la haine des Prussiens et des émigrés.

En 1815, à la nouvelle de l'arrivée des alliés à Chauny, ma grand'mère, dans la troisième semaine d'une fièvre typhoïde, fut jetée par mon grand-père, avec les couvertures de son lit, sur un mulet qui passait devant notre maison, sur l'un de ces mulets qui, tous les jours, en longue file, viennent des bois apporter des fagots dans la ville. Elle souffrait mille morts ; mon grand-père la suivait. Le mulet, tout à coup, sur la route de Genlis, se mit à galoper pour reprendre la place qu'il avait perdue dans la file. Mon grand-père courait et criait. Un homme à cheval venant de Genlis, marchant au petit trop, ganté de blanc, chaussé de bottes luisantes, arrivait en sens inverse de ma grand'mère qui gémissait et râlait. Mon grand-père cria de loin à cet homme d'arrêter le mulet.

— Monsieur, je vous en conjure, mettez votre cheval au galop, sauvez cette femme qui meurt, dit mon grand-père en passant près de lui.

— Bonhomme, répondit le cavalier, ne me dérangez pas, je vais au-devant de mes bons amis les Prussiens !

Le petit-fils de cet homme a-t-il défendu, défendra-t-il à outrance notre chère ville de Laon?

On affirme que l'ennemi est au Havre, à Trouville! J'écris à ma fille de quitter Saint-Pair et d'aller à Jersey si ce bruit se confirme, si les Prussiens, comme on le dit, font des incursions à quinze et vingt lieues des villes qu'ils occupent. Tous les points de la grasse et riche Normandie doivent les tenter, et je n'ai plus de sécurité tant que ma fille restera en France.

Au pied de la statue de Strasbourg, les Parisiens écrivent leurs noms sur un grand registre et déposent leurs offrandes. Tous les Alsaciens qui habitent Paris sont là. Toutes les mères qui ont leur fils ou leur fille enfermés dans l'héroïque ville pleurent et racontent sur le siége de Strasbourg des faits sublimes. Les Strasbourgeois et les Strasbourgeoises nous seront un exemple.

Un de nos amis, de la commission du dépouillement des papiers impériaux, dîne avec nous.

Je l'interroge, et il me répond qu'il trouve fort peu d'intérêt à cette besogne. On déménageait et l'on brûlait aux Tuileries des papiers depuis trois semaines, me dit-il. Ce qui reste est insignifiant. Il nous donne quelques détails sur la physionomie intérieure des appartements de l'impératrice. Beaucoup de pots-au-rose, de flacons, de bouteilles à odeur, beaucoup de boîtes à poudre de riz. Guerlain régnait là. Au pied du lit d'Eugénie Ire, un autre lit tout entouré de mousselines épaisses : pour qui? Avait-elle peur de coucher seule dans sa chambre, ou la surveillait-on? Dans les tiroirs, dans les albums, dans la bibliothèque, un mélange fantasmagorique : le corps de ballet, fort peu vêtu, des images de sainteté, des livres de sacristie, à côté d'autres livres que n'eût pas osé signer la reine Marguerite de Navarre. Un musée de chapeaux, deux cents peut-être! La gare des robes, avec chemin de fer descendant par le plafond dans un cabinet de toilette. Un mannequin fait à la taille exacte de la régente, et qui essayait ses toilettes. Au-dessus des appartements de l'impératrice, les ateliers de couture.

M. Hauréau, maintenant directeur de l'Imprimerie nationale, vient nous voir et nous dit qu'il a causé ce matin avec M. Thiers. L'auteur des fortifications de Paris croit à la défense et s'emploie fort activement à parfaire son œuvre.

12 septembre.

Je vais, je trotte pour compléter mes provisions; il faut tant de choses! Tout peut manquer à un moment donné, jusqu'au sel, jusqu'au poivre, jusqu'à la moutarde. Je déploie dans mes recherches tout mon génie domestique. Je ne rêve que mouton d'Australie, Liebig, jambon, légumes Chollet, épicerie, comestibles! Mes poches, ma robe, mes bras, mes mains, sont toujours encombrés quand je rentre. Si je découvre une conserve nouvelle, je rêve à l'étonnement qu'elle causera dans trois mois aux amis que j'inviterai à la manger! Verrai-je des héros surgir dans mon entourage: au lieu de leur tresser des couronnes,

d'orner leur maison de guirlandes, je leur offrirai une bouteille de jeunes carottes confites, un sac de choux frisés; il faudra que mon héros ait accompli les plus grands exploits pour que je lui fasse présent d'un fromage tête-de-mort de Hollande !

Dans mes courses, aujourd'hui, j'ai rencontré M. Guéroult, avec lequel j'étais brouillée depuis le plébiscite; il m'a réjoui l'âme ! Il est devenu tellement républicain que la reine d'Angleterre elle-même lui paraît le type du gouvernement personnel.

— Si j'étais une méchante irréconciliable, lui dis-je, comme je vous rendrais responsable des malheurs qui tombent sur la France ! Convenez que ces malheurs, cette invasion, je vous les avais prédits.

— La haine vous éclairait, me répondit M. Guéroult avec douleur. Croyez-moi, je souffre plus que vous de nos désastres, je me les reproche.

Pauvre M. Guéroult ! je lui pardonne, il est malade, et je crains qu'il ne supporte difficilement les émotions du siége de Paris. Il avait à la main

un paquet, il le portait fièrement : c'étaient des boîtes de sardines. Le fanatisme de la provision nous possède tous!

13 septembre.

Aujourd'hui, sous mes fenêtres, revue de la garde nationale par le général Trochu. Dès neuf heures, j'entends les tambours battre, les clairons sonner. Il n'existe plus pour moi, en fait de musique, que la musique militaire ; elle seule m'émeut. Les gardes nationaux se massent en lignes serrées, ne laissant libre, au milieu du macadam, qu'un passage de quatre ou cinq mètres. Ceux qui ne sont pas encore habillés se placent derrière les habillés pour faire nombre. Adam a refusé tout grade, et il est simple garde ; il est présent ce matin dans les rangs de sa compagnie.

Le général Trochu passe à cheval ; il est accueilli par des bravos frénétiques ; il soulève

son képi ; je ne sais pas si c'est parce que j'habite au quatrième étage, mais M. Trochu, que je ne connais pas, me fait l'effet d'avoir une tête de linotte. Je ressemble peut-être à M. Perrichon, qui trouvait l'homme petit du haut de la mer de glace.

Les cris d'enthousiasme de la garde nationale : « Vive Trochu ! vive la République ! » bien nourris, partent du cœur. On fête aussi le général Tamisier. Je crains que M. Tamisier, un phalanstérien doublé d'un poëte de la *douce nature,* ne manque de la fureur guerrière. M. Trochu peut jouer un rôle immense, il peut être notre Washington. Les événements sont faits, en ce moment, pour grandir les hommes. Pourvu que les hommes ne rapetissent pas les événements ! J'espère, espérons !

Un ami arrive chez moi, après la revue, et me dit que la mobile a été aussi très-enthousiaste, qu'elle a fort belle tournure et déjà comme un air martial. Cette fête civique s'achève sous mes yeux. Les gardes nationaux dans un sens du boulevard, les mobiles dans

un autre, défilent en même temps, se saluent aux cris de : « Vive la mobile ! Vive la garde nationale ! Vive la République ! » Ils chantent la *Marseillaise,* le *Chant du départ,* sans forfanterie, avec l'accent d'hommes résolus à faire leur devoir.

Je ne peux pas demeurer plus longtemps inactive.

Je suis fille de médecin, petite-fille de chirurgien ; on m'a appris l'anatomie, je sais panser un blessé. J'ai le besoin impérieux d'utiliser mes forces. J'envoie chercher notre ami le docteur Clavel, et je le charge de me trouver une besogne difficile. J'ai tant fait de charpie, de bandes, de compresses, que mes doigts sont pleins d'ampoules et que je ne puis continuer. Nos pauvres soldats ! pendant que nous préparons tout ce qu'il faut pour les soulager, pour les guérir, l'ennemi prépare ses plus habiles moyens pour les blesser, pour les détruire.

La guerre est une chose hideuse, stupide.

J'ai vu ce soir M. Duclerc, ministre des finan-

ces en 1848. Il venait avec M. de Reims, un Parisien dans toute la diversité de l'expression, très-paradoxal et très-sensé.

Nous causons de la fin de l'empire. M. de Reims nous cite des faits, il nous donne des détails de bassesse, d'ignominie, de lâcheté qui nous soulèvent le cœur. M. de Reims a toujours été le plus vaillant des antibonapartistes. Nous aimions à l'entendre dire, médire et maudire. Hélas! il a eu trop raison.

M. de Reims, lié avec M. Thiers, l'a vu ce matin avant son départ. M. Thiers lui a dit qu'il allait avoir toutes les peines du monde à déjouer en Europe une intrigue qui tend à nous donner pour souverain le jeune Napoléon IV.

M. Duclerc nous raconte qu'il a conduit chez le général Trochu l'ingénieur américain qui, durant la guerre sudiste, a fortifié Richmond. Il faudrait quinze jours et cent mille hommes pour faire à Paris ce qui a été fait à Richmond. M. Trochu parle, hésite. M. Duclerc craint que le général ne soit un irrésolu; il ne

lui voit pas cette ardeur, cette foi qui remuent les montagnes. « Paris est tellement plein de ressources, qu'on peut tout en obtenir, si l'on sait tout en exiger, » nous répète M. Duclerc.

Il nous parle aussi de torpilles qu'on sèmerait autour des forts.

Ah! puissent les engins les plus terribles exterminer les ennemis de la France! Notre haine croît chaque jour.

Je reçois de mon Alice une lettre d'un enthousiasme admirable; son exaltation patriotique est, loin de Paris, au diapason de la mienne. Chère enfant! si nous nous retrouvons en des temps plus tranquilles, comme nous serons heureuses de nous être si bien comprises! Nos douleurs particulières, notre séparation, ne sont rien pour nous. La France est vaincue, envahie : voilà notre mal!

Nous hébergeons depuis huit jours trois mobiles auvergnats, déjà un peu dégourdis, quoiqu'ils nous soient arrivés bien lourdauds. Leur esprit s'ouvre, leur cœur s'émeut, et ils commencent à comprendre ce que c'est que le dé-

vouement à la patrie. Ce matin, en distribuant des rations, un de leurs capitaines a dit : « Les Parisiens comptent sur les Auvergnats! » Voilà mes braves Arvernes prêts à faire des sorties, à courir sus aux Germains. L'entreprise est aussi grande à Paris qu'à Gergovia; mais où est le Vercingétorix qui luttera contre le César d'outre-Rhin?

Je vois partout des soldats; viennent les chefs! Nous avons soif d'action, nous avons la fièvre du combat!

14 septembre.

Le fléau marche; l'ennemi s'approche de la capitale; l'invasion prussienne inonde, sans rencontrer un obstacle, notre vieille Champagne, dont les plaines ont vu tant de combats héroïques. Le courage de la population parisienne s'affermit heure par heure. Des nuées d'ouvriers, à nos portes, creusent des fossés, élèvent

des remparts. Sur les boulevards, j'entends tout le jour et toute la nuit passer des obus, des boulets qui tressautent, se choquent et résonnent avec un bruit sinistre dans les charrettes du train. On essaye de brûler tous les bois autour de Paris. Les Prussiens qui, en 1814 et 1815, s'écartaient des bois avec terreur, et craignaient d'y poursuivre les paysans qui s'y réfugiaient avec leurs bestiaux, les pratiquent en 1870, s'y cachent, se glissent comme des bêtes fauves de forêt en forêt, s'abritent, marchent sans danger, avancent en louvoyant, évitent le péril avec des ruses de sauvages, combattent sans audace et triomphent sans grandeur.

Hier nous sommes allés, Adam et moi, sur la butte Montmartre, à onze heures du soir, pour regarder les incendies. Nous avons vu le ballon Nadar au pied de la butte. On a failli nous prendre pour des espions. Paris a la folie du soupçon, après avoir eu la folie de la confiance. Un ouvrier, que nous avons rencontré par hasard dans les rues, à cette heure bien tardive pour les habitants de Montmartre, nous

a conduits dans un endroit d'où nous apercevions des foyers d'incendie dans les bois d'Écouen et dans l'île Saint-Denis. Une flamme vive, serpentine, allongée, vague, tenait la plaine et l'horizon comme un éclair fixé. De gros météores rouges, deux par deux, immobiles, sinistres, semblaient prêts à se mettre en mouvement, à se grossir, à s'alimenter de destruction, à tout dévorer, à tout engloutir dans leurs gueules de feu.

Nous regardions Paris, les boulevards, les Champs-Élysées, avec leur perpétuel air de fête. Montmartre était sombre, triste, sans lumière. Notre guide m'a raconté que depuis deux mois il avait dévoré ses économies, que tout au plus il irait, par crédit, un mois encore, mais que, dût-il mourir trente fois de faim et de misère, jamais il ne demanderait qu'on rendît Paris aux Prussiens.

— Nous sommes trop bas, ajouta-t-il, nous n'avons plus l'air de Français; on va voir ce que c'est que de nous, dans l'Europe! Et moi, qui faisais le bijou pour l'exportation, je fa-

briquerai des boulets, des cartouches, le diable et son train, pour les exporter de Montmartre au milieu des lignes prussiennes! Venez un peu lorgner les canons marins que nous avons pour ça!

Nous allâmes voir les canons qui étaient gardés par des hommes de Montmartre, en vareuse de laine brune, le fusil au bras.

— Vous pouvez regarder, nous dit gaiement l'un des gardiens de ces canons : si vous êtes de vrais Français, ça vous fera plaisir; si vous êtes autre chose, ça vous fera peur.

15 et 16 septembre.

J'avais reçu hier une lettre de Mme Henri Didier qui me donnait rendez-vous pour aujourd'hui, à une réunion du comité des ambulances du IXe arrondissement. Je suis allée à cette réunion, j'y ai fait *mes offres de service,* et,

soutenue par Mme Henri Didier, par Mme Charles Thomas, par l'influente Mme Goudchaux, dont la générosité, la grandeur d'âme sont devenues proverbiales, j'ai été acceptée pour organiser l'ambulance du Conservatoire de musique. Je crois que je puis être fort utile, et j'ai enfin la joie de voir mon activité employée.

Demain, à neuf heures, j'entre en fonctions, je mets en œuvre tout ce que je possède de bon vouloir pour installer, dans les salles d'étude du Conservatoire, cinquante lits de blessés.

---

20 septembre, soir.

Que s'est-il passé depuis quatre jours? je n'en sais rien. Je n'ai rien vu, rien entendu. Je souffre si cruellement de notre situation présente que je m'enivre d'activité. Pauvre France! pauvre Paris! Je n'ai pas de nouvelles de ma fille : est-elle à Saint-Pair? est-elle à Jersey?

Hier, toute l'après-midi, au Conservatoire, dans la salle des concours, où j'ai installé un atelier de lingerie, où l'on fait de la charpie, des bandes, des compresses unies et fenestrées, où l'on prépare des appareils Scultet, des pinceaux, des mèches, etc., les murs ont entendu les imprécations tragiques de vingt Parisiennes appartenant à des classes différentes : ouvrières, bourgeoises, artistes, commerçantes. Nous maudissions les Prussiens et les lâches. Nous étions sous le coup du honteux combat de Châtillon. La plupart de nos soldats avaient fui ; un grand nombre de mobiles, blessés dans le dos, accusaient leurs chefs de s'être cachés ; les zouaves, pris de terreurs inexplicables, se croyant poursuivis, étaient rentrés dans Paris, semant partout l'inquiétude, mais ne parvenant pas à propager leur épouvante.

Le mot *imprécation* peut seul rendre la violence de nos paroles. Je compris, pour la première fois, les emportements, les passions, les énormités de 92. J'aurais vu, sans broncher, fusiller les déserteurs. Nos gardes nationaux

les arrêtaient partout, les malmenaient, les enfermaient dans les postes, après leur avoir fait honte, après les avoir appelés : « Traîtres à la patrie! » C'était la même forme d'injure qu'en 92, et, comme alors, la foule y applaudissait.

Ce même jour, le 19, on avait arrêté le général Ambert, un fou, commandant je ne sais quel secteur, et qui, dans un discours à ses troupes, avait renié le gouvernement de la défense nationale.

En rentrant hier au soir, j'ai appris que notre Châtillon nous appartenait encore ; le moindre pouce de terrain nous tient au cœur ! L'aile gauche de Ducrot, seule, s'était débandée, parce que les zouaves étaient ivres. On dit que la mobile s'est battue assez solidement pour une première fois ; nous nous rassérénons un peu : nous avons tant besoin d'espérance!

La privation de nouvelles, ce silence du dehors nous attriste et nous cauchemarde. Paris si curieux ne sait plus rien, Paris si remuant est enfermé dans ses murs, Paris si hospitalier ne reçoit plus personne! Il faut que la passion

de vaincre remplace tous nos désirs; il faut que toutes nos habitudes se transforment, que tous nos petits défauts se corrigent, que toutes nos qualités s'agrandissent et se développent. Le salut est à ce prix!

M. Peyrat est venu me voir à l'ambulance du Conservatoire. L'un de ses fils, mobile de la Seine, un franc Parisien, gouailleur, spirituel, sceptique, s'est bien comporté et bien battu. Le père est content, les amis applaudissent. L'autre fils de M. Peyrat, Georges, est enfermé à Strasbourg; on le croit vivant. Son bataillon (chasseurs de Vincennes) était à Reischoffen; il a été ramené dans l'héroïque ville. Le brave Georges défend Strasbourg; il a été en Afrique, c'est un soldat.

Je suis allée ce soir chercher du linge au palais de l'Industrie pour l'ambulance du Conservatoire. En passant auprès de la statue de Strasbourg, je l'ai vue illuminée, couverte de fleurs fraîches, blanche, solennelle, se détachant sur un ciel sombre.

M. Pelletan a dîné chez nous. Il est coura-

geux, passionné; il veut manger du Prussien : ce n'est ni Adam ni moi qui le rationnerons.

Il nous dit que le général Trochu lui inspire la plus grande confiance. Il a une haute idée du général Ducrot. Moi, j'en veux à ce dernier d'avoir laissé battre son aile gauche à Châtillon! M. Pelletan a trouvé dans les papiers de l'empereur une lettre du général Ducrot au général Trochu, datée de 1866, — la copie, — Trochu ayant reçu l'original. Honnête petite preuve de l'existence du cabinet noir! Dans cette lettre, le général Ducrot disait au général Trochu que l'empereur, pour agir comme il agissait vis-à-vis des Prussiens, devait être en démence. Le dépouillement des papiers impériaux est fait aujourd'hui par Pelletan, par Rochefort, par Laurent-Pichat. Il y a, disent-ils, un ramassis d'ordures : flatteries, platitudes, demandes d'emplois, de secours, de faveurs, de décorations. Ah! dignité de l'homme!... Il y a là ce que recevait un tel, ce que gagnait tel autre; il y a aussi les douces lettres de Mlle Marguerite Bellanger à son cher seigneur.

Nous avons longuement causé ce soir, Mlle Hocquigny et moi. Elle est directrice de la lingerie à la Société internationale des secours aux blessés. Tandis que nous causions, j'avais sous les yeux le grand livre des ambulances. Forbach, Metz et Strasbourg y sont inscrits ; combien de départs sans arrivées !... Notre linge pour les ambulances, pour les blessés, se replie en arrière aussi facilement et en aussi bon ordre que tous nos généraux. On n'imagine pas ce que l'Europe et l'Amérique ont donné de linge pour cette guerre. Il faut voir la lingerie du palais de l'Industrie ! Ces grands bâtiments qui servent aux expositions, si éclairés le jour avec leurs vitrages, sont effrayants le soir. Tous ces linges épars ou rangés ont un aspect sinistre ; ils font rêver de plaies sanglantes, d'amputations effroyables. De l'autre côté de la lingerie, il y a des canons ; c'est un contraste plein d'enseignements : à gauche l'entreprise de la casse, à droite celle du raccommodage. Quelle comédie que la comédie humaine ! Qui trompe-t-on ? Je déraisonne, je

me ronge le foie, je suis une pauvre Parisienne assiégée, une mère sans nouvelles de sa fille unique. Comme je souffre!... Si encore nous avions le moindre petit succès!

---

21 septembre.

Les esprits sont très-montés. Jules Favre n'est pas encore revenu de son voyage auprès de M. de Bismark. Il y a eu des attroupements sur la place de Grève, des délégations à l'Hôtel de ville ; on est entré dans la salle des séances du gouvernement, Blanqui a pris la parole. Rien de tout cela n'est dangereux tant que le peuple aura devant les yeux le mirage du triomphe définitif ; mais gare aux insuccès, à l'inaction !

Aujourd'hui, jour de l'anniversaire de la république de 1792, très-belle proclamation de Gambetta.

Je tends la main à tout le monde, je quête,

j'écris pour avoir de l'argent : il y a tant de misère, les ambulances ont besoin de tant de choses !

On me raconte qu'un ancien élève de Saint-Cyr, versificateur par goût, républicain, pauvre, vient d'être nommé commandant d'un bataillon de la garde nationale à la Villette. On s'est cotisé pour l'équiper. Le bataillon lui a acheté, moyennant la somme de quinze francs, un paletot avec de l'astrakan ; un marchand de vin a donné le pantalon à bandes rouges ; un industriel enrichi, quelque vil flatteur, a offert des bottes ; le médecin du quartier a prêté son jeune cheval et son vieux képi. Il manque, paraît-il, un revolver au commandant. Je demande qu'on tire sur nous pour le revolver.

Une autre anecdote bien parisienne. Le jeune Godefroy Cavaignac s'est engagé, à dix-sept ans, pour la durée de la guerre ; il est dans un fort, il a pour compagnon de lit un gavroche nommé Bobéchon. Bobéchon est sale, paresseux, couard et chipeur. Bobéchon se fait servir par Godefroy ; il prend les deux tiers du lit ; il fait

nettoyer quelquefois, porter souvent son fusil au jeune Cavaignac. Bobéchon rudoie celui qu'il appelle un fils de famille, il déblatère contre le bourgeois. Rien n'est plus adorable, paraît-il, que la bienveillante patience de Godefroy Cavaignac.

Troisième et simple histoire.

Un jeune garçon de quatorze ans a tué un Prussien. C'est un petit maraudeur. Il se faufilait un soir hors des lignes françaises ; il aperçoit un fusil posé contre un arbre, puis une sentinelle ennemie qui accomplissait un devoir nécessaire, comme disent les troupiers de Maurice Sand ; il le tue roide en plein dos, et le traîne jusqu'à nos avant-postes. Les gamins de Paris ont promené ce héros malgré tout, après l'avoir affublé d'un costume d'officier beaucoup trop long, et d'un képi de colonel qui lui tombait sur le nez. Ç'a été un long triomphe de la Bastille à la Madeleine.

22 septembre.

J'avais dit au docteur Labbé, de la commission d'hygiène, que la directrice de la lingerie internationale était prête à partager son linge avec les ambulances municipales. Il avait répété ces paroles à la commission au moment où celle-ci allait prendre une décision capitale contre la Société de secours aux blessés, qu'elle accusait de lésinerie, de malveillance, et dont elle voulait réquisitionner toutes les ressources. La commission aussitôt donna l'ordre qu'on allât, le soir même, prendre, ou plutôt demander soixante mille kilos de linge.

Le comité-homme de l'Internationale fit peser tout ce qu'il trouva de ballots non triés, et, dès six heures du matin, les expédia à l'Hôtel de ville. Le premier ballot qu'un des membres de la commission d'hygiène reçut venait de quelque paysan, et il était plein de pots de confiture cassés, de légumes pourris. Il crut à une mystification et se fâcha. La directrice, le

matin, en arrivant, trouva la situation, qu'elle avait un peu créée, très-compromise ; elle écrivit à la commission d'hygiène une lettre dans laquelle elle raconta les histoires des paquets reçus par elle, qui pour la plupart contiennent des comestibles. Elle ajouta que deux cents femmes à l'Internationale, occupées du matin au soir, ne pouvaient guère trier et classer que trois mille kilos de linge par jour ; qu'elle n'en avait jamais soixante mille kilos à la fois ; qu'il était bien regrettable que, pour avoir du linge, on ne se fût pas adressé à la lingerie, etc. Après cette lettre, la commission d'hygiène maintint son blâme.

Prévenue, j'allai à l'Hôtel de ville avec la carte d'Adam ; comme je descendais de voiture, devant la grande porte, je rencontrai le docteur Labbé, qui me fit des reproches. Je lui demandai à voir M. Brisson. M. Brisson était fort occupé ; il s'exalta sur la question que je traitais, mais je le vis, en sérieux administrateur, écouter mes observations. « Sacrifiez les hommes, cher monsieur, lui dis-je ; faites

de l'arbitraire, si vous vous y croyez obligé, vis-à-vis de M. de S.-A..., par exemple : c'est un dévot! Mais ne soyez point inexorable pour une femme qui depuis trois mois trie les ballots que vous savez. » M. Brisson me répondit en riant qu'il épargnerait les femmes. Je revins au palais de l'Industrie, je racontai les propos échangés, et je dis à M. de S.-A... que je lui avais tout mis sur le dos, ce qui ne déplut qu'à lui.

Il y a du bon et du mauvais dans la Société des secours. Au milieu des barbaries de cette guerre, j'aime à calmer ma propre cruauté par la pensée bienfaisante, humaine, qui préside à la convention de Genève.

Mme Paul Albert me disait ce matin, en me parlant de son mari: « Autrefois, je l'aimais pour les facultés de son esprit; maintenant, je l'aime pour les deux bras qu'il offre à la patrie. Je déclare avec orgueil qu'il est très-adroit, et rien ne manque à ma gloire depuis que je lui ai vu culbuter vingt têtes de Turc. S'il pouvait tuer cent Prussiens! Les mânes de mon grand-père en tressailliraient... »

Mme Albert est la petite-fille de Merlin (de Thionville). Veille sur nous, défenseur de Mayence !

Notre ami Alphonse Arlès-Dufour est très-irrité ; il revient du fort de la Briche, où il connaît des officiers de marine. Il est impossible d'imaginer les fautes grossières que le corps du génie a commises dans la mise en état de défense du fort de la Briche ! Jusqu'à placer le chemin qui doit apporter les provisions au fort dans le sens où les Prussiens peuvent tirer ; jusqu'à mettre une citerne à découvert ! Il a fallu retourner tout cela : c'était à l'envers! J'ai apaisé Alphonse Arlès-Dufour, qui se désespérait. Rageons, crions, récriminons, mais n'allons pas douter ! Notre muraille la plus solide, notre bastion le plus imprenable, c'est notre foi.

Faut-il plus de courage pour se défendre et pour combattre vigoureusement, avec la certitude d'être vaincu, que pour obliger son esprit à croire qu'on vaincra? Quand je suis à part moi, je m'interroge ; quand je suis vis-à-vis des

autres, j'affirme. Les hommes trouvent de grandes forces dans la confiance ; les femmes en trouvent dans la vue au delà.

---

23 septembre.

Nous lisons le récit de Jules Favre sur son entrevue avec Bismark. Je me sens revivre moralement : la sincérité, la franchise, peut-être un peu de naïveté, jaillissent à chaque ligne. Le jour même de cette belle déclaration, nous avons eu un premier succès.

Les Prussiens ont été mitraillés par les canons de deux forts ; nous avons repris Villejuif. Il fallait voir les visages sur le boulevard ! Tout Paris se connaît à présent, s'aime, se parle, s'encourage, rayonne à la moindre lueur d'espoir ; on se sent bien patriote et bien compatriote.

Le commandant de la Villette est venu chercher son revolver. Quelle joie il a montrée !

Une merveilleuse du temps de l'empire n'aurait pas reçu avec plus d'enthousiasme une robe de chez Worth!

Ce soir, les boulevards étaient couverts de groupes nombreux. Quels désirs de combattre, de mourir pour la patrie! Chaque mot, chaque geste, a pris maintenant une physionomie ; un signe, une parole, veulent dire cent choses comme entre gens qui ont une idée fixe et qui vivent ensemble. Nous voulons, nous Parisiens, être utiles à notre France bien-aimée!

Au-dessus de la place de la Concorde Bérénice brillait; elle brille aussi pour les Prussiens. Étoile insensible! que tu ressembles peu à la statue de Strasbourg, lumineuse comme toi, sous sa décoration de lanternes! Pauvre belle statue! son front de pierre me semble plein de tristesse.

Au palais de l'Industrie, on me raconte l'histoire vraie du petit bonhomme de l'Internationale qui a tué son Prussien. Il est fils d'un notaire de province, il a douze ans; il a voulu être de la Société de secours aux blessés, venir

à Paris ; craignant que son exaltation ne le rendît fou, ses parents l'ont amené, l'ont confié au docteur Chenu, qui en a fait un de ses aides.

L'autre soir, le moutard s'est caché dans une voiture d'ambulance, sous des matelas; tandis que les ambulanciers ramassaient les soldats blessés dans un engagement, il a saisi le fusil d'un Prussien mort, et il a tiré sur un Prussien vivant; puis, avec ce fusil, il est revenu se cacher sous ses matelas. Prussiens et Français ont cherché l'auteur du crime et ne l'ont pas trouvé. En arrivant au palais de l'Industrie, le bonhomme est sorti de sa cachette avec son fusil, qu'il prétend garder. J'ai félicité ce héros. « Je suis calmé, disait-il ; je voulais tuer mon Prussien ! » Barra et Viala peuvent revivre !

L'un des fils de M. Victor Lefranc est gravement blessé à la cuisse. M. Jules Simon m'écrit que son fils aîné est au feu depuis le matin. Nos amis font leur devoir, il le faut !

24 septembre.

Je suis allée avec Mme Lachaud, fille de M. Dupont (de Bussac), chercher aux Tuileries des vivres pour nos ambulances municipales du IXe arrondissement, auxquelles je travaille toute la journée. J'ai traversé la cour de ces Tuileries rendues à la nation. Je suis allée dans le sous-sol, et j'ai pris, pour nos blessés, ma part des provisions impériales. Je verrai nos pauvres moblots, nos soldats manger des confitures marquées à l'*N* de l'homme de Sedan.

C'est un spectacle amusant que ce pillage légal des caves impériales ; chaque ambulance a sa liste de comestibles au poids ou à la quantité ; on appelle : le Théâtre-Français, Picpus, la loge du Grand-Orient, le Conservatoire de musique, lequel Conservatoire je représente avec paniers, bouteilles, sacs ! Du macaroni au Conservatoire de musique, un saucisson à Picpus, des haricots verts au Théâtre-Français, de l'huile au Grand-Orient, des confitures à tous ! Les employés du

château grommellent; on se heurte, on s'empêtre les uns dans les autres; on entasse ses parts, on traîne ses paniers, on porte ses sacs sur le dos.

En rentrant chez moi, je trouve M. Hauréau, directeur de l'Imprimerie nationale, qui me montre et me lit le premier fascicule des papiers impériaux. Tout ce que nous disions de ces gens se confirme. La *Lanterne* de Rochefort est à peine au niveau des réalités. « Les brigands! » s'écrie le journal *le Temps*, qui, d'ordinaire, est si modéré.

Mme A. Cochut s'est chargée de faire remettre une lettre à ma fille par l'intermédiaire de Mme de Kératry. Me voilà bien heureuse en pensant que mon Alice aura de mes nouvelles; doit-elle être inquiète de nous!... et je m'en suis séparée!... Tout se peut donc pour la patrie!

---

25 septembre.

L'*Officiel* nous apprend que la journée d'hier a été bonne. Adam est allé ce matin au gouver-

nement et il en est revenu plein d'espoir. Il y a d'excellentes nouvelles des départements avec lesquels le gouvernement est en communication par des télégraphes souterrains que l'ennemi n'a pas encore découverts. Trois armées se forment : à Tours, à Orléans, à Bourges. Le général Cambriels, dont notre ami le docteur Clavel a raccommodé la tête tant bien que mal, l'amiral Fourrichon, sont prêts à entrer en campagne, paraît-il.

Le canon gronde. Paris a un air de fête; c'est dimanche. Les papas, les mamans, les moutards, se promènent comme si rien n'était de ce qui est, et cependant on ne peut douter de la résolution, du patriotisme de tous ces hommes, de toutes ces femmes, de tous ces enfants.

On ne peut demeurer chez soi. Je le sens bien, moi si casanière; il me semble que je suis en prison dans mon appartement; il faut que je sorte, que j'agisse, que je vive au dehors.

L'ambulance du Conservatoire étant bien organisée, le comité du IXe arrondissement me charge d'en créer d'autres.

L'atelier de lingerie au Conservatoire est une grande ressource pour quelques femmes. Au lieu de demeurer seules chez elles à se ronger le foie, à se dévorer l'âme, elles viennent travailler en commun pour les blessés; les plus courageuses fortifient les plus faibles; on cause de la guerre, du siége, du gouvernement, des journaux, on discute, on s'anime; les imaginations trouvent un aliment. Toutes me remercient pour le *bien moral* que je leur ai fait en les arrachant à leur isolement. Les maris sont dehors, et, pendant leur absence, les femmes, dans le ménage, pensent aux amis, aux parents, aux enfants éloignés, à tous ceux dont on n'a plus de nouvelles, qu'on ne reverra peut-être jamais... Il faut le travail, la distraction.

A la mairie du IXe arrondissement, ou plutôt à la salle Drouot, le comité des ambulances municipales m'a voté des remercîments.

Que de misères! combien de gens subissent d'affreuses privations! Un ami m'a envoyé une pauvre femme, qui sait quatre langues, qui

n'avait littéralement que sa robe sur le dos :
je l'ai habillée; elle meurt de faim. Je voudrais
donner tout ce qu'il y a à donner dans le
monde; je souffre tellement de la misère d'autrui ! J'ai peur d'avoir chaud... Je me rationne
pour ne pas tant manger... Je me reproche le
plus petit bien-être.

Adam me raconte qu'il a vu Gambetta. Notre
ministre de l'intérieur est content de la province. Il dit que M. Thiers est fort actif, que
l'amiral Fourichon et l'auteur du *Consulat et
de l'Empire* font merveille dans l'organisation
militaire à Tours. L'armée de province, assure
Gambetta, pourra, dans quinze jours, inquiéter
les Prussiens, enlever les convois, attaquer les
petits corps d'ennemis isolés.

On a promené aujourd'hui dans les rues les
soldats qui avaient fui au combat de Châtillon.
Ils avaient les mains attachées, la capote à l'envers, le képi retourné. Sur leur dos était accrochée une pancarte avec un nom et ces mots :
« Lâche! a fui devant l'ennemi. » Des mobiles
et des gardes nationaux faisaient la haie de

chaque côté de ces malheureux, qu'on avait rangés en file l'un derrière l'autre.

On prétend que l'effet de cette exécution morale a plus terrifié les coupables qu'une condamnation à mort. Je n'en crois rien.

27 septembre.

Silence des Prussiens! On soupçonne quelque traîtrise de leur part; on craint quelque effort énorme : l'assaut sur un point. La population s'irrite de ce calme. La garde nationale veut marcher; elle veut prouver qu'elle est brave, qu'elle peut se battre, qu'il faut l'employer. La garde nationale, au fond, ne demande pas qu'on fasse des trouées, si c'est impossible; mais elle voudrait tomber à chaque instant sur l'ennemi, l'inquiéter, le fatiguer, le tenir en haleine, et garder autour de Paris le plus de Prussiens qu'on pourra. Nous protégerions d'autant nos pauvres petites armées de province des périls

du nombre. Harceler, harasser l'ennemi, par-ci par-là, à toute heure, la nuit ; donner des primes aux coups de tête ; récompenser magnifiquement l'héroïsme individuel ; effarer, affoler l'assaillant : voilà nos vraies traditions comme assiégés. Les Français ont toujours eu partout, auront toujours, lorsqu'on voudra en user, les grands dévouements et les facultés de caractère qu'il faut pour soutenir un siége, pour faire des actions d'éclat.

Adam a revu Gambetta, qui lui a répété deux fois, avec insistance, que la situation militaire, à Paris, est excellente, comparée à ce qu'elle était il y a huit jours. Les canons se fondent, les cartouches se fabriquent, les soldats se forment dans la garde mobile et dans la garde nationale.

N... est venu ce soir nous faire visite, avec costume ! pantalon de garde national, vareuse bouclée, revolver à la Fra-Diavolo passé dans la ceinture. Il craint les partisans de la Commune et veut leur faire à savoir qu'il est armé pour l'ordre ! Pauvre garçon, avec sa pauvre santé, il est nerveux, il souffre plus que nous, il est las

de la guerre, qu'il a suivie pas à pas depuis Wissembourg jusqu'à Sedan. Il attaque Trochu à fond de train, et ce n'est pas sur les facultés militaires de cet avocat-général, comme l'appelle notre ami, ou de ce général-avocat, que nous nous disputons, c'est sur la possibilité d'une longue défense. Il ne croit pas à la durée de la guerre; j'y crois! « Vous verrez! — Nous verrons, lui dis-je à la fin de notre discussion; j'ai à peine dix jours de siége. Je gage que dans trois mois je n'en serai pas encore dégoûtée; jugez un peu! »

28 septembre.

Une petite fille dont je secourais la mère, ce matin, voyant sa pauvre maman pleurer et me remercier, a eu des mots, des regards, des caresses pour moi que je n'oublierai jamais. Cette petite a cinq ans. « Tu nous donnes beaucoup de bonnes robes, madame, et des sous en pa-

pier pour que nous soyons riches et que maman achète du bon pain et de la bonne viande, » m'a-t-elle dit avec un accent inimitable auquel je ne puis songer sans avoir une grosse émotion.

Plusieurs de nos amis sont découragés. Dans quelle étrange situation d'esprit je suis depuis le début de cette guerre! Avant le désastre de Sedan, je ne cessais de m'alarmer, de prédire la désolation des désolations; maintenant, la pire des défaites me paraît encore un triomphe. Je suis certaine que nos ennemis s'étonnent de voir des vaincus ne pas se lasser d'être vaincus. Lutter, combattre, ne point désespérer de la victoire, ne point se courber sous les revers, se tenir debout quand on est broyé, ne rien craindre que la lâcheté et le déshonneur, c'est, pour un peuple comme pour un homme, forcer l'ennemi lui-même au respect.

La terre de la patrie est légère à ceux qui meurent pour elle!

Si M. Trochu avait des entrailles! Je ne sais pourquoi je me le représente avec le visage tou-

jours placide d'un homme bien élévé. Ceux qui le voient et l'entendent me répètent, à chaque instant : « C'est un homme très-distingué. » J'aimerais mieux un caporal énergique! Toute cette distinction est en désaccord avec les exigences brutales d'un événement si extraordinaire. La distinction ne peut laisser jaillir dans un cerveau plein de nuances, plein de fines observations, plein de critique, de mesure, le trait de génie, ou ridicule ou sublime, qui entraîne un homme à faire ce qui n'a pas encore été fait!

Belleville s'agite; la misère est grande; il y a eu des troubles dans le quartier des ateliers Godillot.

---

29 et 30 septembre.

Pas de nouvelle militaire le 29. Aujourd'hui, le canon tonne depuis cinq heures du matin. Adam, qui a passé la nuit dernière aux remparts, s'habille et court à l'Observatoire. Il revient en me

disant qu'on croit à une sortie bonne pour nous ; le fort de Bicêtre a lancé toutes ses bordées au moment où nos troupes faisaient retraite, ce qui laisse supposer qu'on avait attiré l'ennemi sous les canons du fort.

Cette sortie était bien nécessaire, car nous tous, Parisiens, nous étions très-montés contre les généraux apostoliques, et point du tout romains, qui ne cessent de nous prêcher le calme. Le calme, messieurs, c'est bien facile à conseiller ; mais, si vous le perdiez un peu, nous le retrouverions certainement. On gaspille le temps, cette richesse si précieuse pour une ville assiégée. Il faut agir, agir vite ; dans les quartiers excentriques, on se lasse ou plutôt on s'irrite ; tant d'inaction révolte. Le patriotisme faisait taire toutes les malveillances, toutes les haines ! La sortie d'aujourd'hui, des sorties, des sorties nous donneront de la patience.

Adam est nommé de la commission des hôpitaux ; il y a pour les hôpitaux bien des réformes à obtenir. Là encore il faudrait des révolutions et non des replâtrages.

Tous ceux qui connaissent Jules Favre lui portent leur carte. Une nation qui peut, sans bassesse, envoyer, en pleine guerre, l'un de ses ministres demander la paix, est bien autrement civilisée que celle qui refuse d'arrêter le sang. Moralement, nous venons de battre les Prussiens. Au nom de la République et de la fraternité des peuples, nous avons proposé de finir une guerre criminelle; les Allemands rejettent dédaigneusement cette paix, au nom du droit de la force. La vertu, l'humanité, sont avec la République; elle vivra! L'avidité, l'injustice, sont avec l'empire d'Allemagne; il périra!

1er et 2 octobre.

Le meeting de Londres a produit un grand effet. Il a paru une lettre de Louis Blanc au peuple anglais, très-belle de style, mais que je trouve exclusive. L'auteur l'a écrite uniquement pour nos voisins d'outre-Manche. Par quelle anomalie

Louis Blanc, le novateur, aime-t-il ce pays de traditions qui s'appelle l'Angleterre? Les plus grands esprits ont leurs contradictions.

MM. Ranc et Ulysse Parent, le maire et l'adjoint du IXe arrondissement, sont venus visiter l'ambulance du Conservatoire de musique. J'ai échangé quelques mots avec M. Ranc, que je n'avais jamais vu. C'est un écrivain sobre, énergique, un patriote de la grande école révolutionnaire; il ressemble bien à son style, il en est l'homme. M. Ulysse Parent m'a dit qu'une sortie en masse était imminente. Est-ce un naïf?

Avec les fourneaux économiques, — une œuvre s'est fondée dans tous les quartiers qu'on appelle l'*OEuvre des fourneaux,* — on donne à manger aux pauvres gens pour quatre sous par jour.

La grande affaire, ces jours-ci, ce sont nos ballons, nos chers ballons! Ne vont-ils pas porter en province l'assurance de notre résolution? Ma fille recevra de mes nouvelles! Des lettres pleines de tendresse, d'amour, de patriotisme, descendront du ciel sur les chers absents!...

Pourvu qu'ils ne tombent point dans les lignes prussiennes !

Je suis allée à la Préfecture de police, avec Mme Cochut, faire visite à Mme de Kératry, qui était venue me voir à l'ambulance et s'est chargée d'une lettre pour ma fille. Mme de Kératry n'a pu nous recevoir parce qu'elle était, le matin même, accouchée d'une fille. Quel affreux endroit que la Préfecture de police ! Brrrr ! On dirait un vieux palais italien arrangé en auberge. C'est triste, c'est froid, c'est morne. Pauvre Mme de Kératry, une créole ! je ne voudrais pas être à sa place. Et ces grandes cours où tous les malheureux et tous les misérables jettent une plainte, une imprécation ! L'air qu'on respire ici est malsain, j'ai besoin de secouer cette atmosphère qui m'enveloppe et me navre.

Je demande à Mme Cochut de venir avec moi aux remparts, du côté de Montrouge. Elle me parle en chemin des découvertes faites par M. de Kératry à la Préfecture de police. Le nouveau préfet a la preuve que, sauf le complot d'Orsini

et celui de Pianori, c'est M. Piétri, avec son illustre maître, qui a *comploté* les autres!

Les fortifications, les remparts, les portes, les fascines, les tonneaux, les fagots, les cantines, les huttes de feuillages, mais tout cela est on ne peut plus intéressant, on ne peut plus curieux à voir! C'est dimanche. Une population nombreuse envahit le chemin de ronde; les ouvriers circulent et travaillent; les gardes nationaux, posés en sentinelles sur le rempart, font tableau dans ce cadre de terre crayeuse, blanche, sur ces buttes de terre éventrées.

C'est le second dimanche du siége.

Nous revenons aux ambulances du IXe par des rues pleines de promeneurs. Paris, depuis qu'il est prisonnier, vit sur ses boulevards. Nous rencontrons une de nos amies; elle va elle-même à une ambulance de la rue Saint-Lazare, pour passer la nuit auprès d'un officier, M. de Castres, blessé à Chevilly, et qu'on dit perdu; il a vingt-sept ans.

Notre amie nous raconte une conversation qu'elle a entendue entre deux blessés, dans une

voiture d'ambulance. « Moi, disait un soldat à son camarade, je suis f....; mais toi, quand on aura coupé ton bras gauche, tu auras encore ton bras droit pour casser la tête à quelque Prussien. »

Strasbourg et Toul sont aux mains de l'ennemi. Pauvre vaillante petite ville de Toul! pauvre chère Strasbourg! Mon cœur se déchire; il me semble que je perds l'un de mes plus proches parents. Les Strasbourgeois, tous nos Alsaciens si instruits, si laborieux, si honnêtes, vont-ils devenir la proie des soldats prussiens? Eux, si doux, vont-ils être malmenés, injuriés, vexés, opprimés par un envahisseur cruel, insolent, orgueilleux? Vite il faut agir, combattre, faire des prodiges de courage, pour secourir nos frères!... Ma chère statue de la place de la Concorde! Je suis certaine qu'elle a frémi sur sa base de pierre.

4 octobre.

C'est aujourd'hui le jour de ma naissance, j'ai eu quelques amis à dîner. L'un d'eux, M. Hau-

4 OCTOBRE.

réau, nous a parlé des aventures d'une femme intrépide, venue de Dieppe au travers des lignes prussiennes, et qui a remis une lettre à M. d'Haussonville. Qu'on devine où elle a couru les plus grands dangers?... A Paris! On l'a arrêtée chez sa couturière. La couturière, voyant l'une de ses clientes les plus élégantes arriver chez elle en costume de paysanne, l'a traînée au poste voisin, demandant qu'on fusillât immédiatement cette espionne. M. d'Haussonville n'a pu faire sortir de prison la pauvre femme qu'après trente-six heures de démarches et de pourparlers.

Rien n'est changé à l'administration de la police bonapartiste, ni ailleurs dans ce qu'on appelle les bureaux. Nous en avons encore pour dix ans des us et coutumes de l'empire; il nous faudra attendre que chaque employé daigne prendre sa retraite. C'est toujours comme ça! Il n'y a rien de plus aimable que les révolutionnaires d'aujourd'hui, de plus conservateur; ils ne changent que la raison sociale; ils reprennent la suite des affaires avec le même outillage, les mêmes commis, et ils s'étonnent que sous leur gouverne-

ment les bénéfices retournent à l'ancien patron.

Mme et M. Paul Albert, qui dînaient chez nous, ont commencé avec beaucoup d'esprit l'interminable récit et les aventures drôlatiques de cinq corps de francs-tireurs qui ont essayé de se former, et dans lesquels, successivement, M. Paul Albert est entré. Ce brave à outrance, qui n'a pas cessé d'être garde national et artilleur, se voit à la tête de cinq costumes qu'il nous décrit: costume des francs-tireurs de Saint-Hubert, costume des Amis de la défense, costume des Volontaires de la garde nationale, idem de la Presse; j'en oublie un.

Adam est allé chez Gambetta aujourd'hui. Gambetta se demande s'il ne ferait pas bien d'aller en province par ballon. Adam lui a chaleureusement conseillé de partir, et lui a dit que l'opinion parisienne l'y avait porté plus vite qu'un ballon ne l'y porterait. Ils ont beaucoup parlé de Trochu, que Gambetta estime et préfère à tous les autres généraux.

Je me méfie de M. Trochu. Le malheur, c'est qu'il fait ce qu'il peut, eu égard à ce qu'il est;

il a l'air sincère; il devient pour nos amis un trompe-l'œil. Défendre, armer, sauver ce grand Paris, quand on a une tête d'alouette, qu'on s'enivre de son chant, qu'on ne vole que de bas en haut et de haut en bas, sur la même ligne, et qu'on est destiné à se laisser prendre au miroir! est-ce possible?

Je m'explique bien l'indulgence de Gambetta pour Trochu. Le mot d'Éléonore Galigaï dans son procès: « J'avais, sur Marie de Médicis, l'influence qu'un esprit fort a toujours sur un esprit faible, » est souvent plus vrai en sens inverse. Gambetta, qui est inquiet de son tempérament, qui se donne une peine extrême pour rester toujours maître de soi, a confiance dans ce général correct, accommodé aux choses moyennes, et qui se ferait moine plutôt que d'avoir le diable au corps! Gambetta prend la placidité pour une force contenue; il se trompe.

Notre courage est certain; nul n'a plus le droit d'en douter; nous voulons, à tout prix, des actes, des actes! Trochu n'a rien d'un homme d'action.

Adam est allé ce soir à la commission des hôpitaux. Il y a guerre civile à la mairie de Paris : Brisson d'un côté, Ferry de l'autre.

Ce matin a paru une très-belle lettre de Victor Hugo. Nous l'avons lue et relue après dîner ; c'est vraiment le bouquet de ma fête ; un paragraphe surtout nous a profondément remués, celui où il est dit : « Qui se souvient d'avoir été exilé ? — Ce n'est pas moi ! — Y a-t-il eu des proscrits ? — Je n'en sais rien. » Cela me rappelle le mot d'un prédicateur espagnol, enfermé dix ans par l'inquisition, torturé, et qu'enfin on rend meurtri, broyé, vieilli, à sa chaire ; il recommence ainsi sa prédication :

« Je disais hier !... »

Mon Alice, ma fille chérie ! Comme elle a dû souffrir aujourd'hui, jour de ma naissance ! Je suis certaine qu'elle m'a fait des bouquets, et qu'elle me les a envoyés *pour semblant*, comme elle disait à trois ans. Que d'événements je prévois, et qui nous tiendront éloignées, chère enfant ! Reverrons-nous ensemble ton anniversaire et le mien ?... Comment

ai-je pu me séparer de ma fille ?... Je vis hors de moi-même.

---

5 octobre.

Je suis allée à l'ambulance Vendrezanne, barrière d'Italie, où sont des blessés par centaines. Je leur avais acheté des cigares ; j'ai fait la distribution de lit en lit. Comme tous ces pauvres héros sont sensibles aux gâteries ! Le moral est excellent ; mais quelques vieux soldats me racontent que les généraux les lancent follement à l'arme blanche contre des murs épinglés de fusils comme une pelote. Hélas ! en ai-je vu des têtes fêlées, des membres brisés ! Celui-ci a eu le nez emporté par un éclat d'obus ; celui-là a perdu une oreille ; cet autre n'a plus de mâchoire.

Pauvres chers défenseurs de notre France ! Ceux qui vont bien et qui entrevoient le moment de retourner dans leurs compagnies me

disent: « Nous en tuerons encore de ces Prussiens, de ces brigands! » Tous ces hommes pâlis, attristés par la souffrance, tous ces vaincus, blessés, estropiés, sont bien mes frères.

J'ai visité encore, avenue d'Italie, une autre ambulance dirigée par un pasteur protestant. Quelques soldats mangeaient dehors dans les habits avec lesquels ils avaient été blessés; les balles avaient fait des traînées, roussi l'étoffe avant de pénétrer dans la chair. Sur les bras, sur les épaules, sur la poitrine des capotes, on voyait de grands trous correspondant à la blessure; c'était navrant!

Partout un bruit se répand, grossit dans ce quartier éloigné de tout renseignement précis: une petite armée s'était déjà refaite en province, elle a été, dit-on, anéantie! Je n'y crois qu'à moitié, et je reviens à la hâte au boulevard. En chemin, je pense à M. Trochu, qui se préoccupe d'ancienneté, de grade, de préséance, qui s'entête à conserver les vieilles formes d'une armée qui n'existe plus, qui perd du temps! Il faut faire du nouveau avec des élé-

ments nouveaux. Créons des généraux avec des capitaines !

Les Prussiens s'en vont en promenade militaire contre nos pauvres petites armées de province, tandis que M. Trochu baye aux corneilles. La grosse affaire n'est pas de nous mieux défendre, de nous mieux enfermer : c'est d'inquiéter l'ennemi, de le harceler, c'est de faire contre l'invasion la guerre que les Espagnols ont faite aux armées du premier empire ; il faudrait, tous les jours, toutes les nuits, lancer des hommes de bonne volonté autour des campements ennemis pour jeter l'alarme et la terreur. Je suis sûre que nous allons attendre indéfiniment une sortie que nous ferons, quand les hommes seront équipés, astiqués, et qu'il ne leur manquera plus un seul bouton de guêtre, ce qui est le dernier mot de la perfection militaire en France !

J'avais à faire au palais de l'Industrie, et nous étions, la directrice de la lingerie et moi, au premier étage, quand on vint nous avertir que nous allions entendre les cris de deux hommes qu'on amputait. Il faut, en ce moment, habituer son oreille aux

cris de la douleur. Pour soigner des blessés, pour leur être bienfaisant, il est nécessaire d'affermir son âme contre l'émotion de la souffrance d'autrui. Nous choisissions du linge pour les pansements ; une cloison de bois, ouverte par le haut, nous séparait de la salle d'opération ; on amputait deux jambes, celle d'un homme chloroformé et celle d'un homme qui n'avait pas voulu se laisser endormir. Leurs cris étaient de nature différente, intermittents, et dominés par la voix des canons du mont Valérien. Dans ce palais, où tous les peuples avaient célébré la fraternité universelle, c'était tragique dans le sens le plus lugubre et le plus désespéré du mot. Les cris de l'homme endormi, cris de brute, inconscients, caverneux, traînants, sauvages, me bouleversaient bien autrement que les cris aigus, brusques, déchirants du soldat éveillé.

Je traversai la grande salle des blessés pour me rendre chez la présidente. Je vis alors Mme X..., l'une des femmes les plus en réputation à la cour d'Eugénie, sans fard, mal mise avec excès. J'éprouvai une répulsion invincible,

et je me demandai si certaines femmes de l'ancien monde officiel, si ces grignoteuses de la France, si ces folles avaient, comme nous, le droit de faire le bien?

Un des devoirs qui me préoccupent, c'est de secourir l'arrondissement où se trouve l'avenue d'Italie; j'y ai vu des misères affreuses. La municipalité n'a que trois fourneaux pour quinze mille pauvres, et, comme toujours, il y a très-peu de ressources dans un quartier où il y a beaucoup de besoins. Dans le IXe arrondissement, où je m'occupe d'ambulances, la proportion des indigents est de 1 sur 19 ; dans le XIVe, elle est de 1 sur 5. Je suis allée à la mairie des Gobelins, j'ai causé avec l'adjoint; il m'a dit qu'il trouverait des fourneaux, si je trouvais des subsistances.

---

6 octobre.

Hier, manifestation des tirailleurs de Flourens réclamant des fusils chassepot. Paris est tout

attristé de cette manifestation. Dorian, le plus compétent de nos ministres, a répondu à Flourens que tous les fusils chassepot étaient distribués, et que, pour en forger, il fallait du fer de Suède ou des Pyrénées. Le général Trochu a dit à Flourens qu'il consentait à sortir avec lui : voilà du nouveau !

Je ne m'inquiète pas de voir Paris bouillonner un peu ; le danger est bien plutôt qu'il se refroidisse.

On vient de recevoir une dépêche de Glais-Bizoin ; l'espérance renaît. Cette dépêche annonce la levée en masse dans toute la province au cri de : « Pas un pouce de notre territoire, pas une pierre de nos forteresses ! »

---

7 octobre.

J'arrive du fort de Montrouge. Deux de mes amies, qui sont alliées du commandant, m'y ont conduite. Comme nous arrivions, les vigies —

car nos forts ont pris avec nos marins tous les termes d'un vaisseau — signalaient des grand'-gardes prussiennes dans le village de l'Hay. Le commandant courut au rempart, en nous criant que nous pouvions le suivre, si le cœur nous en disait. Nous le suivîmes, et, un instant plus tard, nous étions installées sur les glacis, lorgnette en main, tout près des canons qui nous fendaient les oreilles, et nous souffletaient avec de la terre et des éclats de fascines.

Chaque fois qu'un boulet partait, mon cœur battait à l'idée que, sous ma lorgnette, je pourrais voir l'un de nos ennemis frappé à mort. Tout à coup, le commandant signale au meilleur de ses pointeurs un officier prussien, assis dans un fauteuil, sur un balcon, dans une des plus jolies maisons de l'Hay. Cet officier, armé d'une longue-vue, regardait insolemment le fort. « Visez le balcon, » dit le commandant... Pan! le boulet troua la maison : balcon, fauteuil, officier prussien, tout disparut. Les camarades du pointeur applaudirent à outrance; je jetai un cri de victoire. Le commandant se re-

tourna lentement, tranquillement, et dit : « Un quart de vin à l'homme qui a pointé ce coup-là ! » Nous apercevions des groupes de Prussiens derrière les bouquets d'arbres. Le commandant croyait à un mouvement de troupes sur les hauteurs, dans les bois, et faisait tirer dans toutes les directions où il apercevait quelques Prussiens. Un obus tomba au milieu d'une douzaine de grand'gardes, qui se jetèrent la face contre terre, mais dont quelques-uns furent certainement atteints.

Il faisait un temps splendide, un de ces temps par lesquels on rêve de courir à travers champs, à la poursuite des papillons. Nous envoyions des boulets à trois mille mètres, la mort, la destruction, dans ces jolis jardins, dans ces jolis bois, dans ces délicieuses maisons. La guerre, oui, la guerre est une chose étrange!

On s'habitue vite au bruit du canon. Lorsque le coup part, un courant d'air chaud vous balaye la figure, un déchirement se fait dans vos oreilles, l'attention tout entière est fixée sur la direction que doit suivre le boulet, on entend

un bruit superbe, imposant, on voit un peu de fumée, puis tout se tait.

Un peu à droite est le village de Bagneux. Des remparts du fort, on domine le plateau de Châtillon, avec son joli moulin, sa vieille tour. Les Prussiens sont là. « Il faudrait, à tout prix, occuper ce point, nous dit le commandant, et on le pourrait avec de la hardiesse et de la volonté! »

En allant au fort et en revenant, nous aperçûmes les campagnes désolées, dévastées, les maisons vides, des barricades, des soldats, des mobiles, les grand'gardes françaises.

Adam était chez Gambetta et causait avec lui des affaires, quand on est venu dire au ministre de l'intérieur que l'air était favorable, et qu'il pouvait s'embarquer en ballon. Il a embrassé Adam et l'a quitté. Gambetta est parti. Quel irréparable malheur s'il tombait dans les lignes prussiennes!

8 octobre.

Il pleut. Je vis une partie de la journée aux ambulances. Une brodeuse est venue me trouver pour convenir du dessin d'un drapeau que Mme Paul Albert, sa mère et moi, nous offrons au bataillon des mobiles d'Ille-et-Vilaine. Ces mobiles se sont fort bien conduits à Châtillon, mais ils y ont perdu leur drapeau. C'est convenu, nous le remplaçons. Le drapeau neuf sera brodé aux armes de la ville de Rennes, avec tour, hermine et le reste.

Un de nos amis, Eugène Lambert, ami de Mme George Sand, dînait avec nous. Il avait son costume de garde national, et nous riions de sa tournure, de celle des hommes de son bataillon, le 19e, où la plupart des peintres célèbres, des écrivains, des sculpteurs, sont entrés. Nous nous racontions à ce propos les mille histoires des troupiers de Maurice Sand.

Eugène Lambert nous dit que l'un de ses grands chagrins était la perte d'un album dessiné

par Maurice Sand, à la plume, où tous les événements de l'empire avaient été prédits, en décembre 1848, avec une lucidité effrayante. Sauf les Prussiens, qui étaient des Cosaques dans l'album, la prophétie se trouvait réalisée de point en point, événement par événement : la présidence, le coup d'État, l'empire, les plébiscites, les paysans courant aux urnes pour voter *oui* et croyant que « l'empire c'est la paix » ; puis la guerre, l'invasion, Paris assiégé, mourant de faim, la lâcheté de Napoléon III et Napoléon Ier versant des larmes du haut de l'Empyrée ; enfin, dit notre ami, deux derniers dessins qui, je l'espère, ne deviendront pas une vérité, représentant *le pétard élastique*, c'est-à-dire Paris se faisant sauter, et *les nobles faubourgs*, c'est-à-dire trois ouvriers montant la garde auprès d'un canon sur les ruines de Paris.

— Jamais pareille vision n'a été plus complète dans l'esprit d'un artiste, répéta Eugène Lambert ; quel malheur que cela ait été brûlé en 1852 !

— Cet album existe, s'écria Adam ; je le con-

nais, je l'ai vu. Mon ami Charles Thomas, l'ancien directeur du *National,* le possède, avec ses légendes, et il en cherche l'auteur depuis vingt ans!

Maurice Sand en avait-il envoyé une copie au *National?*

Aujourd'hui, manifestation des partisans de Blanqui en faveur de la Commune. On dit partout que les espions prussiens se mêlent aux blanquistes et se font leurs agents provocateurs. Voilà l'occasion pour Jules Favre de prononcer un beau discours, pour M. Trochu de parader, d'apaiser les effervescences patriotiques, et de retarder les sorties de quinze jours.

On n'a pas encore de nouvelles certaines de Gambetta ; nous sommes désolés.

---

9 octobre.

Adam est allé à l'Hôtel de ville. Rochefort lui a dit : « Je suis entre le zist et le zest; Er-

nest Picard est plus réactionnaire qu'Ollivier. »
Adam a bien répété à nos amis du gouvernement — il y allait pour cela — qu'il faut à tout prix, coûte que coûte, entrer dans la voie de l'action, que l'opinion est surexcitée, fiévreuse, et que la manifestation de Blanqui étant vaincue, si l'on tient à légitimer aux yeux des Parisiens cette victoire sur des gens qui veulent l'action à outrance, il n'y a qu'un moyen : agir, agir, agir !

---

10 et 11 octobre.

Gambetta est arrivé à Montdidier; son ballon, en se dégonflant, l'a jeté au milieu des tirailleurs prussiens; il a échappé par miracle à toutes les poursuites, à tous les dangers. Vois-tu, ma chère Alice, ce ministre de l'intérieur lancé comme une balle élastique par-dessus les murs de Paris assiégé ? Quel tableau ! Tout est étrange autour de nous. Nos marins défendent les forts

avec des canons de vaisseau; les maraîchers vont, l'arme au bras, cultiver les champs; des bataillons se forment pour pêcher le poisson dans la Seine. Un propriétaire va visiter sa maison, aux environs de Paris, y trouve des Prussiens et leur fait une si belle description de nos joies, qu'il en ramène deux avec lui.

Les soldats prussiens croient cependant qu'à Paris on fusille les prisonniers; on le leur dit, on l'imprime dans des journaux qui leur sont distribués tous les huit jours.

Eugène Pelletan vient, à trois heures, demander Adam pour une communication importante du gouvernement. Je réponds qu'à cette heure, d'ordinaire, il est à l'*Avenir national*. Que veut-on de lui ? Est-ce qu'on va me le faire partir en ballon ? Il est sept heures, et il n'est pas encore revenu.

Le gouvernement de la défense nationale, nos amis, ont fait d'Adam un préfet de police ! M. Trochu lui a dit : « Monsieur Adam, aidez-nous à sauver *notre* république. » Emmanuel Arago l'a embrassé; Pelletan était venu le cher-

cher; Garnier-Pagès, content, revoyait un homme de 1848; Jules Simon ne demandait pas mieux. Rochefort a pris un air solennel pour dire : « Mon cher Adam, je serai un supérieur pas trop méchant, je vous le jure. » Tous ont insisté, même Ernest Picard. Adam a répondu : « Vous croyez qu'il y a des périls à courir, du dévouement à montrer; je ne réfléchis pas, j'accepte. »

Et moi, moi qu'il n'a pas même consultée, moi qui m'écriais il y a huit jours, en allant voir Mme de Kératry : « L'affreuse prison! » moi, qui me sentais si forte, sans responsabilité dans mon cher colombier du boulevard Poissonnière, jamais je n'aurai le courage d'entrer dans la maison de M. Piétri!

---

14 octobre.

Chère Alice, ma fille, je n'avais plus la force d'écrire. Cependant j'ai bien pensé à toi, ces

derniers longs trois jours; que n'es-tu là! J'habite aujourd'hui l'hôtel de la Préfecture de police! Adam m'a écrit une lettre irrésistible. J'espérais qu'il pourrait continuer d'habiter notre appartement; on m'a fait comprendre que c'était impossible, et je suis venue ici. Les salons de la Préfecture de police suent la richesse officielle. Si encore j'avais ma fille pour égayer ces tristes lieux!

Adam est très-occupé. Quelle existence va être la sienne! Il faut avoir, dans ce poste, toujours l'œil, l'oreille, l'intelligence aux aguets. Un préfet de police qui fait *très-bien* est toléré; si les événements le servent mal, s'il ne fait qu'à *moitié bien,* c'est le dernier des mouchards. Adam, préfet de police! Voilà l'occasion d'utiliser ses facultés de Normand dont je me suis tant moquée; mais ce que j'estime le plus en lui, son beau courage personnel, ne va servir à rien dans cet emploi aux attributions souterraines.

Adam espérait arrêter cette nuit un personnage important du monde bonapartiste, qui a

pénétré dans Paris avant-hier. Il a fait venir des agents secrets. Tous sont dévoués à l'ex-empire. Comment s'y prendre? Adam aurait donné vingt mille francs de sa poche pour cette capture. Mais, parmi les agents capables de suivre une affaire aussi délicate, les uns jouent franc jeu et répondent qu'ils ne peuvent s'en charger; les autres, plus corrompus ou plus audacieux, disent : « Quelle que soit la somme qu'on nous donnera pour livrer le personnage, nous sommes certains d'en avoir le double si nous ne le trahissons pas. »

A la séance du gouvernement, ce soir, on a parlé des propositions que vient faire M. Burnside, le général américain, au nom de M. de Bismark. Toujours la cession de l'Alsace et de la Lorraine ! M. Trochu aurait dit mot pour mot, devant Adam : « Nous avons envoyé M. de Bismark se promener, l'autre jour, dans de plus mauvaises conditions ; pourquoi hésiter aujourd'hui? Sauvons l'honneur et risquons la partie. »

Je n'en peux croire mes oreilles, et je ré-

ponds tranquillement que jamais M. Trochu n'a prononcé de telles paroles. Adam m'affirme que le gouverneur de Paris n'est pas pour la capitulation, qu'il lutte à cet égard de toutes ses forces contre M. Ernest Picard, et que cela seul explique pourquoi Rochefort soutient le général avec tant de résolution.

---

15 octobre.

La *Vérité* publie en grosses lettres un numéro à sensation, pour dire que la République rouge est proclamée à Lyon, que Crémieux l'accepte, que l'amiral Fourichon a donné sa démission, que Bazaine a capitulé, que nous avons été défaits à Orléans et en Normandie. L'émotion est terrible, la consternation générale; il me semble que j'ai reçu un coup de casse-tête dans la maison Piétri.

On ne veut pas supprimer le journal, mais on ordonne au préfet de police d'arrêter le journa-

liste. Adam demande à Jules Favre de vouloir bien viser la loi qui lui semble autoriser une arrestation de ce genre. C'est une loi sur les affichages !

M. Portalis est arrêté. Je regrette cet acte, que je trouve arbitraire.

Les mauvaises nouvelles publiées par la *Vérité* sont fausses, me dit Adam. Les nouvelles reçues par le gouvernement seraient bonnes. Garibaldi est arrivé à Marseille, et il soulèverait les populations du Midi sur son passage ; l'engagement qui a eu lieu près d'Orléans nous aurait été favorable ; Cambriels est à Belfort et cherche à ravitailler Metz, à couper les vivres aux Prussiens.

Adam est encore ce soir à la séance du gouvernement ; on lui a demandé d'y assister tous les jours.

---

16 octobre.

Hier a paru, dans le *Journal Officiel*, une lettre de M. Jules Favre donnant quelques expli-

cations sur le but des voyages de M. Burnside à Paris. Cette lettre, surmontée d'un en-tête dont on avait mal dissimulé la soudure, semble répondre aux articles de la *Vérité*. Je voudrais que le gouvernement s'émût davantage de l'opinion générale qui, en ce moment, lui demande de grandes actions, et se préoccupât moins de racontages que les faits du lendemain viennent démentir.

Le gouvernement use ses forces dans des combats indignes de lui.

Non, la République rouge n'est pas proclamée à Lyon et à Marseille; non, un prince d'Orléans ne marche point sur Paris; nous n'avons pas eu un échec à Orléans, puisque notre armée de province est pourvue, formée, qu'elle est en position derrière la Loire.

Les journaux sont tous d'accord pour blâmer l'arrestation du directeur de la *Vérité*.

J'ai enfin revu Peyrat. Nos meilleurs amis nous abandonnent; ils ont exigé d'Adam qu'il acceptât la préfecture de police, et ils refusent de venir me visiter dans cet antre. Peyrat com-

patit à ma souffrance et à mon isolement. Il me dit qu'Adam rendra de grands services, qu'il calmera bien des irritations, que son parti pris de ne pas faire de profession de foi, de proclamations et d'arrêtés signés de son nom, est très-apprécié des gens de goût. A propos de goût, il rit fort des lettres de Jules Favre et de M. Trochu. Peyrat, qui est un écrivain, un artiste, ne peut se faire à l'idée que M° Ducloux, d'une part, et l'*Électeur libre*, de l'autre, appartiennent désormais à l'histoire. Le fait est que ces deux célébrités du jour feront une plate figure devant la postérité.

J'ai remis à Jourdan ma souscription pour les canons du *Siècle*. Il m'a raconté, à propos de cette souscription, des traits qui m'ont remué l'âme. Un savetier apporte une paire de souliers qu'il a mis trois dimanches à faire, et qu'il déclare très-solides ; il demande le directeur du journal et le supplie de vendre ces souliers le plus cher possible. Les pauvres gens offrent six sous, douze sous, quinze sous. Tous disent, comme les femmes dans la queue des

fourneaux où l'on distribue de la soupe et un peu de cheval : « Il ne faut pas céder; Paris n'a plus que des Parisiens et des Parisiennes; on verra ce que c'est! »

Des canons! cette idée trotte par la tête de toutes les femmes comme elle trotte dans la mienne, chère Alice. Je déteste les mitrailleuses, inventées à demi par Napoléon III; elles sont pour beaucoup dans cette guerre stupide, faite sans approvisionnements, sans troupes, sans organisation. Les mitrailleuses n'allaient pas laisser un Prussien debout! Aux premières rencontres, ne disait-on pas que les soldats de Guillaume tombaient comme des capucins de cartes? « Les mitrailleuses fauchent les rangs ennemis qui tombent comme des épis de blé, » nous écrivait-on. Hélas! les Prussiens se couchaient par terre. Les mitrailleuses exigent de l'ennemi toute sa complaisance, il faut qu'il se place à portée; tandis que les canons intelligents allongent, raccourcissent leur tir.

Louis Jourdan me charge de dire au préfet de police qu'il approuve son calme; que personne,

dans aucun emploi, ne peut si aisément ajouter à la surexcitation générale, qu'Adam fait depuis quelques jours du bien aux nerfs de Paris.

L'opinion de nos amis est précieuse. Nous ne pouvons juger des choses que par eux, puisqu'ils ont la même tournure d'idées que nous. Le péril, ici, avec un milieu impossible à remanier en quelques jours, est de se laisser impressionner par lui; on tâterait à l'envers le pouls de l'opinion.

Adam ne s'inquiète pas de ceci ou de cela, de tel ou tel fait. « Le danger, dit-il, est dans les régions où se forment les grands orages; je ne crains pas un pétard quand je crains la foudre. Ma grande peur, nous répète-t-il sans cesse, ce n'est pas qu'on fabrique ici une bombe, qu'on fasse une manifestation là, c'est de voir un jour l'explosion du patriotisme refoulé, de la combativité rentrée. Une telle explosion pourrait être la ruine de Paris. »

17 octobre.

M. Ulysse Parent, qui a donné sa démission d'adjoint du IX⁰ arrondissement, à cause de M. Chaudey, est venu faire ses adieux aux ambulances; on le regrette; il remplissait avec dévouement la fonction difficile d'administrer le IX⁰, qui lui était confiée depuis le départ de M. Ranc.

Mme A. Cochut m'a raconté les détails du départ en ballon de M. de Kératry.

Il avait cru prudent de laisser ignorer son projet à sa femme. Elle était dans son douzième jour de couche; elle a eu le délire, la fièvre; elle veut absolument partir avec sa petite fille et la nourrice pour rejoindre son mari. Jules Favre lui a écrit une très-belle lettre; il a cette note-là, il sait gémir et s'affliger. Mais rien ne peut la calmer; son désespoir lui donne des mots superbes. On n'a pas encore de nouvelles de M. de Kératry, ce soir.

Je suis tout ému de la belle conférence de

M. Coquerel. Nous avons lu cette conférence dans le salon où Mme Piétri recevait le jeudi.

Y a-t-il rien de plus extravagant que ma présence ici, ma chère Alice? Imagine qu'on nous l'ait prédite il y a six mois! Les murs me regardent avec un air stupide; jamais je n'ai vu de murs si bêtes. M. Piétri leur a bouché les oreilles; ils ne comprennent et n'entendent rien. Les fauteuils étalent des bras effarés lorsqu'ils reçoivent nos amis. Cette maison est comme en révolte contre moi; les choses ont leur humeur, et l'humeur de l'hôtel Piétri, c'est d'avoir l'air de me dire sans cesse, sur le ton des Framboisy de l'empire : « Corbleu! madame, que faites-vous ici? »

---

18 octobre.

L'affaire Portalis continue d'irriter les journaux.

Le *Journal Officiel* de ce matin est moins incolore, moins insignifiant qu'à l'ordinaire. Il con-

tient une lettre de Jules Favre très-haute de sentiment, le rapport si ferme, si honnête, si simple de Dorian sur les travaux faits pour la défense, puis un extrait de la belle conférence de M. Coquerel.

A l'avenue d'Italie, j'ai un fourneau, à moi seule, dans lequel je fais donner un bon repas, tous les jours, à cent cinquante enfants. Mes chers petits engraissent à vue d'œil. Je leur ai promis des vêtements de flanelle, qu'ils attendent avec impatience.

Quel courage et quelle résolution partout! « Qu'on sauve Paris, et nous endurerons tous la faim, le froid; nous nous ferons casser la tête tant qu'on voudra pour la France! » Mes oreilles sont pleines de ces mots, de ces cris-là!

Je vois l'autre jour un garde national ivre dans une mansarde, où couchent six personnes, le père, la mère, quatre enfants. Je fais des reproches; la femme excuse son mari et me répond doucement : « Il mange si peu qu'un verre de vin le grise, madame. Vos hommes, qui mangent à leur faim, se grisent moins vite que les nôtres.

On boit pour se soutenir. » Je lui dis un mot qui la fait rire : « Il ne se soutient pas du tout. » L'homme s'était levé, s'appuyant au mur : « Non, m'écriai-je, je ne peux pas voir ça, un citoyen ivre, sous la République ! » Il se redressa, et son émotion fut telle que son œil hébété redevint subitement intelligent; il répéta plusieurs fois : « Sous la République... un citoyen... je ne me griserai plus ! »

J'ai porté du café noir tout préparé dans des litres aux deux cents blessés de l'asile Vandrezanne. Comme j'ai été remerciée ! J'ai demandé qu'on fît chauffer mon café, et je l'ai distribué, à chaque lit, en le sucrant bien, dans les gobelets à tisane. Le café est excellent pour les blessés, les médecins l'ordonnent. Je suis allée dans les salles des fiévreux, dans celles des petites véroles. J'ai peur de la petite vérole, c'est ma seule crainte; mon cœur battait, je devais être pâle, car les sœurs, avec traîtrise, me retenaient là plus qu'ailleurs; mais ce qu'elles font avec leurs croyances religieuses, je puis le faire aussi bien avec mes croyances philosophiques.

J'ai eu Rochefort et son fils à dîner. Rien n'est plus étonnant qu'Octave Rochefort, surnommé Bibi; il pense, il parle comme un homme de quarante ans; il est, à huit ans, beaucoup plus âgé que son père; il le moralise, lui conseille de ne pas trop se fier à la popularité, raconte qu'il a entendu dire à des ouvriers : « Ce Rochefort, qu'est-ce qui aurait cru ça de lui? » Et Bibi ajoute : « Vous leur auriez demandé pourquoi ils disaient : ce Rochefort! ils n'en savent rien. Il faudrait toujours être en prison pour plaire aux électeurs de papa. » Ce petit est véritablement original; j'ai pris une amitié réelle pour lui. Il est très-intelligent, sensible et bon.

On n'a pas encore de nouvelles de M. de Kératry; pauvre femme!

19 octobre.

M. de Kératry est arrivé. La belle et bonne dépêche de Gambetta nous a réchauffé le cœur.

Enfin nous savons de source certaine que la province tente un effort pour sauver notre France. Maintenant les généraux de Paris n'ont plus de prétexte pour demeurer inactifs, si les généraux de Tours se mettent en campagne.

M. Antonin Dubost, secrétaire général de la Préfecture de police, est parti en ballon. Adam l'a remplacé par Georges Pouchet, un solide républicain, un savant, un honnête homme dans la plus sérieuse acception du mot ; esprit courageux, cœur résolu, main ferme. Adam a, dans Georges Pouchet, un compagnon énergique, un ami sûr.

M. H..., banquier, est venu me dire qu'il envoyait des lettres en Angleterre. Il a un moyen de les faire parvenir, et il m'a proposé de lui en donner une pour ma fille, qui me répondra par la même voie. Je souffre tellement de n'avoir aucune nouvelle de mon Alice ! Si je touchais un billet écrit de ses mains ! Mon inquiétude augmente tous les jours ; est-elle à Granville, en Angleterre, à Cannes ? La nuit, dans cette Préfecture de police, j'ai d'affreux cauchemars, et je

vois ma mère, ma fille, errer à travers tous les dangers.

Nos blessés du Conservatoire, que j'ai ramenés de l'avenue d'Italie, sont en pleine convalescence. L'un d'eux, il se nomme Poulot, m'a donné le corps d'une pipe affreusement enfumée et m'a priée d'y faire remettre un tuyau; il n'a voulu confier cette réparation qu'à moi. J'en aurai le plus grand soin, la confiance de Poulot m'honore.

Félicien David, sortant d'une réunion au Conservatoire, avec le vieil Auber, m'a rencontrée dans une salle et nous avons causé guerre. Auber est vaillant. J'ai demandé à Félicien David s'il n'allait pas nous composer quelque chant de victoire; il m'a répondu: « Pourquoi pas? » L'esprit public gagne chaque jour en vigueur; les plus attiédis s'échauffent, les plus timides s'enhardissent; les courageux en arrivent à la passion du courage.

L'un de nos amis, journaliste et Alsacien, qui connaît l'Allemagne comme les Parisiens connaissent le boulevard Montmartre, nous disait ce soir que l'unité allemande était le fruit de notre

ignorance, de notre inexpérience, de notre sottise. J'étais d'accord avec lui sur bien des points, et il me rappela qu'en 1866 j'avais failli me brouiller, dans une discussion violente, à un dîner chez moi, avec des écrivains, nos meilleurs amis, qui soutenaient la Prusse contre l'Autriche.

---

20 et 21 octobre.

Adam a l'idée fixe d'avoir des nouvelles de la province. Il fait partir quatre hommes résolus qui assurent pouvoir sortir armés des lignes françaises, grâce à leurs relations avec les Polonais de l'armée prussienne ; leur itinéraire est très-étudié ; un facteur et un garde forestier leur serviront d'éclaireurs, de guides. Dorian a donné pour eux des revolvers, le général le Flô donne des fusils. Tous quatre savent l'allemand ; ils essayeront de passer par Rueil.

J'ai fait venir toutes mes provisions du boulevard Poissonnière. J'en ai beaucoup ! J'ai été

l'une des premières à croire au siége de Paris. Mais Adam, qui ne peut voir nos amis qu'à dîner, les invite trop aisément à manger le mouton d'Australie, le jambon, les pâtés, les légumes, les poissons et toutes les conserves de l'amitié! Bast, est-ce qu'on doit, en ce moment, s'inquiéter du lendemain? Y a-t-il un lendemain?

M. Rampont nous a donné une bonne nouvelle et nous fait espérer un moyen nouveau de communication. Il s'agirait d'introduire des dépêches, réduites par la photographie, dans un tube en plume qu'on attacherait à la queue d'un pigeon voyageur. Le brave petit facteur rapporterait de grosses cargaisons sous un petit volume; il irait à Tours en ballon, et reviendrait chargé de dépêches. Sa famille, son frère lui-même, l'aimât-il « d'amour tendre », l'approuverait d'entreprendre « ce voyage en lointain pays ».

On vient me voir un peu dans ma geôle; mais je suis bien certaine que, si Adam et moi nous étions dans une véritable prison, pour cause politique s'entend, nous aurions bien plus de visiteurs.

La canonnière Farcy fait des siennes. Nous avons failli prendre Garches ; pour faillir, à nous la palme ! Le général Trochu a pu voir là que les mobiles n'ont pas peur, et nous en avons soixante mille. Confiance donc, messieurs les militaires ! On a fondu des canons aujourd'hui pour la première fois, grâce à l'énergie de Dorian, à sa volonté tenace ; on dit que nous en fondrons quinze tous les deux jours.

La physionomie du gouvernement n'a pas d'ensemble ; les personnes y ont chacune un caractère tranché. Le général Trochu parle ou se tait, il ne cause pas. M. Picard lance de temps en temps, au travers des conversations comme au travers des monologues, ses flèches de Parthe. Jules Simon, nerveux, sensible, gémit, se décourage, demande qu'on le soulage de charges trop pesantes. Emmanuel Arago, sincère, ne tonne qu'en plein orage. Eugène Pelletan s'emploie à bien faire, s'émeut, se passionne, espère que cela arrivera. Jules Favre, rêveur, idéaliste, cherche à embellir d'une forme toujours heureuse des jugements toujours incomplets. Garnier-Pagès,

qui depuis quarante ans travaille le matin, ne travaille le soir qu'à force de courage. Rochefort, enfant terrible, dit tout haut ce que les plus hardis pensent tout bas; sa seule naïveté est de croire, en voyant au général Trochu un habit militaire, que c'est un soldat. Dorian, qui n'assiste pas régulièrement au conseil, fond des canons, que le ministère de la guerre appelle les canons du commerce!

J'ai retrouvé hier, tout à coup, chez moi, le jeune homme qui m'a protégée, dans la foule, le jour de mon départ pour Granville. Nous nous reconnaissons, je lui serre la main, je le remercie. Il est amené par M. Hauréau; c'est un allié du directeur de l'Imprimerie nationale.

« Que le monde est petit! » dirait M. Prudhomme.

Ce voyage à Granville, j'ai bien fait d'en avoir l'idée; j'ai embrassé ma fille. Qui sait où elle est maintenant? Je donnerais ma main droite pour avoir de ses nouvelles.

22 octobre.

Je lis la dixième livraison des papiers impériaux. C'est l'histoire des tentatives faites par Napoléon 1ᵉʳ pour fabriquer en France des billets faux de la banque d'Angleterre. Comment une famille, par haine d'elle-même, peut-elle garder de pareilles preuves d'ignominie?

Une de mes amies, fort légitimiste, est venue m'annoncer aujourd'hui sa conversion; elle est franchement républicaine; elle renonce à son titre et ne veut plus *ne prince, ne duc, ne roy aussi*. La République remporte des victoires morales; à quand les autres?

Ce soir, M. Vacherot et moi, nous avons beaucoup discuté; il est fort exalté, trop peut-être; il a la fièvre. Il s'impatiente de ce qu'il appelle les phrases de Tours: « l'admiration de l'Europe » l'agace. Je lui dis que les grands événements portent aux grands mots; que je connais peu de pays dont le courage eût résisté au désastre de Sedan; que l'Autriche et l'Angleterre, la Prusse

même, ne peuvent, bon gré malgré, nous refuser leur tribut d'admiration ; je trouve d'ailleurs qu'en pleine épopée, il est permis d'en parler le langage.

M. Paul Bethmont arrive ; lui, c'est le testament du général Trochu qui l'horripile ; M⁰ Ducloux l'obsède ; il le voit grandissant à travers les âges futurs, dictant l'histoire sur papier timbré, etc.

Nous causons tous de la garde nationale, et chacun de nous s'accorde à regretter qu'on ne l'utilise point ; nous croyons qu'il faudrait faire marcher les quarante mille volontaires, soulager d'autant la troupe et les mobiles ; on peut réunir, dans les huit jours, cent cinquante mille hommes résolus.

---

23 octobre.

Adam est allé chez le général Trochu pour lui dire que Paris s'irrite de plus en plus, que le dévouement de la garde nationale faiblit. M. Tro-

chu croit que le général Tamisier n'a pas sur elle assez d'influence.

— Qui mettre à la place de Tamisier? dit M. Trochu.

— Un marin, général; les marins sont adorés de la population; Paris aime les choses neuves, originales, spirituelles; choisissez un marin, il conduira la garde nationale où vous voudrez, je vous le jure.

Après un instant de réflexion, M. Trochu repartit:

— J'en connais bien un, très-intelligent, qui nous irait de tous points, mais il est encore plus *clérical* que moi!

Adam, stupéfait de ce mot, complimenta M. Trochu sur son impersonnalité.

— L'impersonnalité est une force, reprit le général; elle naît d'un entier désintéressement, et elle donne le calme; vous, mon cher Adam, vous êtes très-calme parce que vous êtes très-désintéressé, et que toute votre ambition est probablement d'aller, comme moi, planter vos choux, quand tout ira bien, dans quelque coin de la France.

Rien de décidé sur M. Tamisier. Par un petit discours qui détourne l'attention, petit discours bien fait, curieux, par des atermoiements, par des subtilités, c'est ainsi que M. Trochu escamote toutes les complications.

— Votre Trochu, me disait hier un garde national de la rue Vandrezanne, c'est un entrepreneur de lanternes, et c'est pour ça que le pauvre Rochefort se laisse prendre à cette marchandise.

Adam demandait le soir au gouvernement de laisser partir les étrangers, bouches inutiles, la plupart hostiles à une trop longue résistance, que la délicatesse du patriotisme ne peut toucher, que notre honneur n'intéresse pas, dont les plus bienveillants ne voient, comme les Américains, qu'une question de succès ou d'insuccès. Le gouvernement tout entier s'opposait à ce départ; Adam insista. Le général céda le premier et fit céder ses collègues. Le défilé des Belges, des Anglais, des Américains est commencé; tant mieux! Paris, à cette nouvelle, n'a pas ressenti le plus petit découragement.

La Préfecture de police n'est pas un lit de roses; quel souci perpétuel ! quelle responsabilité !

Adam sait, par nos amis, par le résumé qu'il fait faire des journaux, bien mieux que par les rapports des agents, tout ce qui se passe; il voit clair au fond de l'âme d'une ville, des sentiments et des passions de laquelle il s'émeut et vit depuis quarante ans ! Le préfet de police découvrirait bien facilement assez de complots pour sauver la capitale tous les jours; mais sa préoccupation de chaque minute, c'est de ne pas danser sur les nerfs de notre cher Paris comme sur la corde roide. Une émeute peut éclater à tout instant; il faut veiller avec soin, éviter, par des mesures prématurées, de provoquer ou d'avancer le conflit. S'il est nécessaire, avec ce système, que le préfet de police paye de sa personne à l'heure du danger, il payera.

Il y a une affaire de bombes que la police secrète signale comme une menace pour Paris de sauter tout entier; on suit cette affaire de

très-près, mais il est bien inutile de la tambouriner et d'effarer les poltrons.

Adam s'indigne contre les ivrognes, il ne les voit pas comme moi chez eux, dans leurs pauvres quartiers; ces malheureux, qui ne mangent pas à leur faim, qui se démoralisent dans l'inaction, dans l'inutilité, la paresse, qui s'irritent de n'être bons à rien, s'enivrent avec peu de chose, un verre de vin leur suffit.

Hier, dans un club des faubourgs, on quêtait pour les canons; un orateur se présente : « Tenez, dit-il, tel que vous me voyez, je me vends, on m'achète; je suis remplaçant ! Avec cela je suis débauché, un vrai gredin ! J'ai mangé ou bu les trois quarts de mon argent; il me reste trois cents francs, eh bien, les voici, je les donne pour des canons ! »

M. Arnaud (de l'Ariége) me racontait qu'il y a huit jours, quêtant chez une vieille dame fort riche, et n'ayant rien obtenu, il sortait, lorsque le domestique l'arrêta à la porte et lui dit d'une voix timide : « Monsieur, est-ce que les pauvres ont le droit de donner? » Sur une réponse ai-

mable, il courut chercher deux francs qu'il remit avec une véritable fierté au quêteur.

———

24 octobre.

Hier, visite à Mme Trochu pour l'*OEuvre du travail des femmes,* dont je m'occupe. Il s'agit de trouver une combinaison pour donner à chaque ouvrière la propriété de sa machine, élever ainsi tout naturellement le salaire des femmes ; cette idée-là ne me sort point de l'esprit.

Il signor Cernuschi et M. Chaudey sont venus ce soir, et m'ont fait rire aux larmes en me racontant une séance du club de la Porte-Saint-Martin.

D'abord monte à la tribune M. Napoléon Gaillard, qui commence ainsi : « Je suis du peuple, du vrai peuple, je ne sais rien... — Alors, que venez-vous nous apprendre ? s'écrie-t-on de toutes parts. Vous n'êtes pas poli pour le peuple, même pour le *vrai* peuple ! »

Un monsieur prend ensuite la parole; il parle imperturbablement durant une demi-heure sans rien dire, annonçant qu'il va se développer, qu'il conclura ensuite. Tout à coup le signor Cernuschi, avec la plus exquise politesse et son accent italien, l'interrompt : « Permettez, monsieur, c'est un peu long! » Tout le monde éclate de rire. M. Chaudey me disait que rien ne pouvait rendre l'expression comique du visage de son ami en prononçant ces mots. La salle avait été prise d'une de ces folles gaietés que les nerfs donnent aux foules dans les grands événements. « Le bouffon, ajoutait-il, est très-accessible aux gens qui côtoient le sublime. » Cette pensée est vraie.

Je suppliai M. Cernuschi, membre de la commission des subsistances, de prendre en pitié les pauvres femmes qui font queue, sous la pluie, au froid, pendant une demi-journée, pour obtenir une maigre portion de viande. Ce dévouement-là de tous les jours est difficile; d'autant plus difficile que c'est aux femmes les plus accablées de privations qu'il est imposé. Les hom-

mes ne comprennent pas à quelles souffrances, à quelles maladies, les femmes qui demeurent trois ou quatre heures debout, les pieds dans l'eau, s'exposent. Messieurs des subsistances, monsieur le maire de Paris, faites un effort d'esprit, ingéniez-vous un peu et venez-leur en aide !

---

25 octobre.

Au gouvernement, la séance a été bonne hier soir, malgré la nouvelle reçue du passage de la Loire par les Prussiens; l'héroïque défense de Châteaudun est un fait si beau, si digne de nos anciennes mœurs patriotiques, que tout notre Paris tressaillira de fierté en l'apprenant. Voilà aussi, monsieur Trochu, qui prouve ce qu'on peut avec des conscrits, des francs-tireurs et des gardes nationaux, au milieu d'une population prête à l'héroïsme !

Après ce qu'a fait Châteaudun, jugeons de ce que pourrait notre Paris, sa garde nationale,

ses francs-tireurs, ses mobiles, et tous, et toutes!

M. Trochu est informé que des travaux sont entrepris par les Prussiens aux approches de Versailles et dans Versailles pour défendre cette ville à outrance. « Les Prussiens savent, dit le général, que Paris est imprenable, et ils ne se préparent point à le prendre, mais à lui résister; il entre dans mon plan (le fameux plan, Alice, déposé chez M° Ducloux), de ne pas faire de petites attaques. Je sortirai avec cent mille hommes bien formés, trois cent cinquante canons, qui seront prêts plutôt que je ne l'espérais... Nous laissons Paris avec soixante-dix mille hommes de troupes, deux cent mille gardes nationaux, et nous entrons en campagne. »

Si cela était vrai, si M. Trochu était un grand général, eh bien, franchement, c'est peut-être à moi, qui ai toujours douté de lui, de ses talents militaires, que ses succès feraient le plus de plaisir!

M. Thiers est à Tours; il paraît que nos affaires diplomatiques vont à peu près comme nos affaires militaires.

Les petits États sont les seuls qui se comportent bien avec nous, parce qu'ils se sentent menacés par la Prusse ; la Belgique, la Hollande, la Suède, la Suisse, font des vœux pour la France. L'Espagne s'est employée en notre faveur auprès de l'Angleterre. Mais l'Espagne ne fait pas sa république et demande un roi à l'Italie, qui nous abandonne. Le prince Amédée, fils de Victor-Emmanuel, consentirait à être le soliveau des grenouilles espagnoles. Voilà un peuple qui se prépare de jolies petites guerres civiles.

M. Thiers viendra de Tours à Versailles, puis à Paris, chargé de propositions relatives à un armistice. La pensée de cet armistice me torture ! C'est un crime d'ouvrir la porte aux raisonnements pusillanimes. On a beau dire, il faut être fortement trempé pour ne pas songer aux avantages personnels des capitulations et des armistices ; moi-même, est-ce que je ne songe pas que cet accommodement avec l'ennemi peut m'apporter des nouvelles de ma fille ?

A quoi servira-t-il donc, cet armistice ? à épui-

ser nos provisions, à nous attiédir, à réveiller l'égoïsme et l'instinct de conservation des peureux que le courage public seul avait entraînés. Ceux qui demandent un armistice, pour une ville assiégée, quand il ne s'agit pas de ramasser les blessés, d'enterrer les morts, ceux-là ne sont ni des soldats, ni des patriotes; ils ergotent sur les principes de l'honneur; ils ornent d'un mot de convention leur faiblesse et leur insuffisance. Non, je ne peux pas définir la crainte que m'inspire cet armistice!

— Madame, me disait ce matin la mère de l'une des petites filles qui mangent à mon fourneau, avenue d'Italie, le peuple ne veut pas de cette amnistie.

— Armistice, répliquai-je.

— Non, madame, c'est bien une amnistie; j'ai bien lu, j'ai bien compris le mot : ça veut dire que pendant quelque temps on ne tuera pas de Prussiens. On est des lâches, si on signe ça!

M. Trochu, à la fin de la séance du gouvernement, racontait qu'il avait fait sa petite pro-

menade démocratique et sociale, ce sont ses propres expressions ; il a visité les bastions, et, en sortant de Romainville, il est revenu par Belleville. Des centaines de gamins l'entouraient en criant : « Trochu ! Trochu ! » Toutes les femmes, tous les hommes sortaient des maisons et l'acclamaient. C'était un enthousiasme indescriptible, et, « Messieurs, ajouta le général, on criait aussi beaucoup : Vive le gouvernement de la défense !... Tout à coup, une femme grande, à l'air solide et hardi, les bras nus, vint se planter devant mon cheval, l'arrêta par la bride, et me dit, en se montrant : Voilà comme nous sommes fichus, mais comptez sur nous. »

Oui, général Trochu, ils ne sont pas astiqués, cirés, brossés comme les corps d'élite, comme les soldats de parade que vous rêvez, ces gens des faubourgs ; mais, en ce moment, à cette heure, aujourd'hui, si vous leur demandiez l'impossible, ils le feraient ; si vous étiez homme à concevoir de grandes audaces, ils les exécuteraient ; si vous les appeliez à une mort glo-

rieuse, ces hommes, ces femmes, ces gamins y courraient. Ce qu'ils acclament en vous, c'est ce qu'ils voient en eux et ce que vous n'avez pas, la folie sublime! cette foi qui porte une poignée d'hommes à défendre Châteaudun contre toute une armée!

Les ouvriers de Paris sont prêts à mourir pour la France : « La vie, c'est si peu de chose, me disait l'un d'eux, et c'en est une si grande que la patrie, *quand on y pense!* »

Je me fonds à ces mots-là. Qu'ils seraient coupables, criminels, ceux qui ne transformeraient point des sentiments pareils en grandes actions!

Il y a eu un gros accident : des fabricateurs de bombes ont sauté... Cette fabrication de bombes Orsini avait mis l'ancienne police impériale dans tous ses états. Adam, qu'elle accablait de rapports, a su bientôt, en s'adressant au ministre des travaux publics, que ces bombes appartenaient à la commission des barricades, qui en surveille la fabrication. Mais elles ont fait trop de bruit! Dorian et le préfet de police

se sont entendus pour liquider l'opération, sous prétexte de comptabilité. M. Clémenceau, maire de Montmartre, où l'accident a eu lieu, a promis son concours. Il présidera une commission déjà nommée.

Dans les premiers jours du siége, on croyait à une attaque des remparts. On a voulu donner confiance aux Parisiens en leur montrant que tous les moyens de les défendre seraient acceptés. Paris entier s'intéresse au moindre essai de projectiles qui pourraient détruire l'ennemi ou ses ouvrages, on ne pense qu'à cela; au fond, chacun est dans l'attente de quelque invention nouvelle qui nous donnerait la victoire, comme le feu grégeois la donna si souvent aux Grecs assiégés dans Constantinople.

On parlait hier, au gouvernement, du maréchal Bazaine, on doutait de lui ; M. Trochu repartit: « Vous avez raison de craindre l'ambition de Bazaine, il est fort mal entouré; mais il est fin, habile, et il semble qu'il a plus d'intérêt à bien faire qu'à mal faire. » Quelqu'un ayant assuré que Bazaine parlementait avec les

Prussiens, M. Trochu répondit que c'était sans doute pour un échange de prisonniers. Comme on insistait sur le soupçon que Bazaine était peut-être d'accord avec l'ennemi pour une restauration bonapartiste, M. Trochu reprit : « L'empereur n'a aucune influence sur l'armée ; l'armée, aujourd'hui, s'arrête au capitaine, et le capitaine et le petit lignard ne sont plus bonapartistes. Bazaine, qui est un orgueilleux, travaillera pour lui ; la dictature le tentera ; il y aura là quelque chose de difficile à raccommoder ; mais ne craignez point qu'il restaure l'empire. »

On sait, par dépêche, que Mme Bazaine est envoyée à son mari pour l'avertir de tout ce qui s'est fait depuis l'investissement de Metz, et que les Prussiens ont consenti à la laisser passer.

Je n'y comprends plus rien, et tout ceci me paraît, pour le moins, fort étrange ! Comment ! les Prussiens, d'après tout ce qu'on rapporte, d'après ce que nous constatons, maintiennent les villes assiégées dans l'ignorance complète

des nouvelles du dehors ; ils emploient partout leur fameux procédé d'investissement ; et, tout à coup, à Metz, ils offriraient galamment la main à Mme Bazaine pour la conduire à son époux, elle qui a tout vu, elle qu'on a dû charger d'une mission, qui sait tout, qui peut tout dire, tout raconter : allons donc ! Il y a là quelque chose d'inexplicable.

Jules Favre dit que les Prussiens ont du *détrempement*.

Ce brave Paris est si brave que la défense de Châteaudun l'a enthousiasmé, et qu'il retourne ses poches aux trois quarts vides pour donner à la souscription en faveur des victimes du grand Châteaudun.

Eugène Pelletan m'a fait de curieux récits sur ses visites dans les forts. Je l'ai supplié de me conduire aux avant-postes. Il est convenu qu'il viendra me prendre demain matin à neuf heures, et qu'Adam nous accompagnera au Moulin-Saquet. Eugène Pelletan nous répète que la présence des hommes qui sont du gouvernement fait très-bon effet aux avant-postes.

Charles Blanc me disait ce soir que son frère, Louis Blanc, ne veut pas vivre dans l'intimité des membres du gouvernement, pour avoir le droit, un jour, de les juger ou de les défendre avec toute sa liberté d'esprit. Je répondais de même à nos amis lorsqu'ils projetaient, après le 4 septembre, de faire d'Adam un fonctionnaire ; et maintenant... O mon boulevard ! ô indépendance !

Je suis révoltée contre l'Intendance, contre sa stupidité, son inertie.

Le docteur C..., médecin d'ambulance, m'affirme qu'à la dernière affaire, dite de Versailles, quarante cacolets de l'Intendance sont restés inutiles dans la cour de la mairie de Rueil durant toute l'action ; que trente blessés français ont été enlevés par les Prussiens ; que les cacolets n'ont pas bougé, parce que les chirurgiens militaires n'ont le droit de s'en servir qu'après que l'Intendance leur en a donné l'autorisation.

Mais nous sommes au maillot ! mais l'administration est une chose odieuse quand il s'agit

d'intérêts, et monstrueuse quand sa négligence met en jeu la liberté, la vie des hommes! Ce récit du docteur m'a mise hors de moi.

Nous avons, depuis deux jours, une aurore boréale; on a cru tout d'abord à des incendies. Du haut de la Sainte-Chapelle, la vue du ciel, paraît-il, était admirable. Je n'ai pu y monter, je n'ai pas un instant à moi; les ambulances, les œuvres, les démarches, mon fourneau, me prennent plus de temps que je n'en ai à donner en donnant tout. J'ai rêvé de cette aurore; j'y ai vu l'aurore de la République victorieuse et définitive!

26 et 27 octobre.

Le 26, rien, ou plutôt je n'ai pas pris de notes; dès que j'oublie un seul jour d'écrire, je perds complétement le souvenir de ce qui s'est passé.

Le commandant du 4ᵉ bataillon des mobiles

d'Ille-et-Vilaine a reçu aujourd'hui, de nos mains, le drapeau que nous lui avions promis pour remplacer celui que le bataillon a perdu à Châtillon. Le commandant, un homme de petite taille, mais à l'air résolu et distingué, nous dit avec émotion qu'il espère nous rapporter bientôt ce drapeau troué. M. Dréo, Breton d'origine, arrive à la Préfecture au moment où nous offrons ce drapeau, et fait un petit discours sur le patriotisme de la vieille Bretagne.

Louis Blanc est venu me voir de une heure à deux. Nous avons causé de Châteaudun, et, comme nous nous animions, nous avons vu tout à coup des larmes dans nos yeux.

Louis Blanc a répété vingt ans aux Anglais que Napoléon III était une incapacité méconnue, un homme plus creux que profond, etc. A des dîners chez lord Granville, chaque fois que la discussion ramenait le nom de Louis Bonaparte, il recevait cette réponse clichée : « L'homme qui a fait la guerre de Crimée est plus fort que son oncle. » Louis Blanc connaît admirablement l'Angleterre et m'exprimait sur elle une opinion

curieuse : « Le peuple anglais, me disait-il, qui nous reproche si durement notre versatilité, est encore plus versatile que nous ; il conspue l'empereur depuis Sarrebruck, et il a si entièrement retourné ses appréciations qu'il ne se souvient plus de ses jugements d'hier. »

Louis Blanc travaille à un livre qui nous rendra la physionomie de Paris durant le siége.

Il m'a demandé ce que je savais à propos des nouvelles publiées par le *Combat :* si Bazaine, d'accord avec l'empereur, a capitulé ; si nos prisonniers de Sedan reviennent d'Allemagne, se joignent aux troupes de Bazaine, s'allient aux Prussiens et marchent sur Paris. Je lui ai répondu que je n'avais aucune confiance dans Bazaine, mais que je ne pouvais croire ni à la trahison de nos prisonniers d'Allemagne, ni à l'influence de Bonaparte le Petit ; que le gouvernement était réduit, comme le public, faute de nouvelles, à faire des suppositions.

Notre pauvre ami Peyrat est très-souffrant. Quelle épreuve que cette nourriture de Paris, en ce moment, pour les santés délicates ! Peyrat

est nerveux, agité, et il se passe en son esprit les choses les plus étranges.

Sa grande connaissance de la Révolution française l'avait rendu sceptique à l'endroit des choses du jour. Quand il parlait de notre politique, de nos faits et gestes, qu'il les comparait aux grands faits et aux grands actes de nos pères, il avait un *oh! oh!* que nous connaissons tous, et qui sabrait net nos plus orgueilleuses prétentions. Aujourd'hui, sous ses yeux, il voit des événements nouveaux qui n'ont rien à envier aux anciens; il côtoie des hommes forts, des femmes courageuses; il sent que les sacrifices, les dévouements, les énergies ne manqueront pas à la nation; que le peuple de Paris est grand comme autrefois; que la taille des patriotes n'a pas diminué depuis 92. Alors, il cherche l'emploi de toute cette force, de toute cette vaillance; il veut qu'on l'utilise; il est prêt à battre la charge.

Mais ses amis, les nôtres, qui sont au gouvernement, fatigués par les escarmouches de l'empire, craignent les vrais combats; ils

voient en petit ce qui est colossal; avec un modèle de Michel-Ange, ils font une réduction Collas. Peyrat souffre beaucoup, il se désespère : quoi ! les éléments, nous les avons, et nous les gâchons !

J'ai rencontré M. Guéroult ; il est content de son fils Paul, lequel est simple soldat du génie à Bicêtre et traîne la brouette comme un manœuvre. M. Guéroult croit au triomphe définitif de la défense de Paris.

Notre dîner a été égayé par le bon visage de M. Nefftzer, que nous trouvons toujours plus ferme et plus sensé, malgré son apparence gouailleuse et sa bonhomie alsacienne. Nous avons parlé de M. Charton, préfet de Versailles, notre ami commun, qui doit souffrir mille morts en voyant les paysans de Seine-et-Oise apporter leurs denrées aux Prussiens comme à des soldats français.

Il fait depuis trois jours un temps horrible; à cette époque-ci, d'ordinaire, nous commencions nos préparatifs de départ pour le Golfe-Juan ; nous allions revoir le soleil du Midi, nos

fleurs, la mer et cette lumière, fille du grand guérisseur, qui retrempe les âmes et les corps.

Et je suis à la Préfecture de police ! J'ai des cauchemars qui me poursuivent et m'enfièvrent. Oh ! que cette maison Piétri est lamentable ! Toute la matinée, pour distraction, j'assiste à l'arrivée et au départ des voitures cellulaires j'entends leur lourde entrée dans la cour de la Sainte-Chapelle. On crie : « N° 1 pour Mazas, n° 2 pour Sainte-Pélagie. » C'est navrant ! Si quelqu'un était destiné à être où je suis, ce n'est pas moi !

Adam est inquiet, moi aussi ; mais il est prêt à tout. Risquer sa vie n'est rien !

---

28 octobre.

L'*Officiel* de ce matin contient une espèce d'amende honorable du gouvernement à l'opinion publique ; il s'agit des nouvelles publiées par *le Combat*.

Dans cette occasion, le silence eût été d'or. Pourquoi parler du *glorieux* Bazaine ? Affirmer hier, pour se démentir aujourd'hui, mieux valait se taire. L'opinion, ballottée entre des courants divers, se charge de tempêtes. Les Parisiens croient que le gouvernement cache ses nouvelles : il n'en a pas !

— Qu'on sorte ! me disait un de nos jeunes amis, Charles Goudchaux, pour aller chercher des nouvelles, ou pour en faire !

---

29 octobre.

Nous partons pour les avant-postes d'Ivry, Eugène Pelletan, Jules Ferry, Adam et moi ; nous sommes attendus par le colonel Lespiau.

Quel spectacle que la route, que le village ! Les enseignes, tristement, disent : « Ici fut un boulanger, là un épicier. » Clients et fournisseurs, tout a fui. Quelque plaie d'Égypte a passé. La campagne avec ses feuilles d'automne est belle en=

core. Nous montons au belvédère de la maison Groult. Nous voyons les avant-postes des Prussiens; leurs balles pourraient nous atteindre où nous sommes. L'aspect des terres remuées, des arbres abattus, des maisons éventrées, la pluie, la boue, le bruit des canons, tout est sinistre.

Aux avant-postes, nous longeons des tranchées dans lesquelles nos soldats se tiennent à l'abri, nous marchons à découvert, et nous arrivons aux limites extrêmes de nos frontières. Les obus sifflent au-dessus de nos têtes.

M. Émile Trélat, son fils, M. Simonet, capitaines ou ingénieurs du génie civil, qui nous ont accompagnés, tracent des parallèles dans le sens de la Gare-aux-Bœufs et des Hautes-Bruyères, à droite, à gauche, sous le feu des ennemis. Le génie militaire, parti d'un autre point, doit les rejoindre; ils terminent leurs travaux, le génie militaire commence les siens; voilà un corps de génie où le génie n'est que dans le corps.

Les soldats, un moment avant notre arrivée dans l'angle de la tranchée, sur la Seine, ont tué un Bavarois; on me dit que les Prussiens, cachés

dans le bois, sur le bord opposé, pourraient bien nous rendre ce coup de fusil. Jules Ferry insiste pour que j'entre dans la tranchée ; je ne veux pas.

Voici un grand déploiement de forces, de l'autre côté de la Seine, vers Créteil, des soldats qui manœuvrent, un nombreux état-major. Les pantalons rouges se glissent sur les berges gazonnées, tandis que des tirailleurs défilent plus loin. L'effet de ces costumes sous un ciel bas, sur ces rives, est saisissant. Des lignards, un à un, se détachent, le fusil au poing, se courbent, glissent dans les oseraies bleuâtres et dans les saules ; ils vont en reconnaissance ; au loin, les canons, les chevaux, le mouvement de l'état-major ; c'est la poésie de la guerre.

Le colonel Lespiau, quoiqu'il n'ait point été prévenu, songe à faire mettre en place, de son côté, au bord de la Seine, une compagnie ; il l'envoie chercher et recommande qu'elle se dissimule avec soin. La compagnie sort de l'endroit où elle était cachée, et vient, en rang, au pas, vers son chef. Le colonel, furieux, dit au sergent :

— Pourquoi n'avez-vous pas sonné du clairon?

— Mon colonel, répond l'autre, parce que nous n'en avons pas.

— C'est bon, vous vous êtes montrés, vous ne me servez plus à rien ; retournez d'où vous venez, et surtout ne vous laissez pas voir cette fois.

Ils s'engagent dans la tranchée et portent leur fusil au bras ; les baïonnettes dépassent les revêtements de terre.

— Tous de Falaise! nous dit le colonel. Je vais faire faire cette manœuvre aux mobiles, et vous jugerez de la différence qu'il y a entre des remplaçants, de pauvres diables, des patauds, et des jeunes gens parmi lesquels le pays doit recruter un jour tous ses hommes éminents.

Les mobiles sortent de l'épreuve à leur honneur.

Louis Blanc et Charles Blanc dînent avec nous. Louis Blanc croit que le gouvernement de la défense nationale ne tiendra pas contre le mécontentement des Parisiens; qu'il y a entre lui et la population un écart énorme; qu'une grande vic-

toire de la province pourrait seule calmer les irritations politiques et faire renaître la confiance; que la nouvelle d'une défaite provoquerait certainement des émeutes.

Le Bourget a été pris aujourd'hui; c'est un bonheur, non parce que la conquête est importante, mais parce que c'est le commencement d'une action décisive, et parce que nous devenons superstitieux, à mesure de nos malheurs, que nous craignons l'acharnement du sort, et qu'un petit succès nous fait croire au retour possible de la fortune.

Félix Pyat a reçu de Rochefort, non une lettre, mais un obus; il en demeure écrasé. Hier, au club des Folies-Bergères, on a voté sa *mort morale*.

Louis Blanc me disait de Félix Pyat : « C'est un homme distingué, aux traits fins, à la parole sensée. Dès qu'il écrit, c'est un affolé, que rien ne peut rendre maître de lui-même. Sa méfiance est extraordinaire : à Londres, nous n'avons jamais pu savoir son adresse. Ses meilleurs amis l'ignoraient. Félix Pyat ne la disait même point

a Félix Pyat, dans la crainte que Félix Pyat ne le trahît. »

30 octobre.

Aujourd'hui, j'ai assisté au concert Pasdeloup. J'arrivai un peu tard, quoique partie depuis dix heures du matin de la Préfecture, parce que je m'étais attardée aux ambulances. Je traversais difficilement une foule énorme, lorsque, dans l'allée du parquet, je rencontre brusquement M. Guéroult, qui me crie : « Nous avons perdu le Bourget; nos généraux sont ineptes, il faut qu'on en fusille quelques-uns! » Je fus atterrée par cette apostrophe. J'avais, comme tout le monde, tiré une grosse espérance de cette prise du Bourget. Je ne puis exprimer le chagrin, le découragement, la colère, le désordre moral qui m'envahit. Je tombai sur une chaise sans savoir où je me plaçais. Comme on demandait à grands cris la *Marseillaise,* je craignis de

n'avoir pas la force de l'entendre et j'essayai de me lever pour sortir. Il me fut impossible de bouger. Tandis que la salle entière chantait, applaudissait, trépignait, je fondis en larmes et je perdis un instant connaissance. Je quittai le Cirque l'une des dernières ; j'avais le vertige et je me tenais aux chaises pour marcher. Au dehors, la nouvelle déjà répandue de la perte du Bourget provoquait une irritation violente ; les boulevards étaient remplis de gens dont la colère amassée, accumulée depuis un mois, éclatait à propos d'un fait que les généraux avaient jugé sans importance. « Toute notre patience, tous nos sacrifices, tout notre dévouement, répétaient les Parisiens, ne servent qu'à nous faire brosser partout et toujours! »

Je retournai à l'ambulance du Conservatoire de musique; le boulevard avait la physionomie d'un jour de révolution; tous les gens qui se rencontraient, qui causaient, bourgeois, ouvriers, hommes ou femmes, tous ressentaient la même indignation, tous étaient d'accord dans leur blâme.

Beaucoup, parmi les sages, disaient : « Nous n'exigeons pas de succès; mais nous ne voulons point de défaites causées par la légèreté, l'insouciance, l'incapacité des généraux. »

Quand j'arrivai au Conservatoire de musique, l'un des blessés, mon ami Poulot, m'accueillit en me criant : « Le Bourget est repris; je viens d'entendre lire la dépêche rue Drouot. » J'eus un éblouissement. Il me dit mot pour mot le texte de la dépêche. Hélas! c'était celle de la veille! Je fus obligée de désillusionner là tous ceux qui espéraient encore. Je les quittai désolée. Je revins par les boulevards, à pied, me pénétrant de la douleur de la foule, mêlant la mienne à la sienne, mon patriotisme à son patriotisme. A mesure que j'avançais, mon cœur et ma tête s'échauffaient. Je voyais mon boulevard Poissonnière, j'eus l'idée de rentrer chez moi pour me calmer. Cependant il me sembla utile de prévenir Adam, de lui dépeindre la physionomie du boulevard; je retournai auprès de lui.

— On commence à trouver votre Trochu par

trop insuffisant! lui dis-je; prenez garde, monsieur le préfet de police!

Adam était soucieux; il savait les choses aussi bien que moi, et n'essaya point de m'apaiser; lui-même s'indignait, non de l'insuffisance de M. Trochu, qu'il prétend être le plus désireux d'action dans le gouvernement, mais des fautes militaires commises au Bourget. « C'était bien la peine, me dit-il, de ménager avec tant de difficultés et de scrupules les nerfs de Paris; on lui donne une crise pour le plaisir de la lui donner. »

Nous avions à dîner Rochefort et son fils, avec un jeune officier de l'état-major de la garde nationale qui nous raconta la retraite du Bourget. Les soldats de marine, les lignards, les mobiles, sont furieux, fous de douleur d'avoir laissé tant de leurs camarades prisonniers aux mains de l'ennemi. Tous sont demeurés des heures entières, au pied d'un mur, sous une mitraille horrible, attendant des canons. MM. les généraux d'Afrique ne veulent pas que l'artillerie gagne les batailles; on lance les hommes, on a

beaucoup de tués, de blessés, ce qui donne une tournure à l'affaire! Ces vaniteux empanachés, ces courtisans formés par l'empire, regrettent les oignons d'Égypte, leur esclavage, abhorrent la République et ne consentiront jamais à lui donner des victoires.

Adam et Rochefort prétendent que le général Trochu, au début de l'attaque, les a suppliés de ne pas se monter la tête à propos du Bourget; il a déclaré, malgré les protestations des membres du gouvernement, qu'il arrêterait l'affaire, qu'elle ne pouvait aboutir à rien. « Bellemare est un homme dangereux, trop ardent, » aurait dit M Trochu.

Trop ardent! un homme qui n'est pas à son poste une nuit de bataille. Dangereux! celui qui voudrait enfin combattre, sortir, attaquer. Hélas! hélas!

Adam me fait toujours taire quand je laisse parler trop vivement mon antipathie pour M. Trochu.

Rochefort nous raconte qu'il a dit hier à M. Trochu : « Général, il y a des positions stra-

tégiques militaires et des positions stratégiques d'opinion ; le Bourget est une de ces dernières, je vous en avertis sérieusement. » M. Trochu répondit : « Bien, nous nous y maintiendrons. »

A propos de M. Flourens dont nous parlions et dont Adam se préoccupe, Rochefort réplique : « Donnez-le-moi cinq minutes dans ses moments de plus grande violence, et j'en fais une bonne d'enfant. »

Tous nos amis, le soir, arrivent désespérés, navrés comme nous du désastre moral causé par la perte du Bourget. Le doute s'est emparé de tous les esprits ; on sent l'insuffisance de M. Trochu, sa faiblesse envers les généraux bonapartistes qui l'entourent. Les Parisiens voient, avec raison peut-être, des espions, des traîtres dans l'état-major du gouverneur de Paris.

J'ai attendu le retour d'Adam ; il était au ministère des affaires étrangères, où le gouvernement a tenu séance, et n'est rentré qu'à trois heures du matin. Les nouvelles qu'on a reçues de la province sont affreuses, il faudra les don-

ner aujourd'hui, jeter cette huile bouillante sur les plaies vives de Paris.

Adam est désolé, il croit à une insurrection ; il a dit à M. Ernest Picard, qui l'interrogeait, un mot qu'il me répète, c'est un terme de jeu que j'entends pour la première fois : « Prenez garde, lui a-t-il dit, vous pouvez être blackboulés demain. — Croyez-vous une révolution possible? — Deux révolutions sont possibles, une première dans la journée contre vous, et une autre le soir pour vous. »

Adam et moi, nous causons longuement de la colère de Paris ; notre patriotisme est aux abois!

L'avis d'Adam est qu'il faudrait, pour conjurer le danger d'une insurrection, un grand déploiement de gardes mobiles ; les soldats, la troupe, irriteraient la population ; la garde nationale n'est pas sûre, à cause de l'affaire du Bourget, elle peut prendre part au mouvement. Ce sera grave! Adam me raconte que M. Trochu, confiant dans sa popularité de ces derniers jours, a répété à deux reprises, pendant la séance du gouvernement : « Je réponds de l'ordre! »

J'oublie de parler de la présence de M. Thiers au gouvernement. Il a longuement entretenu le conseil des péripéties de son voyage à travers l'Europe.

En Russie, la population enthousiaste a montré qu'elle est *toute française;* le czarévitch est Français; le czar, forcé par l'opinion de ménager la France, n'est que convenable. A Londres, la reine est Prussienne. Victor-Emmanuel voulait venir au secours de la France avec cent mille hommes; ses ministres s'y sont opposés.

M. Thiers, parlant de la province, dit : « On s'y cantonne, on s'y défend par petit coin, on ne s'y prononce point pour la résistance. »

Adam, qui connaît M. Thiers de longue date, se permet de lui faire une observation.

— Êtes-vous bien sûr, Adam, réplique vivement M. Thiers, qu'à Paris même on veuille résister à tout prix?

— A tout prix et au prix de tout, répond Adam.

A la fin de la séance, M. Thiers prend à part

le préfet de police ; prévoyant le cas où la population s'en prendrait à lui, qui a négocié l'armistice, et menacerait sa maison, il lui recommande ses domestiques, de vieux domestiques. Adam me charge d'aller les chercher, s'ils courent quelque danger, et de les conduire chez moi, boulevard Poissonnière. Il fera d'ailleurs garder l'hôtel de la place Saint-Georges.

---

31 octobre.

Adam ne s'est pas couché. Des rapports lui arrivaient à chaque instant.

Ce matin, entre sept et huit heures, il m'apporte l'*Officiel* et me prie de le lire.

Il contenait : 1° le rapport sur l'affaire du Bourget ; — 2° la nouvelle de la capitulation de Metz ; — 3° la menace d'un armistice.

Je m'indigne en lisant. Non, jamais, dans un pareil moment, on ne conçut tant de maladresses. Jeter brutalement d'aussi grosses épreuves

à la tête de gens désespérés, les jeter telles quelles, sans chercher par quelque inspiration patriotique à les rendre moins douloureuses, c'est absurde. Ah! les cruels!

Adam m'écoute, en suivant des yeux mon émotion.

Je lui demande ce qu'il va faire.

— Je vais faire mon devoir, et tout à l'heure j'irai chez le général Trochu, gouverneur de Paris.

Il n'y a pas de complot, Adam l'affirme; mais l'agitation sera extrême. Les plus violents ennemis du gouvernement, hier encore, dans les clubs, dans leurs conciliabules, ajournaient leurs desseins. Vont-ils profiter de l'occasion? Cela n'est pas douteux. Le danger éclatera dans l'après-midi. Adam croit encore qu'on pourrait le prévenir en montrant beaucoup de gardes mobiles. Mais l'effet n'est pas certain. Le général Trochu décidera. Si l'on emploie la garde nationale, pas de précipitation, pas de rappel battu, surtout! Là-dessus, Adam est très-fixé. Battre immédiatement le rappel dans des quartiers

choisis, les plus riches, ce serait provoquer les faubourgs, avancer l'heure du conflit, et le rendre sanglant à coup sûr.

Vers huit heures et demie, après ses derniers rapports reçus, Adam part. Il trouve le général Trochu calme, tranquille, informé, ses déterminations prises.

— Nous sommes un gouvernement né de l'opinion publique, dit-il, et nous ne pouvons chercher notre appui en dehors d'elle. Nous n'en avons pas le droit. Si l'opinion se retire de nous, si aujourd'hui elle nous abandonne, je m'incline. Par conséquent, mon cher préfet, ne nous servons que de force morale.

— Et si MM. Flourens et Blanqui tentent un coup de main?

— Alors nous nous défendrons vigoureusement, *avec toutes nos forces.*

Force morale! En sortant du Louvre, Adam traduit ces mots par emploi de la garde nationale. Il va place Vendôme, et commande dix bataillons. Ils doivent être réunis le plus promptement possible et couvrir les approches de

l'Hôtel de ville. Là, où il passe ensuite, dix autres bataillons sont commandés devant lui.

Si ces vingt bataillons ne suffisent pas, c'est que la garde nationale presque tout entière est dans le mouvement.

Rentré à la Préfecture de police vers dix heures, Adam suit les progrès assez lents d'abord de l'émotion publique. Les partisans de MM. Blanqui et Flourens ont été pris au dépourvu; ils se cherchent; on parle, pour deux heures, d'un rendez-vous où l'action sera décidée.

Un peu avant une heure, Adam me dit adieu. Il se rend à l'Hôtel de ville; il a été convoqué, je crois, et d'ailleurs le péril l'y appelle. Il laisse à la préfecture de police M. Georges Pouchet, son secrétaire général, et M. Demonbynes, son chef de cabinet, deux hommes faits pour les résolutions énergiques.

Bientôt après arrivent MM. Jules Favre et Picard. — « Où est le préfet? — A l'Hôtel de ville, répond M. Pouchet; le conseil y est réuni. — Peut-on encore entrer? — Oui. » Ces messieurs sortent.

A partir de cet instant, les faits se succèdent avec rapidité. Les deux préfectures sont unies par un télégraphe souterrain. M. Pouchet envoie des rapports, il reçoit des nouvelles. D'abord, deux réunions à l'Hôtel de ville : le gouvernement siége dans une salle, les maires de Paris sont assemblés dans une autre. Peu à peu, l'Hôtel de ville se remplit de mécontents. Les maires de Paris décident que des élections doivent avoir lieu immédiatement, élections dites municipales, plus politiques que municipales. Une commission de trois membres, Schœlcher, Étienne Arago, Dorian, est désignée pour présider à ces élections.

Étienne Arago est chargé de porter les résolutions prises à la connaissance du gouvernement. Celui-ci délibère et finit par accepter. Mais ces négociations ont demandé du temps ; il est deux heures et demie, et, à ce moment, un nouveau flot d'envahisseurs pénètre dans l'Hôtel de ville.

Pourquoi la garde nationale est-elle restée inactive ? Que sont devenus les bataillons com-

mandés le matin? Le colonel Langlois est à deux pas de l'Hôtel de ville, sur le quai, impatient, demandant des ordres; le 106°, avec le colonel Ibos, et d'autres bataillons sont aussi près de là. La Préfecture de police s'informe, et elle apprend que le général Tamisier et ses principaux officiers, mandés à l'Hôtel de ville, on ne sait par qui, y sont gardés à vue.

Désormais les membres du gouvernement, enfermés, entourés, menacés, sont eux-mêmes impuissants à agir. On veut qu'ils donnent leur démission; ils ne la donnent pas. Dorian, dont la popularité est très-grande, est acclamé. On exige de lui qu'il accepte la présidence d'un gouvernement nouveau. Il refuse avec obstination de se séparer de ses collègues. Rien n'est décidé. Mais, à quatre heures, troisième et dernier flot, ayant à sa tête M. Flourens, accompagné de ses tirailleurs. M. Flourens prend possession de l'Hôtel de ville sans y rétablir l'ordre, tant s'en faut!

A ce moment, le télégraphe de l'Hôtel de ville avertit le télégraphe de la Préfecture qu'il

ne communique plus avec le gouvernement, que lui-même est envahi, qu'il s'arrête.

Moi, depuis longtemps, je n'assistais plus à ce déroulement des faits et des nouvelles. Après le départ d'Adam, je vais, je viens, je ne peux plus tenir en place. J'étouffe dans cette maison noire, j'ai besoin d'air et de lumière. Puis je veux m'éloigner des événements.

Je me souviens alors que deux de mes amies, avec qui j'ai déjà visité le fort de Montrouge, m'ont offert de me conduire au fort de Romainville, d'où on aperçoit le Bourget. Je prends une voiture, j'enlève mes amies en passant, et nous montons au fort.

Nous découvrons toute la plaine de Saint-Denis, de Pantin, de Bondy. Le Bourget est en face de nous. Un officier nous explique l'attaque et la retraite. Pendant trois jours, les marins de Romainville ont assisté au spectacle des fautes commises, toujours les mêmes ! A chaque instant, ils croient qu'on va venir chercher leurs canons; ils se tiennent prêts à donner leurs batteries de réserve. Ils n'ont pas reçu un

ordre ! Les officiers sont tristes, ils ont perdu confiance.

Je leur dis, sans qu'ils protestent, qu'on reproche au général Carré de Bellemarre d'être en grande partie cause de l'échec du Bourget, qu'on accuse aussi M. Trochu, qu'on accuse surtout le général Guiod, le grand maître de l'artillerie, la bête noire des Parisiens. Celui-ci met le bâton dans toutes les roues, et il peut se vanter, si ça lui plaît, de faire tout le mal possible à la défense de Paris.

A propos de canons, un autre officier nous explique, en nous mettant une carte des environs de Paris sous les yeux, que, si tous les forts étaient armés avec des canons de marine, on pourrait, en quelques heures, élargir le périmètre de la défense par le seul effet de la portée des pièces, sans autre effort. Rien ne serait plus facile, car les canons de la marine sont nombreux ; la moitié des forts en a plus qu'il n'en faut, tandis que l'autre moitié en manque. On a réclamé, vingt démarches ont été faites, mais toujours on s'est buté à des jalousies de

corps, à la hiérarchie, à la routine, à l'incapacité, au mauvais vouloir d'un personnel plein de ressentiments bonapartistes.

Nous étions venues par Belleville et nous avions remarqué, en passant, que l'agitation y était déjà grande. Quand nous revenons, Belleville est en pleine émeute. Des gardes nationaux armés descendent vers Paris, suivant d'autres gardes nationaux qui les ont précédés. Les visages sont menaçants. Des femmes pleurent, d'autres excitent leurs maris qui n'ont pas besoin d'être excités. Elles forment çà et là, sur les portes, des groupes d'où j'entends crier : « Il faut que tous nos hommes descendent! Point d'armistice! Plutôt faire sauter Paris que de nous rendre! »

Dans toutes les rues, les boutiques sont fermées. Aux fenêtres, des figures anxieuses; sur les trottoirs, des gens qui se lamentent tout haut et déplorent les malheurs de la France.

J'arrive à une certaine distance de l'Hôtel de ville, non sans peine. Là, je suis obligée de descendre de voiture, et j'entre dans une foule

énorme, compacte, qui occupe la place et tous ses abords. Que s'est-il passé? J'interroge. On me répond assez gaiement: « Tout est fini. » Je continue mes questions et ne comprends rien aux réponses. Selon les uns, le gouvernement accorde la levée en masse; selon d'autres, il accorde la Commune. On dit aussi que des élections auront lieu demain.

Mais, en même temps, on me montre des listes jetées par les fenêtres de l'Hôtel de ville. Là-haut, on compose des gouvernements. C'est un pêle-mêle de noms propres qui vont ensemble bien ou mal. Sur quelques-unes de ces listes, je lis: Victor Hugo, Louis Blanc, Ledru-Rollin, Delescluze; sur d'autres, Blanqui, Delescluze, Flourens, Félix Pyat. Sur toutes, Dorian est inscrit en tête. C'est la confusion des confusions!

Les gardes nationaux ont la crosse en l'air. Chaque fois qu'un bataillon nouveau débouche, on va à lui, on l'entoure. Les bataillons à la crosse en l'air échangent avec les bataillons à la crosse en bas les demandes et les réponses suivantes:

— Et le gouvernement?

— Il a donné sa démission.

— Et puis?

— On a essayé d'en faire un autre, par acclamation; on n'a pas pu s'entendre; alors, on votera demain.

Le bataillon met la crosse en l'air.

Un bataillon, venu par la rue de Rivoli, du côté de la place de la Bastille, résiste aux explications, garde ses armes la crosse en bas, et pénètre jusqu'à une petite porte, derrière l'Hôtel de ville. Je profite de la trouée pour passer.

Un garde national que je coudoie dit d'un air sombre, en me regardant:

— Si l'on vote, c'est encore les bourgeois qui décideront; il nous faut la Commune!

— Avec qui? demandai-je.

— Avec Flourens! en v'là un qui sortira et ne fera pas son *lambineur*. Tenez, c'est lui; regardez-moi ça! Vive Flourens!

M. Flourens, à cheval, tournait autour de la petite place, en triomphateur. Ses amis radieux

l'acclamaient avec passion. Il les remerciait du regard, du geste, de la voix.

Un homme, en sueur, qui descendait de l'Hôtel de ville et respirait avec difficulté comme s'il avait été longtemps privé d'air, regardait à côté de moi, en souriant, le triomphe de M. Flourens.

— Ce pauvre Gustave, murmura-t-il, brave garçon, mais un enfant!

— Vous venez de là-haut, monsieur, que se passe-t-il?

— Ma petite dame, tout est pour le mieux. On proclame Blanqui dictateur de la Commune.

J'étais inquiète d'Adam. J'aurais bien voulu demander de ses nouvelles, mais je n'osai pas. Je tournai la difficulté, et je dis:

— Et Dorian?

— Qu'est-ce que vous voulez? Il nous a répondu lui-même : « Je refuse la présidence de la Commune; je ne suis pas un homme politique. Je fonds des canons, et mon opinion est qu'en ce moment les canons sont plus nécessaires à la patrie que les émeutes. »

— Voilà de belles paroles, monsieur!

— Oui, madame, emportez-les! me répond l'ami de M. Blanqui, en me tournant le dos.

La vue de M. Flourens, le nom de M. Blanqui m'ont rappelé la conversation que M. Trochu et Adam ont eue ce matin. Rien n'est fini! Je traverse la foule avec toutes les peines du monde, et je cours à la Préfecture de police.

Adam n'est pas revenu. Il est quatre heures et demie.

M. Pouchet a encore le doigt sur son télégraphe qui ne parle plus. Nous échangeons nos nouvelles. Les rapports continuent et se ressemblent tous. Le gouvernement est prisonnier, Adam aussi. Est-ce que son titre de préfet de police ne l'expose pas plus qu'un autre? Mon angoisse est mortelle. Des amis arrivent qui se mettent à notre disposition.

Les plus ardents parmi eux ont, comme moi, oublié leurs griefs contre le gouvernement de la défense nationale. Il s'est fait en sa faveur un revirement dans l'opinion de Paris: le nom de M. Blanqui opère ce miracle.

Vers six heures a lieu la première apparition

d'un homme dont je me souviendrai toujours, ma chère Alice. Son rôle, qui doit durer toute la nuit, est moitié bouffon, moitié dramatique.

J'avais demandé à M. Pouchet l'autorisation de me tenir près de lui dans le cabinet du préfet, et je parcourais des yeux les rapports qu'on lui donnait, rapports confus, épeurés, pour y trouver des nouvelles d'Adam.

Tout à coup, un garde national entre sans frapper. Il met la main à son képi, se colle contre la porte, et débite au galop, comme une leçon apprise, le discours suivant :

— Le préfet était prisonnier dans la salle du gouvernement. Il fait semblant de s'évanouir, il s'agite, il réclame de l'air. On demande qui est ce grand diable. Lui, bravement, et il a raison, répond : « Je suis le préfet de police ! — Qu'on l'arrête ! » crient des braillards. J'en étais. Nous l'arrêtons, deux autres gardes nationaux et moi ; nous le traînons, je le malmène un peu, pas trop ; il comprend, il m'appelle M. Got, à qui je ressemble ; il me remercie et se met à jouer des coudes, je ne vous dis que ça ! Le pas-

12.

sage d'une trombe n'aurait pas causé plus de dégâts. Il nous emporte, il se sauve !... Madame, ajoute cet homme que j'aurais embrassé, monsieur le préfet sera ici dans cinq minutes !

— Qui êtes-vous, monsieur? Votre nom, je vous en prie?

— Frontin, commissaire de police préposé à la marée, pour le moment en vacances! A votre service !... Voilà monsieur le préfet !

Adam entre, le bon Frontin disparaît.

Il est six heures et demie. Adam interroge M. Pouchet sur les mesures qu'il a prises pour la défense de la Préfecture de police. M. Pouchet lui dit que, suivant ses instructions, il a fait venir de la caserne de la Cité deux compagnies de la garde républicaine, que sa petite garnison est sous les armes, et que toutes les issues de l'hôtel sont ou fermées ou barricadées.

Adam ne nous donne aucune explication. « Il faut reprendre l'Hôtel de ville, » c'est son seul mot.

Je lui parle de dîner, il n'a pas le temps. Puis, s'adressant à M. Georges Pouchet, son

secrétaire général, à MM. Paul Parfait et A. Badin, ses secrétaires particuliers, il dit avec toute sa gravité :

— Quoi qu'il advienne, défendrez-vous la Préfecture ?

— Nous la défendrons.

Il emmène son chef de cabinet, M. Demonbynes. Son intention est d'aller d'abord chez le général Trochu. Il lui paraît qu'en l'absence du général on n'y fait pas grand'chose.

— Adieu, Juliette, me dit-il en m'embrassant, voilà une belle occasion de montrer ton courage !

Nous l'accompagnons jusqu'au grand escalier, M. Pouchet et moi. Adam en a déjà descendu quelques marches, lorsque M. Pouchet l'arrête et lui dit :

— Monsieur Adam, vous risquez votre tête, vous le savez bien, n'est-ce pas?

— Parbleu, mon cher Pouchet ! sans cela, il n'y aurait pas de plaisir.

Et, de sa voix la plus calme, il m'envoie un dernier adieu.

La nuit sans étoiles est sinistre. Les rapports des agents de police sont de plus en plus effarés. Les fenêtres du cabinet où nous sommes donnent sur la rue de Jérusalem par-dessus la cour, et sur le quai par-dessus le jardin. L'huissier demande s'il doit fermer les doubles volets. M. Pouchet me consulte du regard. Je le connais assez pour savoir qu'il désire qu'on ne les ferme pas. Je pense aussi que ces fenêtres sans défense, éclairées, où nos ombres se dessinent, laisseront voir aux curieux que nous sommes sur nos gardes et sans crainte.

— Ne fermez pas les volets, disons-nous à l'huissier.

On me demande au salon. Ce sont des amis qui arrivent. Ils racontent ce qu'ils ont vu. Chacun d'eux croit que tout s'est passé où il était, comme je suis disposée à le croire moi-même. Charles Goudchaux sait très-bien la réunion des maires. Pour lui, pour les gardes nationaux, c'est l'événement capital de la journée. Le reste est de l'émeute. En venant, il a vu afficher une proclamation signée des vingt maires

d'arrondissement, du maire de Paris et de ses adjoints. Les élections convenues pour demain y sont annoncées. « Demain, ajoute M. Goudchaux, Paris se prononcera, et tout sera dit. »

Il nous parle ensuite de Dorian. Il l'admire. Il a vu les efforts surhumains que Dorian a faits pour arrêter le mouvement aux élections et protéger ses collègues. En ce moment même Dorian continue. Il va des uns aux autres, des vaincus aux vainqueurs, disant à ceux-ci : « Puisqu'on vote demain, que voulez-vous décider aujourd'hui? Le suffrage universel est notre loi à tous. » Ses collègues l'approuvent.

M. Goudchaux ne doute pas que Dorian, grâce à une popularité sans égale, grâce à l'entremise de M. Delescluze, qui semble avoir vu arriver MM. Flourens et Blanqui avec déplaisir, ne triomphe de toutes les résistances. Peut-être notre jeune ami se fait-il illusion, car tous les rapports reçus par M. Pouchet déclarent que MM. Blanqui et Flourens se croient bien définitivement les maîtres et agissent en victorieux. Comme toujours en pareil cas, ce qui

est vrai dans une salle ne l'est pas dans une autre. A cette observation, M. Goudchaux s'anime. Il est Messin ; sa mère, sa sœur, son frère, habitent Metz livré par Bazaine : « Il ne faut pas, dit-il avec des larmes plein les yeux, qu'on se tue ni qu'on se mange ; nous ne donnerons pas cette joie aux Prussiens, qui sont là, qui nous regardent, et qui bien certainement sont pour quelque chose là-dedans... J'ai vu M. Adam sortir de l'Hôtel de ville, supplions-le d'y retourner et de joindre ses efforts à ceux de Dorian. »

Adam revient. Au Louvre, le général Schmitz ne veut pas donner d'ordres. Il affirme que le général Trochu lui a recommandé de ne prendre aucune initiative en son absence. Les officiers d'état-major, les aides de camp qui emplissent les salons du gouverneur de Paris, enragent. Adam leur promet, si seul il est libre, de prendre toutes les responsabilités sur lui. Enthousiasme !

Adam apprend que M. Picard est parvenu, comme lui, à sortir de l'Hôtel de ville, qu'il est

au ministère des finances. Adam y va. M. Picard donne des ordres ; il a donné celui de battre le rappel de la garde nationale. Adam court place Vendôme. On y a trouvé l'ordre de M. Picard insuffisant, non sans motif. Néanmoins, le rappel est battu. Adam interroge le lieutenant-colonel qui commande, au défaut des autres officiers supérieurs toujours retenus à l'Hôtel de ville ; il lui demande ce que sont devenus les dix, les vingt bataillons convoqués dès le matin.

— Nous en avons dirigé vingt-cinq sur l'Hôtel de ville ; mais la plupart se sont égarés en route, répond le lieutenant-colonel. Pour que pareille chose ne se renouvelle pas, ajoute-t-il très-sensément, je vais grouper tous les gardes nationaux ici, sur cette place, et je ne les ferai marcher qu'en colonnes composées de quatre ou cinq bataillons. Je serai prêt à agir entre neuf et dix heures du soir.

Adam croit pouvoir passer deux heures à la Préfecture. Mais, bien avant la fin de ce temps, on lui dit que le général Trochu, devenu libre

à son tour, je ne sais comment, l'appelle au Louvre.

Une pensée me persécute. Je n'ai pas entendu parler de Rochefort. Je ne vois pas son action. Quel a été son rôle depuis le matin? J'écris à M%me Dorian, pour lui donner les nouvelles que nous avons de son mari et la prier de me dire si elle sait quelque chose de Rochefort.

Elle me répond en m'envoyant son fils, Charles Dorian, un jeune homme de dix-sept ans, presque un enfant, qui s'est engagé dans un bataillon de marche. Il me communique une lettre de Rochefort, que sa mère a reçue vers cinq heures.

Rochefort dit: « Je ferai tout ce que fera Dorian. » Il ajoute que, s'étant présenté aux envahisseurs de l'Hôtel de ville pour les retenir, les calmer, il a été accueilli par cette apostrophe: « A bas Rochefort! — Mais que voulez-vous? leur ai-je demandé. — Nous avons assez de vous, nous voulons Dorian. — Ah! par exemple, vous avez bien raison! il vaut

beaucoup mieux que moi, et ses canons vous sont plus utiles que mes lanternes. »

Charles Dorian boite, et je lui demande pourquoi.

Il a voulu entrer à l'Hôtel de ville et y rejoindre son père. On l'en empêchait ; il a grimpé par une fenêtre basse, et on lui a donné un coup de baïonnette dans la jambe. Sur le moment, il n'a pas senti la blessure, il a sauté, et il a rejoint son père.

— Et que vous a-t-il dit, Charles?

— D'être tranquilles ; qu'on est d'accord, que ça finira cette nuit, et que demain nous aurons les élections. J'en suis bien heureux, continue Charles. Imaginez-vous que, dans mon bataillon, j'ai un ami, mon meilleur ami, avec lequel vous avez dîné l'autre jour à la maison. Il était pour la Commune. Tantôt, nous avons failli nous embrocher. Ayant appris de mon père que tout allait mieux, qu'on ne se tuerait point, je songe d'abord à mon mollet qui me fait mal, je retourne au ministère pour me faire panser, et tout à l'heure, en sortant, je tombe dans les bras

de mon communeux. Nous nous sommes embrassés comme deux frères.

Je serre la main de Charles. En partant, il ajoute :

— A demain. N'oubliez pas que vous déjeunez chez nous. Si M. Adam a besoin de mon père, il se tient dans le cabinet de M. Étienne Arago. Après avoir été deçà delà, on a voulu le traîner encore de M. Delescluze à M. Flourens, qui ne s'entendent pas, et de M. Blanqui à M. Flourens, qui ne s'entendent pas davantage. Mon père a fini par répondre, devant moi, avec cet air doux et fier que vous lui connaissez : « Je donne audience ici, que ceux qui veulent me parler y viennent. »

Mais c'est toujours la confusion des nouvelles. J'étais encore dans le salon quand on me prévient, de la part de M. Pouchet, que le moment difficile est arrivé, que M. Raoul Rigault est sur le quai avec trois ou quatre cents hommes armés, et qu'il demande à prendre possession de la Préfecture de police. M. Pouchet a consenti à recevoir M. Rigault, seul, bien entendu.

La porte du cabinet est entr'ouverte, et je m'approche pour écouter.

Ce matin encore, M. Raoul Rigault était un simple employé à la Préfecture de police. Il est entré là au 4 septembre, et on l'y a laissé sans l'utiliser beaucoup, car je ne me souviens pas qu'Adam l'ait vu une seule fois. Il était occupé à chercher les clefs de je ne sais quelles grilles, de je ne sais quels dossiers. On le dit très-rusé. Je suis curieuse de voir comment il va se tirer d'affaire avec M. Pouchet, qui est du pays de sapience, comme Adam. Il s'agit pour nous de gagner du temps.

M. Raoul Rigault entre. Il tient un papier qu'il ouvre et présente, par-dessus la table de travail du préfet, à M. Pouchet, qui demeure assis. M. Pouchet prend le papier, le lit avec soin, lentement.

Durant cette lecture, M. Raoul Rigault tire une écharpe rouge de sa poche, la déploie, et se prépare à la ceindre.

— Monsieur, lui dit le secrétaire général, j'ai déjà reçu, il y a une heure, un ordre sembla-

ble, revêtu du même sceau, nous enjoignant d'accepter comme préfet de police, en remplacement de M. Edmond Adam, un autre que vous. Cet ordre était signé Flourens. Sa signature vaut bien celle que vous me présentez. Veuillez retourner auprès de votre gouvernement et vous entendre avec M. Flourens.

M. Raoul Rigault s'attendait probablement à un refus, mais il ne s'attendait pas à cette réponse. Il en reste un instant tout surpris, malmène son écharpe, dont la soie résiste, qu'il froisse, roule, et renfonce au plus profond de sa poche. Puis il s'emporte contre M. Flourens, l'appelle : « Idiot, brouillon, imbécile ! » dit qu'il le secouera de la belle façon, et sort en avertissant M. Pouchet qu'il va revenir dans une heure, avec des forces plus considérables, pour s'emparer de la Préfecture de police, de gré ou de force.

— Quoi qu'il advienne, répond M. Pouchet, nous sommes décidés à défendre la Préfecture, jusqu'à demain midi.

Nous nous groupons autour de M. Pouchet,

M. James Pouchet son frère, M. Paul Parfait, M. Adolphe Badin et moi. M. James Pouchet, ingénieur civil, engagé dans le génie auxiliaire, est chargé, comme le plus militaire d'entre nous, d'inspecter notre garnison, d'entretenir ses bonnes dispositions, de visiter tous les postes, de s'assurer que toutes les issues de ce dédale qu'on appelle la Préfecture de police sont fermées, fortifiées et bien gardées.

Au milieu de ces préparatifs, nous sommes égayés par un incident assez bizarre : M. Flourens nous fait réclamer son cheval. Il l'a perdu dans la bagarre, à ce qu'il paraît, et naturellement il l'envoie chercher à la Préfecture de police. « Prière de me renvoyer mon cheval, écrit-il, pour le faire panser. » Ce billet que je garde, qui est bien signé Flourens, se termine par le *post-scriptum* suivant : « Remettre le cheval au porteur. »

Nous apprenons qu'Adam songe à nous. Le général Trochu nous envoie un bataillon de mobiles demandé par le préfet de police. Le renfort n'est pas à dédaigner ; mais M. Pouchet,

qui craint de montrer à nos gardes républicains une défiance inopportune, prie l'officier qui commande les mobiles de rester dehors et de s'établir sur le quai pour y être à sa disposition.

Nous attendions l'ennemi, et c'est un ami qu'on m'annonce, M. Jules de Lasteyrie, qui est lié avec Adam depuis 1848, et avec moi depuis la guerre. Il s'est inquiété de nous, de moi. Il croit que nous allons être attaqués, ainsi que l'Imprimerie nationale, d'où il vient.

— Qu'allez-vous faire? nous dit-il.

— Nous défendre, nous y sommes résolus.

— Écrivez-le à Hauréau, qui est moins bien informé et probablement moins bien gardé que vous.

J'envoie immédiatement à M. Hauréau, mon ami, le billet suivant que je signe:

« Tenez comme nous contre MM. Flourens et Blanqui. Nous sommes décidés à nous défendre et à ne pas laisser envahir la Préfecture. »

M. de Lasteyrie me demande si son amitié, sa présence, si un bras de plus peuvent m'être utiles. Je le remercie de tout mon cœur du dé-

vouement qu'il m'offre et d'être venu en un pareil moment; je lui serre les mains, et je le supplie d'aller au secours d'Adam, qui est peut-être en danger.

J'ai appris ce jour-là, ma chère Alice, comment, dans des circonstances graves, une amitié récente peut en une heure, en une minute, devenir une amitié inaltérable.

Je rentre dans le cabinet du préfet, et presque aussitôt l'étonnant Frontin réapparaît. Il semble être sorti de la muraille. Son costume est modifié; la première fois, il avait son pantalon dans ses bottes, sa tunique de garde national ouverte, son fusil sur le dos, son képi en arrière; cette fois-ci, il a son fusil au bras, il est boutonné, brossé, soigné. Il récite:

— Le préfet a vu le général Trochu. Du Louvre, il est allé place Vendôme, où il a pris le commandement d'une colonne de gardes nationaux. M. Jules Ferry, qui est aussi parvenu à s'échapper, le précède à la tête d'une première colonne. Il est convenu que M. Ferry ira par les quais et M. le préfet par la rue de

Rivoli. A leur arrivée, les deux colonnes se réuniront et cerneront l'Hôtel de ville. La garde nationale est molle. Le préfet s'en aperçoit, il explique l'affaire, on reste froid. A ce moment, des gardes nationaux s'approchent et le reconnaissent : « Mais c'est Edmond Adam, le préfet de police ! » Est-il veinard, M. le préfet ! Le bataillon qui marche en tête de sa colonne est le 10°, son bataillon, le bataillon du boulevard Poissonnière. Ah ! je vous prie de croire qu'on se souvient d'avoir monté la garde aux remparts avec lui, et qu'à l'heure qu'il est on le suit gaiement !

J'écoutais encore, et déjà Frontin avait disparu, soudainement, comme par une coulisse. Mais je devais le revoir une troisième fois pendant cette interminable nuit.

Nous étions tous restés auprès de M. G. Pouchet, son frère, MM. Parfait, Badin et moi, recevant peu de nouvelles et rivés à notre inaction.

Nous avions appris l'arrivée sur la place de l'Hôtel de ville des gardes nationaux conduits par M. Ferry et par Adam. Quelque temps

après, nous apprenions que des pourparlers avaient eu lieu du dedans avec le dehors, que la paix était faite, que les insurgés cédaient la place, et qu'Adam était dans l'Hôtel de ville.

Nous cherchions à comprendre, à deviner la fin d'événements aussi compliqués, quand un homme tombe au milieu de nous : c'est encore Frontin !

Il a trouvé moyen d'être vêtu en tirailleur de Flourens, avec son même képi, son même fusil, son même uniforme :

— Le préfet, dit-il, est entré par un souterrain, sans gardes nationaux et sans armes. Des mobiles, sur deux rangs, éclairaient le passage avec des torches de résine. C'était beau. M. le préfet veut une chose qui n'est pas facile : il veut qu'on évacue l'Hôtel de ville et qu'on ne se massacre pas. Ça ne va pas tout seul. Il y a des gaillards qui refusent de descendre. Des mobiles, des Bretons sont au bas du grand escalier, prêts à faire feu ; les tirailleurs de Belleville sont en haut, prêts à riposter. Le préfet est au milieu de l'escalier, seul, allant tour à

13.

tour aux uns pour les calmer, aux autres pour les pousser dehors. Si un premier coup de fusil part, il est pour lui! Des envahisseurs ont menacé de tuer M. Jules Favre, si les mobiles avançaient. Le préfet leur a répondu que, s'ils touchaient à M. Jules Favre, à M. Jules Simon ou aux autres prisonniers, pas un d'eux ne sortirait vivant. « Nous sommes les plus forts, leur a-t-il dit, regardez par les fenêtres... » Je vais voir si M. le préfet est toujours sur son escalier.

Par amour de la vérité et du tableau, cet excellent Frontin avait été cruel. Pendant qu'il s'en allait, je crus voir Adam sur ce grand escalier, je crus entendre un coup de fusil, et recevoir moi-même une balle au cœur.

Mais je vais résumer pour toi, ma chère Alice, les événements de cette nuit du 31 octobre, dont nous reparlerons souvent. M. Demonbynes, qui a toujours accompagné Adam, a pris des notes, heure par heure, instant par instant. J'ai ces notes sous les yeux; je les copie et je les abrége, en conservant pour toi les détails qui donnent aux faits une physionomie vivante.

C'est à minuit moins cinq minutes, heure de l'Hôtel de ville, que la colonne de gardes nationaux commandée par Adam a débouché sur la place, silencieusement, sans clairon ni tambour. L'Hôtel de ville est hermétiquement fermé. Adam et M. Ferry l'entourent de leurs bataillons. A leur approche, des gardes nationaux, qui tenaient sans doute pour la Commune, se sont éloignés.

L'investissement est complet. Adam, qui connaît bien l'Hôtel de ville, en cherche toutes les petites portes, tourne autour du jardin et en secoue les grilles. Pendant ce temps-là, plusieurs coups de fusil éclatent à quelques pas de lui. Qu'est-ce? On accourt. Les uns disent que ce sont des gardes nationaux qui, de notre côté, ont tiré dans la serrure d'une des grandes portes de l'Hôtel; d'autres, que ce sont des insurgés qui ont tiré par une fenêtre. On a tiré probablement des deux parts; mais personne n'a été blessé, et, par bonheur, l'incident n'a pas de suite.

M. Ferry et Adam se rencontrent alors pour la première fois depuis leur arrivée. Ils délibè-

rent sur les moyens de pénétrer de vive force.

Mais on vient annoncer à M. Ferry que MM. Dorian et Delescluze, sortis de l'Hôtel de ville, sont près de là et demandent à lui parler. M. Jules Ferry s'approche d'eux, avec son frère.

Adam, qui est resté avec M. Demonbynes, va bientôt se mêler au groupe, que des officiers de la garde nationale protégent contre les curieux. A la très-petite distance où se trouve M. Demonbynes, on n'entend pas, mais on voit très-bien qu'un accord se fait. Dorian a d'abord lu un papier qu'il tenait à la main. La conversation n'a pas duré un quart d'heure. Puis MM. Dorian, Delescluze, Jules Ferry et Adam, se sont serré les mains, et MM. Dorian et Delescluze ont disparu.

De leur côté, M. Ferry et Adam se retournent vers les officiers de la garde nationale et leur racontent ce qui s'est passé. La paix est faite. Cette nouvelle répandue dans tous les rangs est accueillie avec la plus vive satisfaction.

Déjà, ma chère Alice, quelques heures à

peine après les événements accomplis, on discute sur la convention passée. Voici, d'après les notes de M. Demonbynes, qui a recueilli sur place les premiers récits, ce qui a été convenu :

Dorian, dont les efforts ont enfin été couronnés de succès, a commencé par déclarer que la question politique était vidée, qu'aucun dissentiment n'existait plus. Les élections municipales, consenties dans l'après-midi par le gouvernement lui-même, auront lieu demain, et des élections politiques après-demain. Cette dernière clause est de la nuit, et l'initiative semble en avoir été prise par les membres du gouvernement détenus à l'Hôtel de ville. Les envahisseurs ont renoncé à toutes leurs autres prétentions, et on leur a promis qu'ils évacueraient librement l'Hôtel de ville et ne seraient point recherchés. Dorian a cité notamment M. Jules Favre comme ayant tout approuvé. M. Delescluze est revenu à plusieurs reprises sur l'oubli accordé aux faits de cette journée, et c'est une des conditions auxquelles M. Ferry a

formellement adhéré. Il n'a d'ailleurs fait aucune objection. Seulement, il a exigé que les gardes nationaux de l'intérieur, en défilant devant le général Tamisier, qui est encore leur prisonnier, n'acclamassent que la République. Pas de cri de : « Vive la Commune ! » De son côté, Adam a voulu que l'Hôtel de ville fût réoccupé au nom du gouvernement de la défense nationale, ce qui a été admis.

Cependant, une demi-heure s'est écoulée; l'Hôtel de ville est toujours clos, et personne n'en est sorti. M. Ferry commence à s'impatienter. Les engagements qu'il a pris pourront-ils être tenus? C'est une crainte qu'Adam lui exprime, une crainte seulement, car il désire aussi diminuer l'importance des faits et laisser cette nuit confuse dans les ténèbres, afin que les Prussiens ne soient pas encouragés par le spectacle de nos discordes civiles, qu'ils provoquent, selon moi, qu'ils attendent, dit Adam. Le préfet de police est bien résolu à déployer tous ses efforts pour contribuer au dénoûment pacifique entrepris par Dorian.

A ce moment, un officier de mobiles vient annoncer à M. Ferry que le souterrain de l'une des casernes de la place Lobau est occupé par son bataillon. M. Ferry peut pénétrer dans l'Hôtel de ville. Celui-ci ne trouve pas qu'il soit convenable, pour un membre du gouvernement, de passer par cette voie secrète. Après un instant d'hésitation, causé par le refus de M. Ferry, Adam, « que sa grandeur n'attache pas au rivage », propose de suivre l'officier. Plusieurs personnes offrent de l'accompagner. Il accepte M. Demonbynes, seul, sans armes, et qui, pour ne pas se séparer du préfet de police, fait valoir son droit de chef de cabinet.

En sortant du souterrain, Adam rencontre d'abord, dans une cour de l'Hôtel de ville, Dorian, qui travaille à l'évacuation, puis M. Arnaud (de l'Ariége), maire du VIIe arrondissement. Depuis douze heures, M. Arnaud agissait dans le sens de la conciliation, avec patience, avec courage, faisant admirer ses vertus si sincèrement chrétiennes. Le préfet monte ensuite dans la salle où le gouvernement a été

fait prisonnier, où, dit-on, Jules Favre, Jules Simon et Garnier-Pagès sont toujours gardés à vue. Il ne les y trouve plus. Mais il rencontre M. Delescluze et lui reproche la lenteur avec laquelle l'évacuation s'opère. Celui-ci montre M. Flourens debout sur une table, exhortant ses amis à sortir de l'Hôtel de ville, à s'en aller, et qui semble n'avoir pas encore réussi à convaincre tout le monde. Les plus entêtés craignent évidemment d'être saisis au passage par les gardes nationaux qui couvrent la place. Des promesses ne leur suffisent pas, ils demandent des garanties, des otages... Toujours des otages!

Adam, contrarié, redescend dans les cours. Là, il s'aperçoit qu'aucune des portes qui donnent sur la place principale, et par lesquelles la sortie doit avoir lieu, n'a été ouverte. Il se dit, il dit à M. Demonbynes, qu'il y a bien dans cette foule un millier de poltrons, ou de curieux, ou de gens plus raisonnables que les autres, qui ne demanderaient pas mieux que de partir et de commencer le défilé. Il fait ouvrir,

et en effet le défilé commence. Mais les mobiles bretons se précipitent, menacent, et deviennent à leur tour un obstacle. (C'est ici que se place la scène de l'escalier qui nous a été racontée par Frontin.) Finalement, un peu de gré, un peu de force, le défilé recommence, et il sort de l'Hôtel de ville douze ou quinze cents personnes. Puis le mouvement s'arrête, et pourtant l'Hôtel de ville regorge toujours de monde !

Pendant ce temps-là, M. Ferry, qu'Adam a eu le tort d'oublier, dit M. Demonbynes dans ses notes, s'irrite au dehors. Il parvient enfin à entrer par l'une des grandes portes qui ouvrent sur la place Lobau, il arrive à la tête d'un bataillon de gardes nationaux, il s'élance par les escaliers du côté des grands salons et va se perdre dans la foule énorme qui les encombre. Cet effort, énergiquement conduit, ne produit aucun résultat. On ne sort pas !

Un autre bataillon se présente et s'apprête à suivre la même direction que le premier.

Adam consulte un aide de camp du général

Trochu, le commandant Bibesco, qui est auprès de lui. Ne vaudrait-il pas mieux diriger ce second bataillon par l'escalier des bureaux qui conduit à des espaces plus libres? On pourrait par là refouler les retardataires. M. Bibesco approuve, et dit : « Voilà un mouvement tournant qui va réussir! » En effet, presque aussitôt, le défilé recommence.

Cette fois, c'est la sortie générale.

En tête des premiers rangs, pressés et nombreux, marche le général Tamisier, comme cela a été convenu. Blanqui s'est attaché à son bras. Non loin d'eux, M. Delescluze, puis Dorian, qui veille à l'exécution des paroles données, tandis qu'Adam veille sur ses mobiles. Le moment est solennel... Tout va bien ! Le défilé continue.

Adam, pendant cette nuit, s'est de plus en plus pénétré de la pensée politique de l'oubli promis ; il aperçoit des sortants qui ont mis la crosse en l'air: « Vous n'êtes pas des vaincus, leur dit-il, remettez vos armes au bras, et vive la République ! » Et le défilé durait, durait toujours. Il dura deux heures, trois heures, jusqu'à cinq

heures du matin. Adam évalue à sept ou huit mille les hommes qui s'étaient engouffrés dans cet immense Hôtel de ville. Imagine, ma chère Alice, un combat à la baïonnette, aveugle, acharné, où les mobiles seuls pouvant se reconnaître auraient tué indistinctement gardes nationaux amis et ennemis : que de cadavres ! Avoir pu empêcher pareille chose et ne l'avoir pas empêchée, ce serait à mourir de chagrin !

M. Ferry et Adam font une dernière inspection de l'Hôtel de ville pour s'assurer qu'il n'y reste plus personne. Dans le cabinet même de M. Ferry, l'ancien cabinet du préfet de la Seine, ils trouvent une vingtaine d'officiers de la garde nationale assis autour d'une grande table verte, ayant des airs de personnages et demeurés les derniers pour établir sans doute qu'ils sortiront librement. M. Ferry les invite à se retirer, et ils se retirent.

Il est cinq heures et demie, M. Demonbynes est rentré à la Préfecture de police, il y a une heure environ, pour nous annoncer le dénoûment et mettre en ordre ses souvenirs et ses notes de la nuit. Depuis longtemps déjà, Frontin nous avait

fait savoir, par un billet, que le préfet était descendu sain et sauf de son escalier.

Nous attendions Adam. Il arrive et nous trouve tous réunis. Si j'ai été inquiète de lui, il a été aussi bien inquiet de moi. Maintenant que le danger est passé, l'émotion se laisse voir. Adam est broyé par la fatigue, mais il est content, il est allégé d'un grand poids. Il remercie affectueusement Georges Pouchet, et va se jeter sur son lit.

1er novembre.

J'écrivais dans ma chambre, ma porte ouverte sur la chambre d'Adam. Tout à coup quelqu'un entre chez lui avec fracas et le réveille : c'est M. Ernest Picard en personne.

— Eh bien, Adam, dit-il, avez-vous ordonné l'arrestation de MM. Pyat, Blanqui, Delescluze, Flourens, Millière, et des autres meneurs de l'invasion de cette nuit? C'est fait, n'est-ce pas?

Adam dormait sur une solution pacifique, il se réveille sur une reprise d'hostilités.

— Ah ça ! monsieur Picard, vous ou moi, nous rêvons, répond-il. Ignorez-vous qu'une transaction a eu lieu ?... Sans parler des engagements pris à l'intérieur de l'Hôtel de ville, auxquels je n'assistais pas, M. Ferry, un membre du gouvernement, a ratifié devant moi toutes les promesses faites. Il a été formellement entendu qu'aucune poursuite ne serait exercée. C'est à cette condition expresse que les envahisseurs ont consenti à rendre leurs prisonniers et à se retirer sans combattre. Il y a eu contrat, j'en ai été le témoin, le notaire, l'exécuteur. Si l'on déclarait que je suis moi-même un des contractants, je ne protesterais pas, car j'ai pris part aux poignées de mains échangées en guise de signatures... Et maintenant vous voulez que j'endosse, comme préfet de police, la violation des paroles données ! Je ne le ferai pas.

M. Picard répond à son tour que les engagements de tel ou tel n'engagent pas le gouvernement ; que celui-ci n'a pas délibéré et ne s'est pas engagé lui-même.

— C'est une manière de voir, dit Adam. Je veux admettre que, cette nuit, vous et le général Trochu, qui étiez libres, composiez seuls le gouvernement. MM. Jules Simon, Jules Favre, Garnier-Pagès, Emmanuel Arago et Pelletan ne comptent pas; M. Jules Ferry, qui était libre autant que vous, ne compte pas non plus! Voyons, cependant! Avez-vous dormi cette nuit? Non, je suppose. Alors, vous avez su ce qui se passait. Je suis certain que le général Trochu conviendra qu'il le savait aussi... Et vous ne m'avez rien fait dire! Pendant cinq heures, je n'ai pas entendu parler de vous! Un aide de camp du général Trochu, le commandant Bibesco, est venu à l'Hôtel de ville, et il a courageusement joint ses efforts aux miens. Vous pouviez me faire savoir que vous, monsieur Picard, vous désapprouviez l'arrangement conclu, et m'envoyer l'ordre d'arrêter les gens que j'avais sous la main. Le préfet de police vous eût obéi ou non. Mais vous avez hésité, vous n'avez pas agi, et c'est quand tout est terminé, ce matin, que vous venez me demander de faire des arrestations! Il

est trop tard. Je vous le répète, je n'arrêterai personne.

M. Picard se lève, en invitant le préfet à se rendre, le plus tôt possible, au conseil convoqué pour huit heures du matin au ministère des affaires étrangères.

Adam eût préféré dormir, mais il part bientôt pour le rendez-vous donné.

A son arrivée, M. Picard occupait la tribune, — non, le tapis, — et il développait tout un programme de mesures à prendre contre la liberté de la presse, la liberté de réunion, etc., etc.

Vient la question des arrestations.

Adam résume les observations qu'il a déjà opposées à M. Picard, et il ajoute :

— Mon cher monsieur Picard, je vous vois lancé sur une pente où je ne vous suivrai pas. Vous me semblez trop triomphant. Je me laisserais peut-être aller à faire de la réaction avec Jules Favre, Emmanuel Arago, Garnier-Pagès, dont les opinions républicaines me sont connues ; mais avec vous, qui ce matin régnez ici, je ne commettrai pas cette faute. Je suis trop bien

averti. J'ai fait de la réaction en 1848, et je me souviens que notre conduite à cette époque n'a pas sauvé la République. Depuis vingt ans, je me promets de ne pas recommencer et je ne recommencerai pas! Donc, si vous voulez ouvrir la campagne par un manquement à des paroles données, je ne suis pas votre homme. Chargez de vos arrestations un autre préfet de police que moi.

L'importance attribuée par Adam à M. Picard soulève des protestations dans le conseil. D'ailleurs, on semble ne pas vouloir en ce moment discuter plus longtemps la question des arrestations. La présence de quelques-uns des membres du gouvernement qui ont pris part à la transaction de la nuit, cause un visible embarras. La démission d'Adam n'est pas acceptée, et la discussion est renvoyée au conseil du soir. En attendant, de part et d'autre, on réfléchira.

Le gouvernement était pressé de s'occuper des élections promises pour aujourd'hui. Il veut remplacer l'affiche signée des maires de Paris, par une affiche nouvelle.

Les élections municipales deviennent des élections de maires, et la réélection des membres du gouvernement a lieu sous la forme d'un plébiscite. On ne votera pas aujourd'hui, on votera demain et après-demain.

Dorian, qui est resté toute la matinée à l'Hôtel de ville pour que les élections ne subissent aucun retard, proteste avec énergie. Sa parole est engagée. Ses collègues lui objectent les difficultés matérielles, et ils s'efforcent de le calmer. Enfin l'affiche est rédigée en termes si peu clairs, que ceux qui sont disposés à voter *oui* voteront *non*, et que, ce soir, il a fallu expliquer aux Parisiens qu'on attend d'eux un *oui* et pas un *non*.

Vers la fin de la séance, Dorian s'adresse à Adam et lui dit :

— Vous retirerez votre démission, n'est-il pas vrai? En la maintenant, vous me feriez une situation impossible.

— Ne raisonnez point par comparaison, mon cher ami, lui réplique Adam, ce qui conduit toujours à raisonner faux. Comme préfet de po-

lice, je serais obligé de signer les arrestations demandées, et, en conscience, je ne le peux pas. D'ailleurs, rien n'est plus facile que de me remplacer, tandis que vous, vous êtes essentiel à la défense de Paris. Les Parisiens ont mis leur confiance dans votre activité, dans votre patriotisme. Qui sait si, en vous retirant, vous ne briseriez pas leur dernier espoir?

Un membre du gouvernement s'était approché d'eux :

— C'est votre popularité qui nous a sauvé la vie hier, dit-il à Dorian. Si vous nous abandonniez, je ne me fais aucune illusion sur le sort qui nous attend. Au premier échec, nouvelle émeute, dont pas un de nous ne sortirait sain et sauf!

Dorian part sous le coup d'une vive émotion.

Je déjeunais au ministère des travaux publics; j'y allai de bonne heure. Mme Dorian n'avait pas revu son mari depuis la veille; elle le savait occupé aux préparatifs des élections qui devaient avoir lieu aujourd'hui; mais il est midi, ne serait-on plus d'accord? Je lui raconte la

démarche faite à la Préfecture de police par M. Picard, et son inquiétude augmente.

Au moment de nous mettre à table, Dorian arrive. Il sort du conseil, c'est tout ce qu'il nous dit. Pendant le déjeuner, il reste muet et grave.

Au salon, c'est moi qui romps le silence :

— Et les arrestations, les fait-on?

— Ils paraissent décidés à les faire.

— Et Adam?

— Il paraît décidé à s'en aller.

— Et les autres engagements pris cette nuit, dit Mme Dorian, les traite-t-on de la même manière?

— A peu près; ils ont réinventé le plébiscite.

— Et toi, t'en vas-tu?

— Je reste.

Alors j'assiste à une scène émouvante. Mme Dorian est debout, les mains dans les mains de son mari, adossé à la cheminée. Les enfants sont tous aux genoux de celui qu'ils appellent « le patron ». Charles son fils, Aline Ménard

sa fille, si ardemment patriote, Ménard, le supplient à mains jointes de donner sa démission, de ne pas subir l'outrage qu'on lui fait, de ne pas laisser amoindrir l'héritage d'honneur qu'il leur amasse depuis vingt ans avec tant de soins et de persévérance.

Dorian a des larmes plein les yeux, mais il répond sans hésiter :

— Quand j'ai quitté ma maison, mes usines, pour venir à Paris, j'étais prêt à tous les sacrifices. Quand j'ai accepté de faire partie du gouvernement de la défense, j'ai voué au service de la République ma fortune, ma vie, et la vôtre, Ménard, et la tienne, Charles. Vous me dites que je dois réserver mon honneur. Je ne crois pas qu'il soit en cause, c'est plutôt l'honneur des autres qui est en péril. Je me sens, il est vrai, atteint dans ma dignité. Eh bien, j'irai jusqu'à ce sacrifice-là. Je me suis taillé mon devoir dans la tâche nationale que nous accomplissons tous : je fonds des canons ! Si je cessais, il ne serait bientôt plus fondu ni un boulet, ni un canon, j'en suis certain. Je montrerai

à messieurs de la guerre ce que valent mes canons du commerce !

Mᵐᵉ Dorian et ses enfants insistaient. Dorian tire sa montre et dit :

— Je suis attendu au fort de Montrouge ; j'ai promis d'assister aujourd'hui à l'essai de plusieurs pièces de sept.

En sortant du ministère, je vais à mes ambulances, et je ne rentre à la Préfecture de police que pour dîner. Je trouve au salon Garnier-Pagès, qui cherche Adam, et paraît ennuyé de me voir.

— Qu'avez-vous contre moi ? pourquoi m'évitez-vous ? lui demandai-je.

— Je fuis les femmes aujourd'hui, me répond-il en riant, elles sont toutes piquées de la tarentule de la démission. Je viens de voir Mᵐᵉ Dorian : brrr !.... Comme vous êtes encore plus insurgée qu'elle...

— Vous entrevoyez une lutte, lui dis-je, et vous vous repliez en arrière. Ceci n'est pas digne de vous. Eh bien, vous allez m'entendre ! Au nom de votre jardin de Cannes, au nom de vos

dryades pacifiques, n'arrachez pas à mon cher Adam le rameau d'olivier qu'il a tenu à la main pendant la nuit du 31 octobre.

Garnier-Pagès, plus sensible à la politique qu'à ma poésie, secoue la tête et s'en va.

Ce soir, conseil chez le général Trochu. On doit y résoudre la question des arrestations. Adam a été obligé de s'y rendre.

Lorsqu'il est entré, M. Ferry tenait un journal du soir et lisait ou résumait une lettre publiée par lui sur les événements de la veille.

La convention à laquelle il a souscrit n'était pas une convention dans le sens étendu de ce mot : c'était un armistice. M. Ferry n'a donné son consentement qu'à une trêve de quelques heures ; cette trêve a été respectée tant qu'elle a duré ; mais les rebelles qu'il a eus sous la main, cette nuit, qu'il a lâchés, le gouvernement est libre aujourd'hui de les faire arrêter...

— C'est de la casuistique ! dit Adam.

— Nommez donc, Adam, ceux qui ont pris les engagements dont vous avez parlé ! s'écrie M. Ferry.

— Mais, parbleu! vous-même en avez pris, monsieur Ferry, devant moi!

A ce moment, éclate une tempête dont je ne sais probablement pas tous les détails. Adam a été insulté, M. Ferry provoqué. M. Jules Favre s'efforce de calmer Adam. Les collègues de M. Ferry lui donnent tort, et il va de bonne grâce tendre la main à Adam. Il n'y aura pas de duel.

La discussion s'engage :

— Vous regrettez, dit Adam, que MM. Blanqui, Félix Pyat, Millière, n'aient pas été arrêtés hier. Soit, c'est une occasion perdue ; n'essayez pas de la rattraper. Quoi que vous fassiez, vous serez accusés d'avoir manqué à vos promesses, et moralement plus affaiblis que matériellement fortifiés. Tenez votre parole. Vous en serez d'autant plus autorisés à sévir, si des faits nouveaux se produisent. Pour les faits passés, je vous le répète, je n'arrêterai personne. Je sais bien qu'on m'accusera de tendresse pour MM. Blanqui et Félix Pyat; mais le beau mérite d'avoir une parole,

s'il n'y avait pas quelque danger à la tenir!

Un membre du gouvernement demande au préfet de police si les engagements consentis ne résultent pas de faits entachés de violence.

— Bon pour le palais! répond Adam.

M. Trochu n'avait point jusque-là pris part au débat; il l'interrompt et dit:

— Vous avez déclaré que si des faits nouveaux se produisaient, vous n'hésiteriez pas à agir. Eh bien, Adam, il y a des faits nouveaux. Lisez cette affiche et ce rapport qu'on me remet à l'instant. Contrôlez ces nouvelles, assurez-vous de leur importance, et, si elles sont exactes, il est bien entendu que vous reprenez votre démission.

---

2 novembre.

Hier au soir, Adam était rentré assez triste d'être encore préfet de police. Toutefois, il s'est remis à la besogne, et il a pu immédiatement

s'assurer que les faits nouveaux dénoncés au général Trochu n'avaient aucune gravité.

De bonne heure, tout est expliqué. La veille, un des clubs de Belleville, ayant trouvé la salle de ses réunions fermée, a franchi la clôture d'une église en construction pour y délibérer. Deux planches ont été brisées et quelques menaces proférées. L'affiche, vieille de deux jours, avait précédé les événements du 31 octobre.

Les rapports se succèdent jusqu'à midi, de Belleville, de la Villette, de Montmartre, et tous disent la même chose : pas la moindre apparence d'agitation, rien, rien, rien !

Adam va chez le général Trochu, où il rencontre MM. Picard, Jules Favre et Ferry. Il est reconnu sans conteste qu'il n'existe pas de faits nouveaux.

M. Picard déclare que le gouvernement n'en persiste pas moins dans ses intentions d'arrêter les envahisseurs de l'Hôtel de ville.

Adam dépose sa démission.

Puis, se retournant vers MM. Jules Favre et Picard, il leur dit :

— Je m'en vais, c'est convenu. J'en suis bien heureux, et vous n'en doutez pas. Cependant, permettez-moi une dernière observation. Vous êtes sur le point de commettre une de ces fautes qui s'appellent d'un autre nom. Un procès est impossible. C'est l'avis de MM. Leblond, procureur général, et Henri Didier, procureur de la République, vos amis, deux hommes sages, modérés, et dont la grande expérience judiciaire vous est connue. Vous resterez en route, et n'aurez que les inconvénients de ces arrestations. Nous discutons depuis deux jours, on le sait, et vous pensez bien que MM. Blanqui, Flourens, Millière, se sont mis à l'abri de vos recherches. Vous n'arrêterez que des seconds et des troisièmes rôles. Tout au moins, attendez jusqu'à demain, après le vote qui vous concerne, pour qu'on ne vous accuse pas de manœuvre électorale. Vous serez réélus à une grande majorité, n'affaiblissez pas votre succès.

— Oui, répond M. Picard, et demain, au nom même de ce succès, on nous demandera une amnistie.

— Vous verrez demain.

— Non.

Adam se lève pour sortir. M. Trochu l'arrête et lui exprime le regret qu'il éprouve de sa retraite.

— Votre regret, général, n'est point partagé par M. Picard. Il a déjà désigné mon successeur. Je l'ai aperçu dans la pièce voisine, en entrant. Si vous le faisiez appeler, je l'emmènerais tout de suite à la Préfecture de police.

En effet, Adam est revenu vers deux heures avec M. Cresson, et ils ont préparé ensemble le changement de préfet.

La nouvelle de notre départ s'est répandue vite dans la Préfecture de police.

Le chef du matériel me fait demander un instant d'entretien : il nous regrettera. J'avais compris cet homme incompris. Il aime les choses de goût, anciennes et modernes, et je l'avais touché en disant devant lui, à propos d'un vase que j'admirais :

— Voilà un bien beau Deck!

Ce vase était toute une histoire. Mme Piétri

l'avait exilé de salon en salon jusqu'à l'antichambre.

Debout devant moi, accoudé à une cheminée, M. X... me rappelle les dangers que le matériel de la Préfecture de police a courus le 31 octobre, deux jours auparavant, et il me dit avec douceur, d'un air d'ennui inimitable :

— Je n'aime pas les temps tourmentés.

Le personnel de la Préfecture de police m'a intéressée. Il est divisé en deux camps bien distincts.

Le camp administratif est tranquille, laborieux; les employés s'y occupent des halles, des marchés, de la voirie, et ils restent assez indifférents aux agitations publiques. Ils s'efforcent de ne pas être confondus avec les employés de la politique, et, en général, ils sont très-détachés des ambitions de ce monde. C'est une petite ville de province.

La fièvre règne dans l'autre camp. Tous les jours, des émotions nouvelles. L'habitude des émotions en a donné le besoin, et, quand les émotions manquent, on s'en crée. Tous les ren-

seignements y sont accueillis, bons, mauvais, vrais ou faux, et y sont tous notés avec le même soin. La confusion y fait perdre la clairvoyance. Cet antre mystérieux, où le public croit voir briller les cent yeux d'Argus, se remplit tous les jours de peu de vérités et de beaucoup de ragots. Les adversaires politiques y passent tous pour des malfaiteurs, en particulier les républicains, même aujourd'hui, sous la République; les rapports le disent depuis si longtemps!

Avec la connaissance personnelle des hommes et des choses de Paris, l'une des qualités principales d'un préfet de police est le calme; sans calme, il est exposé à commettre toutes les bévues, à faire toutes les sottises.

Après dîner, je reçois la visite de M. Cresson. Il s'incline devant moi d'un air douloureux, et me dit :

— Madame, je crains d'avoir le regret de remplacer M. Adam. Vous devriez obtenir de lui qu'il retire sa démission. Je suis son successeur désigné, mais pas encore nommé.

— Oh! monsieur, ne comptez pas sur moi.

— Madame, le sort en est donc jeté. Tout à l'heure, ma pauvre vieille mère, assise dans son fauteuil, a versé des larmes en apprenant que j'allais être préfet de police...

Je l'interromps :

— Monsieur, ma joie est si grande de quitter ces lieux, que je comprends votre désolation d'y entrer.

Adam vient prendre son successeur pour le conduire chez M. Trochu, où il doit le présenter à tout le conseil assemblé. Garnier-Pagès m'avait bien recommandé, en son nom et au nom d'Emmanuel Arago, de dire à Adam de ne pas manquer à cette réunion. Pourquoi?

Mais je suis tranquille. En partant, Adam me donne rendez-vous, pour ce soir, au boulevard Poissonnière. Je lui saute au cou et l'embrasse devant M. Cresson.

Adam me rejoint bientôt. Lorsqu'il est arrivé au gouvernement, Garnier-Pagès parlait. Emmanuel Arago a parlé ensuite. Adam me raconte qu'ils disaient de si bonnes choses, si sensées,

contre les arrestations décidées sans eux, que, ma foi! il a eu peur et s'est sauvé.

— Depuis deux jours, ajoute-t-il, j'occupais trop de place dans les délibérations du gouvernement!

---

3 novembre.

Je me réveille dans mon colombier. Je ne suis point revenue clopin-clopant de mon voyage à la rue de Jérusalem. Nous nous remettons en notre ménage.

Me voilà donc chez moi, dans un coin haut juché, haut perché, mais libre s'il en fut.

Nos amis nous approuveront-ils d'être rentrés chez nous? Approuveront-ils mon fier Adam d'avoir préféré la dignité de sa conscience aux dignités d'un emploi? Oui, cent fois oui! Peyrat nous comprend déjà. Mais le grand public, avec son jugement superficiel, admettra-t-il qu'un homme politique ait risqué le blâme général pour ne pas encourir son propre blâme?

J'ai vu Louis Blanc, qui m'a dit: « Je suis heureux d'aimer Edmond Adam comme j'en avais le désir. » Voilà une belle et bonne parole!

Louis Blanc m'a raconté un trait adorable de Garnier-Pagès. Dans la nuit du 31 octobre, ce membre de deux gouvernements provisoires, habitué aux émeutes, fut couché en joue par un tirailleur de Flourens. Garnier-Pagès était assis près d'une fenêtre; il étouffait dans cette salle bondée de gens. Tandis qu'on le couchait en joue, il s'endormit...

Paris accorde un renouveau de demi-confiance au gouvernement, par peur de MM. Flourens et Blanqui.

On reveut réespérer dans la recapacité de M. Trochu. Allons! je confesse qu'il n'a pas été féroce, et qu'il aurait pu donner des ordres de massacre et mettre Paris à feu et à sang pour dégager sa responsabilité dans l'avenir. Une pareille occasion se présentant, Bonaparte troisième n'eût pas hésité.

J'ai rapporté mes provisions de la préfecture

bien ébréchées. Si, dans la nuit du 31 octobre, Adam n'a pas perdu l'honneur, moi j'ai nourri cette nuit-là vingt-six personnes, et j'ai perdu un magnifique jambon d'York, du poids de quinze livres, espoir des derniers jours du siége, et qu'il a fallu sacrifier !

---

4 novembre.

Les amis qui sont venus dîner avec nous aujourd'hui aiment cependant mieux dîner à Poissonnière qu'à la Préfecture, chez la police. J'ai servi à mes invités du cheval de contrebande et une gibelotte ; ce qu'était ma gibelotte, je ne le dirai pas !

Nous avons eu dans la soirée la bonne visite de MM. Georges Pouchet, Demonbynes, Paul Parfait, Badin, démissionnaires comme Adam, libres comme nous, et qui n'ont pas voulu accepter un accommodement avec le nouveau préfet de police.

Adam a soumis au jugement de nos amis, MM. Peyrat, Nefftzer, Jourdan, Cernuschi, sa démission et sa querelle avec M. Jules Ferry; il a pris conseil, et, sur leur avis, longuement discuté, qu'il ne faut pas en ce moment mêler des questions de personne aux luttes générales, il accepte de se taire, de ne rien expliquer jusqu'à des temps plus calmes.

— Et si M. Ferry attaque la parole d'Adam, touche à sa loyauté? demandai-je.

— Nous raconterons les faits, en donnant au débat un caractère impersonnel, me répondit le plus ancien de nos amis.

Notre entretien sur le projet d'armistice a été très-passionné. Peyrat se désespère et nous déclare perdus si nous acceptons un armistice.

— Nous avons une occasion unique d'être grands, nous dit-il. Faisons de l'héroïsme avec tout, même avec mon pauvre estomac, où j'ai bien mal, par parenthèse; mais je consens à endurer toutes les crampes du monde, pourvu que nous ne nous cramponnions pas à la lâcheté.

Peyrat, qui ne fait jamais de mots, a le courage gai !

M. Cernuschi parle de l'avenir de l'humanité, du progrès dans les nations; quoique Italien, il croit encore à la nation française.

La hauteur de nos discussions nous montre à nous-mêmes la hauteur de nos pensées. Nous nous sentons ou le courage du désespoir ou le courage de la foi. Nous ne voyons rien, plus rien de personnel, de mesquin dans nos âmes.

Autour de nous, les personnalités les plus vaniteuses s'effacent devant l'importance des choses. La taille, la grandeur des événements façonnent les esprits élevés à leur image, et obligent les petits esprits à se hausser pour les voir et pour les suivre.

C'est aujourd'hui le jour du plébiscite ; on le discute, on le condamne : c'est du bonapartisme renouvelé.

Cependant, tout le monde a voté *oui*.

5 novembre.

Les journaux républicains, l'*Avenir national* dans un très-bel article de Peyrat, blâment les arrestations. Le rôle d'Adam est compris par le public, ce que nous n'espérions pas. On le désapprouve ou on le loue au point de vue politique, mais au point de vue personnel tout le monde admet ce simple axiome : il a donné sa parole, il la respecte.

Aujourd'hui a eu lieu l'élection des maires. Tous se sont donné beaucoup de mal jusqu'à présent pour la distribution des subsistances, des vivres; quelques-uns ont réussi à faire bien; ceux-là seront certainement renommés.

La question d'armistice préoccupe à bon droit èt presque exclusivement tous les esprits. Je crois que nous sommes perdus avec l'armistice. C'est, à n'en point douter, la paix dans des conditions misérables. La province, qui est déjà en pleine réaction, paraît-il, et qui depuis près de trois mois n'a pas reçu la mode de Paris,

va nous envoyer une assemblée démodée, pastorale, remplie de hobereaux et de capitulards !

J'ai vu ce soir Mme et M. Henri Didier. Mme Henri Didier, qui est souffrante, a pris la peine de monter mes quatre étages ; elle désire que son mari donne sa démission ; mais lui, qui ne résiste pas avec ferveur, craint, non sans raison, que la procédure, après son départ, ne devienne essentiellement *picardienne*. Il y aurait pour l'opinion publique un danger d'être faussée. Les engagements pris se confirment et s'affirment tous les jours, à mesure de l'éclaircissement des faits et de la réflexion des gens loyaux.

Adam subit sans broncher les dénégations de M. Ferry et la mauvaise foi de M. Picard dans cette affaire.

---

6 novembre.

L'armistice est repoussé ! Ma joie est complète. Louis Blanc sort de chez moi ; il venait se

renseigner auprès d'Adam sur les faits du 31 octobre. Il écrit une histoire du siége.

Il m'a raconté la fameuse représentation de la Porte-Saint-Martin, où on a lu les *Châtiments :* Berton disant l'*Expiation* et faisant frissonner la salle entière ; — Coquelin, débitant avec un esprit fin et délicat la pièce du *Perturbateur* et du *Conservateur ;* — Mme Gueymard chantant *Patria*, et le public debout l'acclamant.

M. Jules Ferry, sachant que Louis Blanc était dans la salle, vint le trouver et lui parla des événements du 31 octobre.

— Quoi ! lui dit Louis Blanc, vous avez eu toutes les bontés, toutes les patiences, tous les oublis pour nos ennemis mortels, les bonapartistes, et, dès qu'il s'agit de républicains, à la moindre lutte, vous devenez emportés et méchants ! Qui êtes-vous donc, vous les assermentés de l'empire ? qui donc osez-vous appeler des factieux ?

Nous nous réjouissons du rejet de l'armistice, Louis Blanc et moi, de la même façon. Il faut garder notre folie sublime comme un bouclier

précieux ; il faut avoir ce grand courage qui donne la victoire et livre la fortune aux audacieux.

Ce que l'un de mes amis a entendu dire à M. Ernest Picard dans la cour des Tuileries :

— Républicain, je crois l'être ; mais du parti républicain, je n'en suis pas ; j'ai le parti républicain en horreur !

Laurent Pichat me contait tout le triste intérêt qu'il prend au dépouillement des papiers impériaux. Hier, il a trouvé une lettre d'une femme du grand monde, qui porte un grand nom, qui possède une grande fortune, et qui demande pour son mari une place de chambellan. « Sire, écrit-elle, il est bel homme, distingué, et portera merveilleusement la livrée de vos serviteurs. » Quel langage honteux !

Nous avons passé la soirée chez Mme Dorian, avec la famille entière : Dorian, sa fille, son fils, son gendre. Comme je les aime ! Ils sont sincèrement, loyalement républicains. Aline Ménard, avec sa beauté fière, a l'air d'une déesse

de la Liberté; ils sont aussi bons que beaux, tous.

Ils souffrent de n'avoir pas pu mettre d'accord les promesses que Dorian a faites aux partisans de l'action à outrance avec les devoirs qui le retiennent au ministère de la défense publique. Je vois Mme Dorian et sa fille profondément irritées, comme moi, contre M. Ernest Picard et contre M. Trochu.

A propos de M. Trochu, comme Adam disait que sa lucidité, sa distinction étaient vraiment séduisantes :

— Oui, réplique Dorian, mais il a décidément trop d'amabilité pour ma consommation personnelle! J'aimerais mieux un bourru qui fait bien qu'un gentilhomme qui fait mal. Le vrai courage est un peu roide, et, en plein combat, il est brutal.

Eugène Pelletan vient et déplore l'affaire du 31 octobre. Mon opinion sur l'armistice l'impatiente. Il croit que l'armistice eût été nécessaire, et que ce sont les événements du 31 octobre qui ont empêché de le conclure. Il oublie la

reddition de Metz, qui a permis aux Prussiens d'envoyer contre nous, à Paris et en province, deux cent mille hommes de plus.

J'apprends que M. Ernest Picard a fait, le 5, l'étrange proposition de constituer le gouvernement avec trois membres seulement: lui, Jules Favre et M. Trochu.

---

7 novembre.

Nefftzer, le solide, le courageux, le clairvoyant, le gai Nefftzer, est devenu alarmiste. Tout à l'heure il m'a entretenue d'un bombardement prochain; il m'a fait voir les bombes tombant jusqu'à l'Institut; je ne sais s'il ne m'a pas un peu inquiétée. Voyons, au fond, suis-je inquiète? Eh bien, non! Pourquoi craindrais-je un bombardement? Les quartiers qui ne seront pas atteints, qui ne peuvent l'être, offriront un asile aux pauvres bombardés. Quant aux maisons, ma foi! tant pis! Je donne-

rais la mienne et cent autres pour tenir deux jours de plus.

M. Rousset, du nouveau *National*, est venu. Lui-aussi, nous déclare perdus; mais M. Rousset, avec son visage de belle humeur, ne peut nous parler de nos malheurs tristement, et son jugement ne parvient pas à troubler son esprit.

---

8 novembre.

Ah!. que le salon du boulevard Poissonnière est autrement fréquenté que celui de la Préfecture de police! Nous avions ce soir toute la famille Dorian, pour laquelle notre amitié croît chaque jour, puis Eugène Pelletan, Rochefort, qui a donné sa démission à la suite du 31 octobre, Chenavard et Louis Blanc.

Ce dernier, causant avec le ministre des travaux publics, accusait le gouvernement de cacher les nouvelles.

Dorian lui a répondu qu'on n'en avait pas.

M. Thiers, qui voulait le succès de ses négociations, en a donné de mauvaises, auxquelles il croit peut-être. Il a dit que tout va mal en province, qu'il n'y a point d'armée, que Gambetta commet des fautes, et qu'il a fait en Angleterre un emprunt à des conditions désastreuses.

— Comment n'a-t-on pas de nouvelles certaines? reprit Louis Blanc; c'est impossible à admettre.

— On soupçonne Trochu d'en avoir, répondit Eugène Pelletan; mais il ne veut pas les dire, parce que ce sont des nouvelles de mouvements militaires qui correspondent à des mouvements que lui-même projette.

— Eh bien, dites-nous cela dans l'*Officiel*, nous ne demandons pas autre chose que de la sincérité. Les Parisiens comprendront mieux la discrétion que le mystère.

— C'est une guerre de patience, ajouta Pelletan, la guerre que Washington faisait à l'Angleterre.

Louis Blanc secouait la tête; il interrogea Dorian sur la durée de nos vivres.

— Nous en avons pour deux mois sûrement, répondit le ministre, je le sais par Magnin ; mais il faut manger du cheval, surtout du cheval ; c'est d'ailleurs avec le cheval que nous nous ravitaillerons le plus vite. Si nous faisons une sortie heureuse, il sera toujours plus facile de lancer un troupeau de chevaux avec des hommes dessus, au travers des Prussiens, que de lancer un troupeau de bœufs, de vaches ou de moutons.

Rochefort nous raconte ce fait singulier que l'*Électeur libre* avait été suspendu, en conseil, pour avoir donné deux fois des nouvelles du gouvernement, et que non-seulement l'*Électeur libre* vit, mais qu'il vit du produit de cette même industrie.

— Moi, dit Rochefort, j'ai supprimé, de mon chef, la *Marseillaise,* mon unique fortune, parce qu'elle s'était permis d'attaquer le gouvernement dans la personne de Trochu, et qu'on m'avait fait, au conseil, une simple observation.

Chenavard et Louis Blanc sont d'avis, comme moi, qu'il faut tenir le plus longtemps possible,

à tout prix, pour laisser aux généraux ou la possibilité d'agir encore ou l'éternelle honte de n'avoir point agi.

---

9 et 10 novembre.

Un découragement insurmontable s'empare des esprits. L'armée s'irrite, s'abandonne, et l'on ne peut trop la blâmer quand on songe à l'incapacité, aux lâches hésitations des généraux. Les mobiles demandent à retourner chez eux; ils veulent aller se battre dans leurs villages. La mobilisation de la garde nationale émeut tout le monde à cause de l'injustice qui préside à cette organisation. Quatre cents hommes sont pris par bataillon, que ces bataillons soient composés de huit cents hommes ou de trois mille ; de sorte que les bataillons des faubourgs fournissent en général trois fois plus d'hommes que n'en fournissent les bataillons du centre de Paris.

M. Guéroult est venu me voir; il désirait l'ar-

mistice, parce qu'il doute absolument de la capacité de nos généraux. Nous avons parlé de notre ami commun Arlès-Dufour, dont l'unique pensée depuis cinquante ans, depuis la déroute de Waterloo, où il assistait comme volontaire de seize ans, a été la paix universelle. Arlès-Dufour était l'un des fondateurs et l'instigateur du Congrès de la paix; il est à Lyon, il doit souffrir mille morts en voyant toutes ces tueries, ce retour aux mœurs et aux instincts barbares. M. Guéroult et moi, nous sommes bien certains qu'il est de la convention de Genève et qu'il doit faire partie de la Société des secours aux blessés.

— Voyez-vous, me dit M. Guéroult, je suis certain qu'Arlès-Dufour ne supportera pas une telle ruine de toutes ses opinions; cette guerre le tuera! De pareils événements, qui trempent les hommes jeunes comme mes fils, brisent les hommes de mon âge.

Je suis allée au *Siècle* quêter pour la souscription en faveur de l'héroïque ville de Châteaudun. J'ai trouvé Louis Jourdan tout plein d'espérance, tout remonté par des conversations

qu'il avait eues le matin avec plusieurs commandants de la garde nationale.

Toujours quêtant pour la souscription de Châteaudun, je suis tombée à l'*Avenir national* dans le cabinet de Peyrat; il y avait là M. Charles Thomas, M. Desonnaz et Peyrat qui se lamentaient. Ah! que cette crise est grave! Quelle charge d'inquiétudes nous accable tous! Quelle tristesse profonde pour chacun de nous de voir tant de cœurs hésitants, un si grand nombre de courages abattus, des esprits si démoralisés!

Je crus devoir faire un gros effort pour montrer une confiance entière. Je niais les découragements que Peyrat et M. Charles Thomas me signalaient de toutes parts; j'étalais avec fracas des espérances résolues, et je finis, en les convainquant, par me convaincre moi-même.

---

11 novembre.

Aujourd'hui les *Débats* et plusieurs autres journaux parlent de paix. Quelle humiliation! quelle

honte! Quoi! avec six cent mille hommes, nous accepterions de nous rendre? Nous subirions des fourches caudines après Sedan? J'en mourrais. Je ne peux pas rendre mon indignation, ma colère. Est-ce possible qu'on ose exprimer dans un journal qui sera lu par l'étranger, par l'envahisseur, par le Prussien, le moindre désir de capitulation ou de paix?... Oui, tout est possible, quand on voit par quels chefs militaires nous sommes commandés. Nous possédons un *homme distingué,* quand il nous faudrait un butor héroïque.

Et le gouvernement est livré à Jules Favre, un idéaliste; à M. Ernest Picard, un ennemi de ce qu'il appelle le parti républicain; et à des *auditeurs,* me disait Rochefort!

J'ai l'âme ulcérée. Il faut que je domine ma douleur. On parle de décadence, on trouble les énergies publiques. Les lâches, les incroyants, les ennemis de la République, cultivent en grand la philosophie, l'histoire, la science pour nous prouver que nous sommes finis. Rien ne coûte aux fabricants d'éteignoirs, ils puisent leurs ré-

clames partout! Je hais les réactionnaires. Qu'ils sont dangereux à l'heure des grandes résolutions!

Il faut que j'étonne par mon espoir ceux qui sont moins désespérés que moi. Les femmes ne se battent point; leur devoir est de fortifier l'âme de ceux qui peuvent lutter encore.

Nos amis se plaisent dans notre maison. Notre cercle est, il est vrai, presque toujours le même. Nous parlons de politique, cela seul nous intéresse.

M. Nefftzer dit qu'il faut convoquer une assemblée, composée d'un nombre de députés à déterminer, et dans laquelle entreraient des députés de l'Alsace et de la Lorraine.

— Ces députés, je vous l'affirme, ajoute M. Nefftzer, seraient forcément des hommes résolus, très-braves. Imaginez que l'un d'eux s'écrie dans une Assemblée : « Nous ne voulons pas devenir Prussiens; nous lutterons seuls si vous nous abandonnez; nous nous ferons tuer jusqu'au dernier Lorrain, jusqu'au dernier Alsacien. Nous voulons rester Français. » Croyez-vous

qu'une Assemblée ose, après un tel discours, signer une paix honteuse? Elle recommencerait la guerre avec des moyens plus puissants.

— J'aimerais mieux ne pas en faire l'expérience, répond M. Desonnaz; pour moi, une Assemblée est adéquate à la paix.

Le mot scandalise et provoque l'une de ces interminables discussions toujours curieuses, toujours instructives, et toujours sincères avec des amis tels que les nôtres.

M. Cernuschi affirme que des conditions nouvelles de malheur public amènent des moyens nouveaux d'y parer. Il ajoute que notre situation générale ne peut pas être plus désastreuse dans huit jours, que d'ici là un fait de guerre — et il faut bien qu'il s'en produise un — peut modifier entièrement nos prévisions d'aujourd'hui.

Comme il est de la commission des subsistances, je l'interroge, chaque fois que je le vois, sur nos vivres. Il y a encore pour onze jours de bœuf et de mouton, puis du cheval, des viandes salées; mais il ne croit pas, comme Dorian, que nous puissions aller deux mois.

— Nous serons obligés, dit-il, de nous rendre huit jours avant l'épuisement de nos ressources, parce que, si nous nous rendions à notre dernière bouchée, nous risquerions de mourir de faim avant d'être ravitaillés. Nous capitulerons au plus tard le 1er janvier; d'ici là, on peut agir.

M. Hébrard, vivant, jeune, résolu, en relations suivies avec le ministère de l'intérieur, nous raconte les histoires les plus étonnantes sur les lettres qu'on y reçoit. Ce ne sont que sauveurs et sauveteurs de la France. Ce matin, une femme envoyait le plus joli gant du monde pour qu'on jugeât de sa main et qu'on l'envoyât en mission de Judith auprès de Guillaume Holopherne!

Partout le comique est mêlé au sublime dans les grands événements comme dans les grandes œuvres littéraires. La vie et l'art n'excluent pas le grotesque. Nous-mêmes, en un pareil moment, nous essayons de rire, parfois de nous distraire. Le courage tendu éclate, se brise, ne dure pas.

12 novembre.

Nous étions chez Mme Dorian. M. Pierre Véron s'indignait contre les journaux qui parlent de paix. Il a répondu ce matin dans le *Charivari* par un houspillage en règle de MM. les capitulards. M. Pierre Véron, qui est à l'état-major du gouverneur de Paris, croit à une sortie très-prochaine, à une vraie, grosse sortie.

Dorian crée des ateliers d'armes en plein Belleville. Il connaît bien les ouvriers et les comprend; dans ses nombreuses usines des Pyrénées, de la Loire, il n'a jamais eu à subir une seule grève.

M. Charles Edmond, que je trouve en rentrant chez moi, me répond Pologne quand je lui parle France. Nous mêlons nos tristesses patriotiques.

— Les conditions matérielles, les pertes de territoire, me dit-il, les délimitations vagues, ne font pas rayer un pays de la liste des nations, parce qu'un vainqueur l'efface de la carte géographique. Voyez la Pologne ! elle existe et vit

sans terres, sans provinces. Elle est encore la Pologne, parce qu'elle possède de véritables patriotes, et que chaque génération signe avec du sang son droit à la nationalité.

---

14 novembre.

Bien des accommodements, bien des traîtrises, bien des lâchetés, trottaient dans Paris depuis plusieurs jours sous le couvert des mots d'armistice, d'Assemblée. Patatras ! tout est culbuté, tout rentre dans l'ombre : la lumière se fait, à bas les masques ! Je suis si heureuse, que j'en deviendrais volontiers insolente. Oui, nous avons un succès, Alice, Alice ! Orléans est repris par l'armée de la Loire.

Ce succès que je demandais, que je désirais, que je réclamais, le voilà ! Il vient du dehors, ce qui vaut cent fois mieux encore, puisqu'il détruit tous les soupçons, tous les doutes qu'on avait donnés aux Parisiens sur la province. Quel

encouragement pour les soldats de la garde nationale, de la mobile et de la troupe! Quel coup de fouet pour nos généraux !

M. Rampont, directeur des postes, et M. H..., avocat américain, ont discuté toute la soirée chez moi sur les différences de mission, d'aptitude, de la France et de la Prusse. M. H... insiste sur cette idée que la Prusse fait aujourd'hui son unité, et qu'elle nous vaincra comme nous l'avons vaincue en 1792, par les mêmes raisons politiques et sociales. Il dit que la Prusse représente aujourd'hui en Europe l'instruction, l'organisation, la science, tandis que nous représentons l'ignorance, le gâchis administratif, la légèreté, l'outrecuidance.

Merci bien! Nous sommes encore les soldats de l'idée, monsieur H...! Nous nous battions, en 1792, pour l'unité libre, pour l'indépendance; la Prusse se bat pour l'unité autoritaire, pour le régime de la monarchie absolue; elle est enrégimentée, non administrée; elle compulse les travaux scientifiques, les met en ordre, mais ne les *fait* pas et ne crée rien. Pour son instruction,

je la voudrais un peu moins forte et plus digérée ; elle est tout à la surface, pédante, étalée comme une parvenue, c'est-à-dire insupportable. Je voudrais que la Prusse fît un peu l'éducation de son instruction. L'instruction, sans l'éducation d'icelle, rend présomptueux, insolent, souvent immoral avec des formules, et méchant avec des sentences religieuses ou philosophiques.

Je vois, par M. H..., que l'Amérique, notre jeune sœur, n'est pas fâchée de notre abaissement ; qu'elle ne fera rien pour nous aider à nous relever, et qu'elle nous laissera broyer par respect de la haute politique du droit de la force et pour la plus grande gloire des destins mathématiques de l'humanité.

— Paris vous a relevés de Sedan, nous dit M. H..., rondement, à l'américaine ; acceptez l'humiliation du reste, et refaites-vous pour vous venger plus tard. Vous avez entrepris une mauvaise affaire ; liquidez avec perte, s'il le faut, mais liquidez!

M. Rampont, Adam, s'indignaient de ce langage mercantile. Adam repartit :

— Vous vous trompez sur nous. Mieux vaut, pour la France, être battue à fond que de céder trop tôt, avec le sentiment qu'elle n'a pas fait tout son devoir. Il ne s'agit pas pour la France, comme il s'agirait pour l'Amérique, de sauver des richesses matérielles. Sa vraie force est dans son caractère, sans peur et sans reproche!

Il y a eu aujourd'hui la revue des bataillons de guerre de la garde nationale ; rien ne peut rendre leur tournure militaire, leur aspect martial; ils ont exprimé, par leurs cris, par leurs gestes, par leurs regards même, leur ardeur et l'impérieux désir qu'ils ont de mourir ou de vaincre!

15 novembre.

Mes chers Dorian sont aussi heureux que moi de la reprise d'Orléans; nous l'avons fêtée ensemble. Dorian me dit que M. Félix Pyat est remis en liberté. Le gouvernement reconnaît aujourd'hui

toutes les difficultés d'un procès, et il voudrait bien pouvoir ne pas donner suite à l'instruction commencée.

Louis Blanc, qui vient souvent le soir au boulevard Poissonnière, est joyeux du succès de sa très-belle lettre, pleine de bons conseils, de prédictions réconfortantes.

J'ai vu Edmond Texier, tout vaillant, tout redressé. Avec sa pauvre santé, sa poitrine si délicate, il monte la garde : il est content de la reprise d'Orléans, et puis... il a reçu des nouvelles de ses filles! Son gendre, sous-préfet à Vendôme, a envoyé par pigeon une dépêche en trois mots : « Allons tous bien. »

Cela suffit, mon Alice. Je ne demanderais pas autre chose sur toi, sur mon père et ma mère. Où êtes-vous? Qu'êtes-vous devenus? Vivez-vous? Ah! vraiment, je suis, moi, trop malheureuse; je me demande comment je supporte les inquiétudes de mes nuits, les désolations de mes jours. Ma fille! ma fille!

Je me plains, Alice, je pense à moi quand nous avons repris Orléans, quand je sais, quand

je puis dire : « Les armées de province existent. »

On s'entretient beaucoup de Bazaine. Paris croyait à cet homme. C'était la dernière illusion bonapartiste ; maintenant, tout ce que l'empire avait élevé est abaissé, tout ce qu'il avait bâti s'est effondré. Pouvait-il découvrir, former des patriotes, cet homme sans patrie? L'homme de Sedan pouvait-il deviner, former des militaires?

M. Noël Parfait nous a récité ce soir l'*Expiation*, qu'il dit admirablement. Il l'a déjà lue dans plusieurs conférences données en faveur des victimes de Châteaudun.

Ces *Châtiments*, quelle imprécation! quelle prophétie! Comme je comprends ce grand maître des francs-maçons aux colonies, lequel, obligé de porter un toast, le 15 août, à l'homme de Décembre, le porta ainsi : « A Napoléon III, qui inspira l'immortel livre des *Châtiments*. »

Un concert a lieu, dimanche, au Cirque d'hiver, en faveur de l'*Œuvre du travail des femmes*. M. de Lapommeraye expliquera le but de l'œuvre, et les fondatrices quêteront.

Ce que les Parisiens donnent d'argent pour

tout et pour tous, est inimaginable; j'en sais quelque chose : je ruine mon héritière, mademoiselle Alice.

Eugène Pelletan m'a dit ce soir qu'une action prochaine se prépare, et il est venu, comme un bon ami, donner cet aliment à mon impatience. Eugène Pelletan croit en notre France de tout son cœur; il ne désespérerait pas d'elle, même après une entière défaite; il me parle du rôle des vaincus, des bénéfices qu'ils peuvent tirer de leur écrasement. « Iéna pour la Prusse, Waterloo pour la France, Sébastopol pour la Russie, n'ont-ils pas été le point de départ d'une régénération intellectuelle? » me dit-il.

L'un de nous discutait avec Eugène Pelletan sur la trahison de Bazaine. Celui-ci répondit que le gouvernement ne croyait pas à la trahison de Bazaine, parce que, dans la proclamation du général en chef commandant l'armée de Metz, il y avait ces mots : « Il faut respecter le matériel de guerre. »

Très-bien, si ce matériel de guerre nous reste! Pour moi, ces mots sont la preuve évidente de

sa trahison; il fait respecter le matériel de guerre... pour le livrer intact aux Prussiens!

---

18 novembre.

Toute la journée, je vois des blessés de corps qui gémissent, qu'on panse, qui saignent, qu'on ampute, qui ont des plaies, que j'essaye de soulager, dont les tortures me navrent. Le soir, au milieu de nos amis qui viennent gémir chez nous, me montrer les blessures de leurs âmes, leurs plaies sanglantes, j'essaye des pansements, je m'épuise à chercher des soulagements. Ah! que de blessés, ma fille, que de blessures! Je me tâte pour voir si j'ai bien encore ma tête, mes bras, mon cœur.

On nous a accusés ce soir, Jourdan et moi, d'être cause des malheurs publics; on a crié haro sur nous, parce que tous deux nous défendions l'entête du *Siècle :* « Pas une pierre de nos forteresses, etc. » Jourdan et moi, qui l'approuve et le

soutiens, nous sommes de grands coupables, nous empêchons toute solution heureuse des négociations. Nous sommes des *grotesques*, — le mot est rude ! — avec notre vedette qui fait les gros yeux en écriture. Ce sont nos meilleurs amis qui nous jettent ces injures à la tête.

— Le *Siècle* n'est pas l'*Officiel*, répond Jourdan, il n'engage personne que ses rédacteurs, et ce n'est pas moi qui signerai la paix, je vous l'affirme, soit comme député, soit comme membre d'un gouvernement quelconque !

— Ni moi non plus, dis-je. Et d'ailleurs, quoique grotesque, je ne suis pas stupide ; est-ce que je n'ai pas assez cru à la ruine immédiate des armées impériales? Est-ce que je n'ai pas prédit le siége de Paris, le jour où nous avons connu l'entreprise des balles mortes de Napoléon père, fils et compagnie, à Wissembourg? Je crois que Paris et la France peuvent encore se sauver et ne livrer « ni un pouce de terrain ni une pierre de forteresse ». J'aime mieux, comme Jourdan, être parmi ceux qui gardent leur courage trop longtemps que parmi ceux qui le perdent trop tôt !

Vraiment, je trouve que l'enthousiasme et l'héroïsme du peuple tiennent mieux et plus solidement que l'enthousiasme et l'héroïsme des classes lettrées. J'en ai eu la preuve aujourd'hui. J'étais allée à l'avenue d'Italie, et j'avais entendu des mots superbes de gens qui meurent de faim. Cette idée de sauver l'honneur est entrée dans le cœur des Parisiens de nos faubourgs, et j'espère qu'on ne la délogera pas aisément.

— Faudrait qu'on nous fasse un peu tuer, me disait un ouvrier tanneur, pour que les Prussiens et les bourgeois voient que nous sommes Français!

19 novembre.

La dépêche de Gambetta, à l'*Officiel* d'aujourd'hui, quoique revenant sur des faits antérieurs, est très-bonne en ce sens qu'elle dément les bruits persistants de république rouge à Lyon et à Marseille.

Mme Dorian m'a dit secrètement qu'il y avait à Paris des espions très-bien renseignés qui avertissent les Prussiens de tout ce que fait le gouvernement, de tout ce qui se prépare au ministère de la guerre. On soupçonne ou les bonapartistes de l'entourage de M. Trochu, ou des employés aux bureaux de la guerre, ou des Américains. Il me semble que l'attitude du peuple de Paris devrait inspirer du respect, même aux bonapartistes, même aux espions ! C'est en disant cela que je suis grotesque !

J'ai revu Jourdan cette après-midi ; nous avons causé de la dépêche de Gambetta, et Jourdan m'a dit en riant que décidément, à nous deux, nous étions les deux plus forts politiques de France et de Paris. Il m'a appris, en outre, qu'une grosse sortie devait avoir lieu ce matin, et qu'elle avait été contremandée.

Adam, qui est bien renseigné, m'annonce dans la journée que la Russie et l'Angleterre se sont prononcées énergiquement en faveur de l'armistice, et que Bismark feint de céder à leur influence. Est-ce pour cela qu'on a contremandé

cette sortie dont me parlait Jourdan? Bismark, qui sait tout, et dont la perpétuelle tactique est de nous tromper, de nous empêcher d'agir, doit bénir la bonté de M. Trochu, la naïveté de M. Jules Favre, le scepticisme de M. Picard, et la patiente crédulité des autres membres du gouvernement.

Les artistes se conduisent tous admirablement, avec une simplicité, une belle humeur, un dévouement qui provoquent les tendresses du peuple de Paris. Peintres, sculpteurs, écrivains, acteurs, chanteurs, musiciens, tous sont de la garde nationale, malgré les lois, les faveurs qui les exemptent. La plupart des artistes jeunes entrent dans les bataillons de guerre, dans ceux que les soldats nomment les « à outrance »; les vieux montent la garde sur les remparts; les plus vieux encore surveillent les distributions de vivres, font la police de leur quartier. Ils ne se croient pas déshonorés pour être ce que les gamins appellent des pantouflards.

M. Landelle, le peintre, m'a conté l'histoire la plus touchante qui se puisse redire. A quatre

heures du matin, au bastion, près d'un petit feu de charbon, sous un abri de feuillage et de branches sèches, un garde national se chauffait et se disait tout haut, entre deux affreuses quintes de toux : « Ça ira bien encore une vingtaine de jours, et, d'ici là, je peux voir de grandes choses et tirer mon coup de fusil. »

Interrogé par M. Landelle, il répondit qu'il était poitrinaire, condamné, mais que son dernier vœu était de tuer quelques Prussiens avant de mourir.

Le *Times* a complétement changé d'allures. Les démonstrations populaires à Londres, la sympathie individuelle des Anglais, sont-elles assez puissantes pour expliquer ce revirement subit? Ou bien la Russie, qui permet qu'on égorge la France, laisse-t-elle prévoir qu'elle s'alliera un jour à la Prusse pour dévorer la Turquie? Sont-ce les bouches du Danube qui parlent au *Times* en faveur de la France?

20 novembre.

Les régiments de marche de la garde nationale se forment rapidement, non parce que leur organisation est simple, mais parce que tous les hommes qui font partie de ces régiments, au lieu de soulever des difficultés, s'appliquent à les résoudre.

Depuis quelques jours, les Prussiens tirent sur les maraudeurs ; cent soixante-quinze de ces malheureux, hommes, femmes, enfants, ont été rapportés blessés au 3° secteur. Des officiers prussiens se sont aperçus que leurs incorruptibles soldats faisaient un petit commerce très-lucratif avec ces maraudeurs, et ils ont donné l'ordre de les recevoir à coups de fusil. MM. les pioupious allemands dévalisaient les potagers, mettaient des légumes en sac, les traînaient la nuit aux avant-postes, et les vendaient fort cher aux maraudeurs, lesquels maraudeurs faisaient en même temps un petit bout d'espionnage français.

Le général Trochu, de son côté, rappelle au patriotisme nos soldats des avant-postes, qui communiquent avec l'ennemi, échangent de la viande salée contre de la viande fraîche, achètent du tabac. C'est surtout à Saint-Denis que ces choses désolantes se passent.

---

21 novembre.

Nous sommes allées, Mme Dorian, Mme Ménard sa fille et moi, au fort de Romainville, où nous étions attendues par deux officiers de marine, dont l'un se nomme M. Peltereau. Le temps, quoique mauvais, nous permit cependant de voir les sentinelles prussiennes. L'une d'elles marchait derrière un talus planté d'arbres; j'aperçus distinctement son costume : pantalon gris de fer, capote bleuâtre relevée devant et attachée sur la hanche, des guêtres blanches, une cartouchière noire sur le ventre, et un képi enlevé à l'un de nos morts.

Dernièrement, les Prussiens, pour placer et changer leurs sentinelles, que la vigie signale, dont elle étudie les habitudes, et que les canons du fort inquiètent sans cesse, avaient fait la plus gigantesque des barricades, le plus beau des abris. Un boulet de canon parti de Romainville en abat la moitié ; le boulet suivant abat l'autre ! Nous trouvons cet épisode constaté dans le *livre du bord*.

Du haut de l'observatoire du fort de Romainville, on domine le moulin d'Orgemont et on aperçoit au loin les coteaux de Saint-Cloud. M. Peltereau nous montre une maison qui, dans les dépêches de l'amiral Saisset, s'appelait toujours la Maison-Blanche ; un matin, on la cherche, plus de Maison-Blanche ; enfin on en découvre la silhouette assombrie : elle avait été peinte en noir pendant la nuit par nos ennemis, qui sont des malins.

Comme nous visitions les batteries, nous vîmes quatre chevaux attelés à un caisson d'artillerie ; la vue de ces chevaux était tout un drame : maigres, à l'état de squelette, sans couleur, sales,

l'œil navré, l'aspect lamentable, ils parlaient à l'esprit de quelque désastre.

— D'où viennent ces chevaux? demandai-je.
— De Sedan.

C'étaient des haridelles fantastiques. Ces chevaux, dessinés par Gill, avec cette légende : *Revenus de Sedan!* auraient tout dit, tout fait comprendre ; ils avaient conscience de leur misère, des nôtres ; je ne les oublierai jamais. Je verrai toujours dans ma pensée les quatre chevaux de la voiture impériale et ceux-là... ceux que l'homme de Sedan a emmenés et ceux qu'il nous renvoie...

M. Peltereau et son ami racontèrent à Mme Dorian l'affaire du Bourget, comment ils l'avaient vue, suivie ; les émotions, les tortures qu'ils avaient éprouvées derrière leurs lunettes; leurs cris, leurs bras tendus en avant; la dureté de la discipline qui les attachait au fort ; leur désespoir de ne pas recevoir un ordre ; comme ils s'attristaient en regardant les canons inutiles de quatre batteries de 6, qui, sans attelages, demeuraient stupidement à quelques lieues du combat, où elles manquaient, où elles eussent donné la victoire!

Je revins au ministère avec Mme Dorian. Le soir, on ne cessa de questionner le ministre sur ses travaux. Il en parla d'une manière si intéressante que je n'ai rien oublié.

Dorian a tout créé à Paris pour les munitions de guerre : outils, personnel, modèles même.

M. Léon, ingénieur de la construction au chemin de fer de Lyon, un ancien contremaître, que Dorian a mis à la tête d'une fonderie de canons, s'inquiétait avec le ministre du manque d'affûts.

— Est-ce que nous ne pourrions pas en faire? demande Dorian.

— On peut tout, répond M. Léon, avec un modèle.

Dorian va au ministère de la marine, où sont les dessins d'affût. Il demande un modèle ; on le lui donne en souriant. Le ministre de la marine dit au ministre des travaux publics :

— Il faut trois mois pour faire un affût.

— Eh bien, répond Dorian, je vous en apporterai un dans huit jours, dans votre cour, avec un bouquet dessus !

— Ah! par exemple, répond le ministre, je voudrais voir ça!

Il y avait vingt-deux fautes dans le modèle d'affût donné par la marine ; des ingénieurs travaillent, corrigent ces fautes, et, cinq jours après, dans la cour du ministère de la marine, un affût entre avec Dorian, Léon, et le bouquet!

Le ministre de la marine n'en croyait pas ses yeux, mais il était ravi.

On fabrique vingt mille obus par jour dans une ville où les bureaux de la guerre prétendaient qu'on ne pouvait pas renouveler les munitions.

Le général Ducrot, paraît-il, veut sortir. Qu'il sorte donc une fois, « pour voir », comme disent les Belges.

---

22 novembre.

Hier a paru la réponse à la circulaire de M. de Bismark, réponse claire, précise, qui dévoile les rubriques impudentes du chancelier de la Confédération germanique et confond sa dupli-

cité. Ce manifeste à l'Europe, signé Jules Favre, est approuvé par tous les journaux, par tous les Parisiens, par toutes les femmes.

Un des amis intimes de Jules Favre, que j'ai vu tout à l'heure, m'a dit très-confidentiellement que M. Thiers avait été redemandé à Versailles. Jules Favre a une grande confiance dans les forces organisées en province. Comme cet ami lui parlait de la reprise d'Orléans par les Prussiens:

— C'est impossible, a dit Jules Favre; les nôtres se sont retranchés de telle façon qu'il faudrait une bataille pour les déloger. Si les Prussiens avaient remporté une grande victoire dans un grand combat, ils n'auraient pas manqué de nous l'apprendre. Nos armées de province demeurent cantonnées et ne s'éloignent pas; Trochu lui-même a demandé qu'on se tînt sur les rives de la Loire; nous n'avons pas besoin des armées de province à Paris.

23 novembre.

M. H..., l'Américain, le même qui disait l'autre jour : « Voyons, vous êtes battus à plate couture, vous avez fait une mauvaise affaire, liquidez, » me disait aujourd'hui :

— Je viens vous apprendre une bonne nouvelle, à vous, pour que vous l'appreniez à votre mari, à vos amis. Votre maison est celle où l'on veut le plus courageusement la guerre à outrance. Eh bien, sachez que la province se lève en masse. Le colonel Claremont m'affirme que ce qui se passe en France est extraordinaire, et que la fureur patriotique envahit votre pays tout entier d'une façon vraiment admirable. Pardonnez à l'Amérique d'avoir douté de votre énergie; peut-être n'êtes-vous pas entièrement perdus! Vous comprenez qu'en vous voyant placer votre confiance en Bazaine, dans cet homme que le Mexique nous a fait connaître, nous n'avions pas une haute idée de votre jugement et ne croyions guère à vos brillants destins. Nous nous disions : « Bazaine

trahira, et Paris atterré, anéanti, se rendra sur l'heure aux Prussiens. » Mais vous êtes des gens si étranges que la capitulation de Bazaine, dans les conditions les plus désolantes, vous excite au courage. Si Paris ne laisse pas entrer les Prussiens et si la France est victorieuse, je me fais naturaliser Français!

Oui, que d'amis nous aurons dans le monde après une victoire; combien peu nous en avons pendant la défaite!

24 novembre.

Ce matin, je suis folle de joie, folle d'espérance! Je lis et je relis la dépêche de Gambetta à Jules Favre, et je bénis le grand patriote qui nous l'envoie. Si Gambetta, un républicain, sauvait notre France! Quand on doute de lui, de sa vaillance, je n'en doute pas, moi.

Nous avons une armée de la Loire forte de deux cent mille hommes; nous aurons cent autres mille

24 NOVEMBRE.

hommes dans huit jours; deux cent mille mobilisés demandent à marcher. Enfin!... Vive la France!... Elle vivra donc, notre patrie française; on ne marchera plus si facilement dessus; on rencontrera des Français pour la défendre, pour empêcher que l'envahisseur ne la pille, ne la souille d'un bout à l'autre. Il me semble que Paris tout entier devrait remercier Gambetta; moi, je lui écris.

Si en ce moment j'avais des nouvelles de ma fille, je crois que la patrie pourrait me demander tout mon sang; je le verserais comme on boit un verre d'eau.

M. Siegfried m'a parlé de Mulhouse, du patriotisme de sa chère ville natale. Ni les paysans alsaciens, ni les ouvriers, ne possédaient une arme. La crainte des révolutions, des grèves, a livré la France aux envahisseurs. Quelles ressources on a gâchées! Lorsque les Badois ont paru sur le Rhin, les ouvriers de Mulhouse sont allés à eux, au nombre de quinze mille, avec des couteaux au bout de perches, et ils ont empêché les Badois de passer.

Le 10ᵉ bataillon a offert un punch à ses compagnies de marche. L'enthousiasme a été extrême. Pendant la réunion, un aide de camp de l'état-major du gouverneur est venu annoncer que le premier bataillon de guerre envoyé aux avant-postes, le 72ᵉ, avait eu un engagement, et qu'il avait brossé une petite troupe de Prussiens. On juge de l'espoir, du fanatisme patriotique provoqués par cette nouvelle.

La garde nationale va donc servir à quelque chose; on l'emploie, elle se bat bien. Ce cher Paris, nous le sauverons!

J'offre un guidon à l'une des compagnies de guerre du 10ᵉ bataillon.

25 novembre.

Parmi les personnes que j'ai vues ce soir était M. John Lemoinne, dont l'esprit délicat, dont la conversation originale, sans recherche, entraîne la pensée hors des routes banales et la

maintient dans des régions agréables et saines.

Il m'a fait, sans le vouloir, un grand chagrin.

Il venait aujourd'hui même de recevoir des nouvelles de sa fille et il ne cessait de pousser des exclamations de bonheur; il relisait sa dépêche, la montrait à nos amis qui s'en réjouissaient avec lui, qui tous, sauf Jourdan et moi, ont maintenant des nouvelles de leurs enfants.

Mme Ménard-Dorian sait que sa fille est superbe, elle n'a reçu que trois mots : « Pauline est superbe ! » Mais combien de rêves bleus ces quelques syllabes lui font faire !

M. John Lemoinne nous a raconté que sa fille, huit jours après leur séparation, la veille de l'investissement, lui écrivait ou lui faisait écrire par sa mère : « Je ne me souviens plus de ta figure, envoie-nous ton portrait. » Elle a cinq ans.

M. Cernuschi ressent pour la France une passion qui nous enorgueillit. La différence entre lui et M. H... est curieuse. L'Italien nous dit : « La France est si vaillante que, si elle est vaincue, je me fais naturaliser Français. » L'A-

méricain nous promet qu'il deviendra Français si la France est victorieuse.

La garde nationale tout entière demande à marcher depuis le succès du 72ᵉ.

---

26 novembre.

La question des subsistances prend des proportions inimaginables. Comment font les petits bourgeois, les ouvriers en chambre, ceux qui ne sont pas assez pauvres pour accepter les secours des mairies, pour faire queue aux fourneaux, et qui ne sont pas assez riches pour acheter des légumes frais, de la viande salée ou conservée, dont le prix augmente tous les jours? Le peu de provisions que les petits ménages avaient amassées s'épuisent, sont épuisées.

Les marchands font aussi preuve d'un grand dévouement. Ils accumulent, sans pouvoir y faire face, puisqu'ils ne vendent rien : loyers,

payements de marchandises, traites, et la plupart conservent un, deux, trois employés, qui mourraient de faim hors de chez eux.

Ma mercière me disait l'autre jour :

— Madame, tout ça n'est rien si la France gagne ; mais, s'il nous faut la voir vaincue et nous voir faire banqueroute à la fin du siége, nous en deviendrons fous !

Les marchands de comestibles seuls s'enrichissent.

Nous parlons chaque jour, chaque soir, prix du lard, prix du beurre, prix des pommes de terre. Dans les plus forts salons, c'est surtout de fromage qu'on s'occupe ; la question fromage ne s'agite point dans les petites maisons ; elle ne peut plus être résolue par les petites bourses.

Charles Blanc est nommé directeur des beaux-arts. C'est un choix intelligent. La République n'en devrait faire que de semblables. Celui-ci marque bien les différences qu'il doit y avoir entre elle et l'empire. L'auteur de l'*Histoire des peintres* est à sa place.

J'ai vu M. Guéroult, que j'ai félicité de son bel article du 26, d'hier au soir, à propos de la nomination d'une Assemblée.

Décidément, il aime les sardines! Il en avait des boîtes qu'il avait payées chacune 12 francs! Nous avons ri de ces sardines, et, comme il conte très-bien, il m'a raconté ce que ces deux boîtes lui avaient coûté de soins, de démarches, de séductions pour les posséder. On ne trouve plus de sardines depuis huit jours.

Louis Blanc m'a dit qu'il avait couché aux avant-postes. Invité par les bataillons des mobiles de Seine-et-Marne, il a été reçu par leur colonel. On l'a interrogé sur M. Trochu, et, en patriote prudent, il n'a pas voulu montrer ce qu'au fond il en pense. A quoi bon inquiéter des gens qui peuvent, du jour au lendemain, être appelés à combattre sous le commandement du gouverneur de Paris?

— Si le général Trochu vous a paru timide jusqu'aujourd'hui, a dit Louis Blanc aux officiers des mobiles de Seine-et-Marne, c'est peut-être parce qu'il veut frapper votre imagination, celle

des Parisiens, celle de l'ennemi lui-même, à un jour donné, par un acte d'une grande audace; on ne doit point supposer que le général Trochu ignore de quelles forces, de quels courages, de quel patriotisme il dispose. D'ailleurs, manifestez votre opinion, messieurs, répétez sans cesse que vous voulez agir, marcher, vaincre. Si l'on a vu des généraux faire leurs officiers, on a vu souvent aussi des officiers faire leur général!

La 14ᵉ livraison des fascicules impériaux a produit un effet colossal. Rochefort nous écrit : « Ma *Lanterne* est-elle assez éteinte! mes injures sont-elles assez plates, en face de pareilles révélations! »

Les dépêches trouvées, citées, marquent un degré de sottise incroyable. L'empereur demandant son armée au maire d'Étain : « Où est mon armée? » On n'a jamais vu ça depuis que le monde est monde!

Et l'impératrice, la plus courageuse de la troupe, mais non la moins superstitieuse, qui envoie à son fils un trèfle à quatre feuilles trouvé par la petite Malakoff. Quel bouclier! Le fait est

que pour les balles mortes il n'en faut pas bien épais ! dirait un titi parisien.

28 novembre.

J'assistais à la représentation gratuite des *Châtiments* dans la loge du directeur de l'Opéra, avec Charles Blanc, Louis Blanc, M. Albert Liouville, qui, pour un beau-frère de M. Ernest Picard, déteste bien peu le parti républicain. Adam était des nôtres.

Louis Blanc s'étonna d'abord du calme de cette salle et de son aspect bourgeois. Il ne revoyait plus le peuple de 1848, débraillé, mais enthousiaste ; il n'apercevait aucun visage jeune.

Je le trouvai partial pour son 48 ; je défendis mon 70, et je lui donnai en trois points la raison de ses impressions :

1° Les jeunes visages sont tous aux avant-postes, ce n'est pas Louis Blanc qui s'en plaindra ;

2° Le peuple est vêtu de chaudes vareuses ; tous les hommes qui sont là font partie de la garde nationale, et nous avons l'aspect du peuple lorsqu'il ne sera plus misérable, ce qui doit réjouir l'œil de Louis Blanc ;

3° Il est calme, il juge. Le criminel Bonaparte est en sa présence, traîné sur ce théâtre par le plus grand des accusateurs.

— Croyez-vous, ajoutai-je, que tous ces Parisiens connussent les *Châtiments ?* Non ; ils les écoutent et frémissent ; il y a une pâleur étrange sur les visages. Le peuple n'applaudit que la pièce terminée, dans la crainte de l'interrompre ; mais alors quelle passion, quel enthousiasme ! Avez-vous rien entendu de plus puissant ?... Regardez au fond de cette petite loge Mme Charles Hugo, Charles et François Hugo qui pleurent.

Louis Blanc me répond en souriant : — Continuez.

— Je continue, oui, car je vis d'une autre existence dès que je me mêle à la foule. Voyez ce peuple bien vêtu, sans haillons, tout attention et tout respect ; écoutez ces longs rou-

lements de bravos, ils ont quelque chose de discipliné, de militaire ; regardez cette fraternité de mouvements des foules françaises ! Les femmes, les hommes, les enfants, sont entassés comme dans une ruche ; les voilà tous accrochés les uns aux autres. Que de bras passés dans des bras, que de mains posées sur des épaules ! Quelle variété de physionomies ! que d'intelligence répandue ! Au lieu des figures ennuyées, désœuvrées, qu'on voit d'ordinaire ici, que de figures attentives, que d'esprits qui s'appliquent à tout comprendre ! Ces ouvriers travaillent pour nourrir leur âme avec la même ardeur qu'ils travaillent pour nourrir leurs corps... Les grands beaux vers ! Ils nous entraînent à leur suite et nous font gravir et descendre tour à tour les degrés de la haine, du mépris, du déchirement, du dégoût, de l'horreur, de l'enthousiasme, du patriotisme ! Sois béni, grand moraliste ; sois fier, grand historien ; sois admiré, grand poëte ! Nous avons vécu par toi durant quelques heures, et tu nous renvoies plus patriotes à la patrie...

On chante la *Marseillaise !* Je la déteste

maintenant au théâtre ; j'ai eu envie de dire à l'acteur : « Monsieur, sans vous commander, allez la chanter aux Prussiens ! » Lorsque j'entends, sur le boulevard, chanter la *Marseillaise* par des compagnies de guerre qui vont à l'ennemi, j'éprouve une bien autre émotion que lorsque je la vois représentée. Quand l'action est là, tout proche, à côté de nous, le décor, la copie, le pastiche, n'en sont plus que la parodie...

Je sors de l'Opéra, et j'écris pour l'*Avenir national* un récit de la représentation gratuite des *Châtiments*.

---

29 novembre.

Enfin ! enfin ! hier, pendant que nous étions à l'Opéra, la grande sortie a eu lieu ! Cette grande action, que Paris attend depuis deux mois, s'est engagée. Quelle émotion est la nôtre ! Dans quelle attente nous sommes !...

Ce matin, l'*Officiel* publie une vigoureuse pro-

clamation de Ducrot. Voilà un soldat! « Je m'engage, dit-il, à ne revenir que mort ou vainqueur!... »

Ce soir, les renseignements les plus contradictoires nous arrivent. Quand Ducrot a voulu traverser la Marne, une crue subite l'en a empêché. Des ponts de bateaux trop courts, des mesures mal prises, retardent l'attaque d'un jour. Notre grande affaire, celle sur laquelle repose la moitié de nos espérances, débute par un échec!

---

30 novembre.

Toute la nuit le canon tonne avec une précipitation sinistre. On voit de mon balcon l'éclair des coups. Le boulevard, malgré l'économie de son éclairage, — le charbon commence à manquer, — est animé jusqu'à une heure du matin; il semble à tous que l'action sera décisive. Deux cent mille hommes, paraît-il, sont sortis de Paris.

Dès l'aube, le tambour, sous mes fenêtres,

bat la charge. Je crois à une attaque dans les rues, à une invasion. Je me précipite au balcon : c'est un exercice. Depuis le commencement du siége, notre boulevard est le Champ de Mars du quartier. On fait sous mes yeux l'exercice de la charge. Tandis que les canons des forts de la Briche et de Romainville tonnent pour protéger les charges réelles, à Paris on en essaye de fictives. Mais, ici comme là-bas, on déploie toute son intelligence, tout son courage, tout son désir d'être utile à la patrie et de la servir.

Ducrot a-t-il passé la Marne? C'est aujourd'hui qu'il tente de vaincre ou de mourir. Puisse-t-il vaincre ! Le courage des Français qu'il commande ne lui fera pas défaut. On dit que l'ennemi est attaqué de plusieurs côtés à la fois.

Mme Ménard-Dorian vient me voir dès le matin. Paul Ménard se bat, et sa courageuse femme n'a point de ses nouvelles. Ses mains sont brûlantes de fièvre, mais son visage est calme.

Pelletan et Dorian voulaient accompagner M. Trochu au combat. Le général leur a dit qu'ils n'avaient point le droit de le suivre, et

leur a enjoint de ne pas sortir de l'enceinte.

La journée est superbe, quoique froide, le soleil brille. Au nom de la République, avec un roulement de tambour, on présente sous mes yeux quatre officiers à leur compagnie.

Tout est sérieux, grave, tout sert à quelque chose. L'événement en personne est là qui regarde; tout prend la solennité de l'action, du réel; il n'y a plus de semblants. On lit une page d'histoire dans la rue, on entend le canon d'une bataille. Je descends de chez moi pour aller panser des blessés.

Que d'émotions violentes! le canon, la fusillade ne cessent pas. Hélas! les nouvelles sont mauvaises jusqu'à trois heures. A partir de trois heures, les nouvelles deviennent bonnes. Quelle joie! si nous pouvions faire une trouée, remporter un succès!

A quatre heures et demie, M. Guéroult vient m'apprendre à l'ambulance du Conservatoire que cinquante mille de nos soldats ont traversé la Marne, qu'on a pris Montmesly, et que Trochu s'est emparé d'Avron! Nous nous réjouissons en vrais Français.

Ah! si l'une des armées de Paris rencontrait un jour une armée de province! Quelle folie de bonheur, quelles embrassades! Ah! si nous possédions une victoire! si on nous la donnait *pour tout à fait*, comme disait Alice enfant, et non pour la reprendre le lendemain! Mon cœur n'a pas cessé de battre depuis hier. Je crois et j'ai peur...

Le soir, on affirme que cent vingt mille hommes se dirigent sur Villiers, où ils espèrent coucher.

Alphonse Arlès-Dufour nous fait le récit de la prise d'Épinay, à laquelle il a pu assister, et où il a tiré son coup de fusil. Les marins et les mobiles de la Seine ont été superbes. Une canonnière, avec deux boulets, a ouvert le ventre à un gros mur et y a fait une énorme brèche par laquelle on a passé.

Comme il y avait des prisonniers bavarois, et qu'Alphonse Arlès-Dufour sait l'allemand, il leur a dit qu'ils seraient bien traités.

Un Bavarois lui a répondu :

— Tant mieux! j'ai fait mon devoir, mais je

ne suis pas fâché d'en être quitte. Les Prussiens nous mettent toujours en avant, et je finis par trouver la chose un peu étrange. Quand nous avons mille blessés dans une affaire, ils n'en ont jamais que cent.

Un petit caporal des mobiles de la Seine était tellement heureux de conduire les prisonniers bavarois, qu'il dansait devant eux comme David devant l'arche.

Le soir, nous apprenons encore une excellente nouvelle. M. Albert Liouville nous dit qu'il a lu dans un journal anglais comment notre flotte, composée de plusieurs vaisseaux, dont *la Victorieuse*, a capturé la flotte prussienne tout entière. M. Albert Liouville est allé porter son journal à M. Dompierre d'Hornoy, le ministre, qui a eu un accès de joie folle et qui s'est écrié avec une exaltation dont M. Albert Liouville est encore ému :

— Si la nouvelle est vraie, c'est le plus beau fait d'armes de ce siècle.

Je donnerais mon bras droit pour que nous eussions à notre actif le plus beau fait d'armes

de ce siècle, vu le passif de Sedan et de Metz.

Une de mes amies me fait pleurer en me racontant le départ du brave général Ducrot, le 28. Elle était sur la place de l'Opéra; il passe avec ses troupes. On l'acclame, on répète : « Vive Ducrot! » Les femmes se mettent à genoux, les hommes lui baisent les mains, on lui crie : « Prenez-nous, prenez nos enfants, nos maisons, faites bombarder Paris, mais sauvez la France! » Le général est dans une telle émotion que tout à coup, ne sachant comment témoigner à cette foule sa reconnaissance et son admiration, il lui fait porter les armes!

En ce moment, le général Ducrot essaye de sauver Paris et de donner une victoire à la France!

1er décembre.

Nous lisons dans le *Journal officiel*, ce matin, les dépêches de Trochu sur l'action d'hier. Les

troupes ont du courage, des succès ; enfin nous pouvons espérer sans trop de folie ; je dis que j'espère, que je crois, et je ne surprends aujourd'hui personne. Espérons, espérons !

La journée a été calme, il n'y a eu que de petits combats. Nous avons enterré les morts prussiens ; c'est la première fois qu'ils abandonnent leurs blessés depuis la guerre, la première fois que nous gardons leurs morts ; ils ont été surpris.

Tout a servi à les tromper. Les lamentations des journaux, leurs doutes, leurs découragements, leurs cris d'alarme sur les canons qui éclataient, sur les artilleurs qui manquaient ; les indiscrétions à propos de l'attaque probable de Choisy, erreur que Ducrot et Trochu se sont plu à entretenir : tout a égaré les espions prussiens.

Mieux que cela. Les généraux et les amiraux qui attaquaient Choisy, la Gare-aux-Bœufs, Thiais, tandis que Ducrot traversait la Marne, laissés à dessein dans l'ignorance, croyaient tenir le nœud de la situation, et tentaient l'impossible pour vaincre. On avait envoyé là les plus braves, les plus intrépides ; ils ne savaient rien de rien,

et leur acharnement, leur désespoir, trois attaques successives de Thiais, ont entretenu les Prussiens dans la pensée que c'était à Choisy qu'on voulait faire la fameuse trouée.

Pendant ce temps-là, le général Ducrot commençait ce grand mouvement qui devait lui permettre d'occuper les hauteurs de Villiers.

Deux blessés, dont un lieutenant bavarois, ont dit devant moi, au Conservatoire de musique, que cette affaire était un grand malheur, que les Prussiens avaient perdu beaucoup de monde, et que les Français allaient passer.

Ce qu'il y a d'inattendu, c'est la bravoure de nos soldats. L'artillerie, paraît-il, a enlevé une position avec une audace digne des plus beaux jours de notre histoire militaire.

---

2 décembre.

Quel anniversaire! Sur ce boulevard, on entend, comme en 1851, passer des régiments.

Depuis cinq heures du matin, les gardes nationaux défilent en chantant la *Marseillaise;* ils vont au combat. Plusieurs bataillons qui ont une musique jouent le *Chant du Départ.* Le perpétuel bruit du canon se mêle à ces chants.

Toutes les nouvelles de la matinée ont été mauvaises. Le 42e, qui était de grand'garde à Champigny, s'est laissé surprendre. On devait attaquer à dix heures, les Prussiens sont arrivés à sept. Toujours la même négligence ! On fait des grand'gardes avec les troupes qui se trouvent en avant, qui se sont, par conséquent, battues la veille. Elles sont harassées, elles s'endorment.

A sept heures, ce matin, les Prussiens surgissent et tirent à trente pas. Les soldats du 42e, effarés, ne savent que faire ni où courir ; le 113e, qui est derrière, puis d'autres régiments, essayent d'arrêter le flot ennemi ; hélas ! la digue est rompue : ils sont inondés, envahis ; les nôtres perdent toutes leurs positions.

Heureusement, on se battait de près, et l'avantage commence à nous revenir vers midi. A qua-

e heures, nos petits soldats avaient repris leurs
ositions. Enfin tout est réparé.

Ce qu'on apprend du dehors est excellent.
ourbaki aurait fait savoir qu'il est à Senlis. Me-
otti Garibaldi a remporté un avantage à Châtil-
n-sur-Seine. Nos armées de province approchent
e Montargis. Nous allons nous donner la main.
uel spectacle plein d'enseignement le monde
erra, si nous nous relevons! L'empire nous a
royés, déshonorés, livrés; la République nous
ve de nos souillures, nous rend l'honneur et
ous délivre!

M. Cernuschi arrive chez moi, vers huit heu-
es du soir, avec un casque prussien, un sabre-
aïonnette, une cartouchière toute pleine, qu'il
 enlevée à un mort sur le champ de bataille de
hampigny. Il nous raconte toutes les péripéties
e la bataille d'aujourd'hui, à laquelle il a pris
art, sa canne à la main. Il a vu le pauvre colo-
el Franchetti blessé grièvement à la cuisse, gai,
épétant à ses hommes, à ses officiers qui cou-
aient vers lui pour le plaindre : « Bast! j'aurai
ne cuisse de moins, voilà tout! »

M. Trochu est venu serrer la main du colonel Franchetti, pendant que M. Cernuschi était auprès du blessé ; le général a reconnu l'anti-plébiscitaire, l'étranger qui, par gratitude envers une nation hospitalière, donne le dixième de sa fortune, 200,000 francs, pour la sauver d'un péril imminent. M. Trochu dit à M. Cernuschi : « La fin de la journée a été très-bonne. »

M. Cernuschi me raconte que jamais, après une bataille, il n'a vu des morts si extraordinaires, dans des poses si homériques ; leurs attitudes sont incroyables ; tous ont une figure menaçante, les uns montrent le poing, d'autres tiennent leurs fusils embrassés ; d'autres encore, un genou en terre, penchés en avant, ont dû essayer de tirer une dernière fois avant de mourir.

Vers dix heures, on m'avertit qu'un officier blessé à Champigny me demande à l'ambulance du Conservatoire, et qu'il a dit en entrant : « C'est bien ici une ambulance de Mme Adam ? » Je cours au Conservatoire, et je reconnais un ami, le lieutenant Plauchut, du 113e ; il a une balle dans le pied. La sœur du jeune lieutenant

st l'amie de ma fille. Je lui promets que demain, après l'extraction de sa balle, je le prendrai chez moi. Son père, colonel du 85e, était nfermé à Metz ; on n'en a pas de nouvelles. La ère et la sœur du petit lieutenant sont à Nantes, eules, dans une garnison où elles s'installaient à eine lors de la déclaration de guerre. Que 'angoisses pour les pauvres abandonnées, dont cœur est si patriote, dont l'esprit est si militire ! Je vais rassurer Mme Plauchut sur son fils. lice sera heureuse d'apprendre que je soigne 1ez moi le frère de son amie.

— Le bruit du canon et de la fusillade tape ans ma tête à me rendre fou, me dit le lieute1nt qui a la fièvre.

---

3 décembre.

Les généraux laissent aujourd'hui l'armée se poser ; il n'y a eu que de petits engagements. ais nous entrons dans une série d'attaques et

de combats dignes de l'ardeur d'un peuple armé.

On a extrait la balle du lieutenant Plauchut. Le chirurgien l'avait endormi, et ce petit brave criait pendant l'opération : « En avant! mes amis, allons donc, en avant! ce n'est pas plus difficile que ça! Levez-vous. Ah! voilà mon caporal. En avant! vous voyez bien qu'on ne tue que les officiers! » Le capitaine de la compagnie du jeune Plauchut, deux lieutenants, ses camarades, sont morts à ses côtés avant qu'il fût blessé.

---

4 décembre.

Nos troupes ont repassé la Marne et sont campées dans le bois de Vincennes; pourquoi? On nous répond qu'il fait moins froid à Vincennes qu'à Champigny. Mais nous allons donc cesser de combattre? On va donc laisser les Prussiens reprendre ces pouces de terrain que nous avions recouvrés si péniblement, au prix de tant d'ef-

orts, de tant de sang versé, de tant de sacrifices?
e n'ai pas le courage de croire cela.

Adam est allé aujourd'hui avec M. Cernuschi
ur le plateau d'Avron. Il y a là encore une tren-
aine de mille hommes dans une position con-
uise. C'est l'artillerie de marine qui garde et dé-
end le plateau.

Nous comptons nos morts, la liste en est interminable. Nous avons des blessés plein les ambu-
ances; les blessures des armes nouvelles sont
ffreuses.

Les vieux chirurgiens se lamentent. Dans les
ôpitaux, la pourriture d'hôpital empêche qu'on
e sauve les amputés; nos ambulances deviennent
ien précieuses. J'ai vu l'un de nos grands chi-
urgiens pleurer en me disant qu'il n'avait pas
uéri un seul amputé dans son hôpital. On va
onstruire des baraquements pour les blessés.

Par exemple, les nouvelles de province con-
inuent d'être excellentes; on se bat, et l'on se bat
ien partout. Gambetta ne demande pas d'armis-
ice, lui!

M. Cernuschi a publié dans le *Siècle* une lettre

en réponse à l'*Électeur libre*. Les frères Picard s'appliquent à diffamer le gouvernement de Tours, par méchanceté pure, à propos de l'emprunt Morgan. L'*Électeur* et M. Ernest Picard voudraient faire supposer que cet emprunt a été souscrit dans les conditions les plus déshonnêtes. Il faut voir comme ils sont aidés par les journaux bonapartistes, légitimistes et autres ! M. Cernuschi, avec la grande connaissance qu'il a de ces affaires, explique que cet emprunt a été souscrit dans les conditions les plus avantageuses, eu égard à nos embarras politiques et à notre situation financière.

Ah ! il ne faut plus nous laisser appeler mangeurs de côtelettes à la purée d'ananas, voleurs de 45 centimes, comme en 1848. La résignation est la plus stupide qualité du monde. J'aime mieux l'Évangile chinois que l'Évangile chrétien à cet égard ; il ne conseille pas de tendre l'autre joue quand on vous a soufflété l'une. Confucius dit : « Poursuivez le méchant si vous êtes fort, et apprenez-lui qu'il y a danger à faire le mal ; par là, vous protégerez le faible. »

Voilà une morale humaine qui pourrait se traduire par un précepte très-utile dans le parti républicain si calomnié : « Ne dédaignez le mensonge qu'après avoir confondu le menteur. »

---

6 décembre.

Paris est dans une affreuse perplexité.

M. de Moltke a daigné faire savoir au général Trochu la défaite de notre armée de la Loire et la reprise d'Orléans par les Prussiens.

Venue par M. de Moltke, cette nouvelle n'est peut-être pas entièrement exacte. Qui sait combien nous avions d'hommes à Orléans? Quel effet cette lettre, affichée sans commentaires dans les rues de Paris, va-t-elle produire sur l'imagination parisienne? On me rassure. On m'affirme avoir vu beaucoup de gens lire cette lettre et dire :

— Ah çà! est-ce que M. de Moltke nous prend pour des Verdunois?

Verdun s'est rendu sur la nouvelle donnée par les Prussiens au commandant de place que Paris avait capitulé. Où est Beaurepaire? Où sont les généraux de la première république pour faire rentrer aux Prussiens leurs mensonges dans la gorge?

Paris a une souplesse, une intelligence incroyables. Ah! si on l'écoutait! Certes, M. de Moltke, que sa nouvelle soit vraie ou fausse, ne nous l'envoie point par charité; il tente de nous affaiblir, de nous détremper, de nous décourager, de nous empêcher de faire, pendant quelques jours, une action d'éclat, un effort suprême. Il veut avoir le temps d'envoyer tout son monde là-bas pour anéantir l'armée de la Loire. Nous nous croyons vaincus, nous ne bougeons pas, c'est simple! Nous n'étions qu'un peu brossés. M. de Moltke, tandis que Paris se frotte les oreilles, a tout le loisir d'écraser la province.

Eh bien, Paris, qui comprend, n'a qu'une idée, et c'est la bonne; il se dit : « Mettons qu'il y ait eu une grosse affaire à Orléans! Les Prussiens ont dû y envoyer beaucoup de monde et

en laisser moins autour de nous; sortons aujourd'hui, demain, tout de suite, de tous les côtés à la fois. »

Voilà ce que Paris voudrait, voilà ce qu'il demande. Le fera-t-on?

***

7 décembre.

Les raisonnements de la population parisienne sont admirables; il faudrait tout dire, tout écrire de ce que pense l'héroïque ville.

La presse politique nous fait honneur en ce moment et doit donner à MM. les Prussiens une idée assez élevée de nos journalistes. S'il est vrai que la plume soit une arme, nos écrivains politiques s'en servent bien contre la Germanie.

Adam et moi, depuis quatre-vingts et quelques jours, nous avons prêché, semé l'entêtement, et nous récoltons la volonté. Nous voilà pénétrés nous-mêmes de cet esprit, de ce sentiment, de ce caractère parisien, qu'on peut au-

jourd'hui résumer en un seul mot : héroïsme !
Quoi qu'il advienne, quoi qu'il arrive à la France,
que les revers l'accablent, que l'infortune la désunisse, que ses ennemis l'écrasent, que ses enfants la déchirent, elle est redevenue la France,
elle porte fièrement son drapeau lavé à Champigny, à Orléans, à Châteaudun, dans le sang de
ses fils. Qui oserait nous jeter à la face la loque
infecte de Sedan?

Ce que Paris compte chaque jour de sacrifices,
de dévouements à la patrie, est incalculable.
Deux millions d'hommes, de femmes, d'enfants se
privent, se ruinent, ont froid, ont faim, subissent
toutes les maladresses des maigres distributions
sans se plaindre. L'épreuve la plus terrible est la
mortalité des enfants ; il n'y a plus de lait, et les
mères, avec une nourriture insuffisante, voient
leur sein se tarir !

Toute la journée, nous côtoyons des malheureux et leurs misères, des blessés et leurs blessures... Nous nous efforçons de soulager les uns
et les autres ; mais on ne peut presque rien avec
de l'argent.

Le bien-être n'existe plus que dans les familles très-riches. Le sucre se rationne, la farine pour les gâteaux se rationne, tout ce que la population parisienne appelle des « douceurs » se rationne.

———

8 décembre.

Le pauvre colonel Franchetti vient de mourir; on n'a pas pu lui faire l'opération, parce qu'il est resté trop longtemps à cheval après avoir reçu sa blessure. Il n'a cessé de répéter: « Si la France triomphe, je ne regrette pas ma vie. »

Dans son délire, durant son interminable agonie, il s'écriait: « Suivez-moi, mes amis! C'est difficile, mais nous y arriverons. Vive la France! »

Le général Ducrot, en lui confiant la mission qui devait le conduire à la mort, lui avait, paraît-il, donné une rose. Il l'a gardée à la bouche quelques minutes encore après avoir été blessé, puis il l'a perdue; un de ses éclaireurs l'a pieusement rapportée. La tante de M. Franchetti,

Mme Goudchaux, garde cette fleur pour la femme du colonel.

Un officier prussien, blessé et soigné au Grand-Hôtel, dit en apprenant la mort de M. Franchetti : « Nous le connaissions bien, c'était le bel éclaireur. Nous tirions sur ses hommes, mais point sur lui, il était trop beau ! »

Les soldats et les sous-officiers prussiens sont tous convaincus de notre férocité ; ils croient que nous fusillons les blessés et les prisonniers, et se défendent contre nous, en toute circonstance, avec l'énergie du désespoir. Lorsqu'on les amène au milieu de camarades blessés et bien traités, leur physionomie se transforme.

Le lieutenant Plauchut, soigné chez moi, me raconte les péripéties de ses grand'gardes. Trois mois de campement ou de tranchées par le froid, dans la boue! Il semble qu'un pareil récit doit être monotone et lamentable ; point du tout. Les lignards sont étonnants de gaieté, d'entrain ; rien qui ne les amuse ; ils rient de tout, d'eux-mêmes, du danger, de la mort.

Le lieutenant Plauchut est fécond en anecdotes

plaisantes sur son cuisinier, nommé Petit, un véritable type, trouvant toujours le moyen de faire dîner son officier, quêtant, cherchant, furetant, ne dormant pas, bravant tout, dont l'unique vanité est d'inviter à dîner les camarades de son lieutenant le jour où leur ordonnance déclare qu'il n'y a rien à manger. Ces jours-là sont, avec plus de raison que le sabre de M. Prudhomme, les plus beaux jours de la vie de Petit.

L'esprit de la jeunesse se transforme. Les crevés, les sceptiques sont aux avant-postes. Je connais un jeune gandin, qui me répondait, il y a deux ans : « La patrie qu'é qu'c'est qu'ça ? Je remplis mes devoirs de soldat frrrançais en ne manquant pas une seule première de revue au théâtre. » Ce gandin-là s'est battu comme un lion à Champigny ; il a obtenu la médaille militaire sur le champ de bataille. Il m'écrit : « C'est étonnant comme ce diable de petit ruban jaune vous trotte par la tête quand on est de grand'garde ! »

MM. Maurice Bixio, colonel de la garde nationale, et Paul Collin, son lieutenant, viennent de passer quatorze jours à Cachan. Ils remplaçaient

un bataillon de mobiles composé de douze cents hommes et leur bataillon de guerre n'est que de quatre cents hommes, de sorte que la plupart des pauvres gardes nationaux, mal habitués au froid, ont monté des gardes de soixante heures !

Qu'on me dise après cela que l'état-major ne fait pas tout ce qu'il peut pour dégoûter les bataillons de guerre de leur patriotisme.

Un de nos amis trouve dans son poste d'artilleur, en rentrant de faction, un beau monsieur qui pérorait sur une table : manteau rejeté sur l'épaule gauche, chapeau mou, gilet rouge à la Robespierre. Ce beau monsieur prêchait pour la fondation d'un club d'artilleurs. Quelqu'un répond que les artilleurs sont libres d'aller en bourgeois dans les clubs où ils veulent aller. Le monsieur réplique et repérore. Notre ami l'apostrophe ainsi : « Qui êtes-vous avec ce costume grotesque ? un ennemi de la République, quelque bonapartiste ? L'empire n'existe plus, monsieur, et nous avons assez de *Franconi* comme cela ! » Sur ce mot, on chasse l'homme.

9 décembre.

Le vendredi soir, nous avons un plus grand nombre d'amis.

Avec M. Cernuschi, je parle toujours de nos subsistances. Hier, sa commission nous a fait distribuer, comme viande, des harengs saurs. Je proteste ; il réplique sérieusement : « Que voulez-vous ! les pompes funèbres, les Petites-Voitures et Richer ne se sont pas trouvés prêts ! » On réquisitionne pour les manger les chevaux de ces nobles compagnies.

---

10 décembre.

L'événement d'aujourd'hui, ce sont les singulières dépêches arrivées par pigeons, et qui, nul n'en doute, viennent des Prussiens. D'après ces dépêches, nous serions battus du nord au midi, de l'est à l'ouest. Des mobiles, des mobilisés nor-

mands auraient fui, au nombre de trente mille, devant huit cents Bavarois. Le tout est signé Lavertujon. Or M. Lavertujon, secrétaire du gouvernement, n'a pas quitté Paris.

Quels étranges procédés emploient nos ennemis ! Ceux qui usent de tant de mensonges peuvent conquérir toutes les supériorités de la force, ils ne conquerront jamais celles de l'honneur. Les Prussiens ont beau jeter leur épée dans la balance qui pèse nos rançons, et crier : « Malheur aux vaincus ! » ils ont beau réquisitionner nos villes, ruiner nos campagnes, accumuler nos prisonniers ; nous avons le droit d'écrire, pour que l'histoire l'enregistre : « Ces piétistes, soi-disant vertueux, étaient des hypocrites avides, corrompus ; ces soi-disant chevaliers étaient des espions déloyaux et vils ; ces porteurs du flambeau de la civilisation pillaient, détruisaient, bombardaient les bibliothèques et les monuments de l'art. Honte à nos vainqueurs ! »

Les dépêches ont des fautes d'orthographe à l'allemande, d'un goût douteux. MM. les Prussiens sabrent jusqu'au français.

11 décembre.

Triste journée! il fait froid dans les maisons, le bois est rare, on gèle, il y a du verglas dans les rues. Les travaux ne marchent pas sur le plateau d'Avron, on ne peut pas travailler, remuer, creuser la terre durcie.

Les parallèles entreprises par le génie civil pouvaient nous être d'un grand secours avec des généraux qui ne savent jamais garder leurs positions; elles ne se continuent pas. Ah! quand on gâchait le temps, au début du siége, comme nous sentions bien qu'on le perdait sans espoir de le retrouver!

Les soldats meurent de froid dans les tranchées, aux avant-postes, faute de vêtements. Nous quêtons pour eux des chemises de flanelle, des chaussettes, des ceintures. L'Intendance, qui mourrait en corps et en chœur plutôt que de s'inspirer des circonstances et de modifier son règlement, ne renouvelle qu'une fois l'an les habits de nos soldats. Ils sont allés au feu

pendant six semaines, à la pluie pendant trois mois, on les a envoyés en reconnaissance dans les ronces. Qu'importe! L'Intendance est dans cette idée que les loques des soldats font autant d'honneur à l'armée française que les reluisantes passementeries des généraux.

J'ai vu aux avant-postes des soldats presque nus, il en arrive dans nos ambulances dont les pantalons et les tuniques sont en lambeaux. Quand on porte aux officiers des ballots de vêtements pour les soldats, ils témoignent tout autant de reconnaissance que leurs hommes. Eux-mêmes sont en lutte avec l'Intendance, qui les prive souvent par tracasserie de choses utiles, et dispute, même en campagne, sur la plus petite infraction au règlement.

J'ai d'affreux rhumatismes. Depuis neuf ans, je passe quatre mois d'hiver au Golfe-Juan. Je n'ai jamais vu dehors plus d'un seul degré au-dessous de zéro; j'en ai vu 15 cette nuit dans ma chambre.

Adam ne guérit pas d'une bronchite que ses gardes aux remparts entretiennent, j'ai un blessé,

mon bois s'épuise, et alors, chère Alice, ta mère si frileuse ne fait plus de feu chez elle. Pour la patrie! Je sens combien souffrent les pauvres gens, je suis contente de souffrir comme eux, j'apprécie leur courage, leur dévouement, et j'aime cent fois plus encore le peuple, notre cher peuple de Paris!

Je prends des douches de vapeur pour mes névralgies à la tête et le rhumatisme que j'ai dans le cou. Ma doucheuse, une Bretonne, est la petite-cousine du général Hoche; elle n'a pas voulu se marier pour ne pas changer de nom; c'est mon amie! Républicaine et Bretonne, elle est plus exaltée que moi; il faut entendre son opinion sur M. Trochu. « Il y a Breton et Breton, me dit-elle; celui-là ne sent pas assez le fagot. »

Depuis son cousin Hoche, Mlle Hoche ne reconnaît qu'un homme, qu'un caractère, Garibaldi. « Ah! si nous l'avions ici! répète-t-elle; je sais son histoire, je sais comme il se démène dans une ville assiégée. C'est un beau diable! Si nous avions Garibaldi à Paris, vous verriez un peu! » Nous nous entendons, Mlle Hoche et moi,

sur tous les points, mais ses douches ne guérissent ni mon rhumatisme ni mes névralgies.

Dieu, que je souffre! Je suis forcée de donner ma démission d'inspectrice des ambulances du IXe arrondissement, qui me prenaient sept heures par jour. Je n'ai plus de forces, Alice, ma fille bien-aimée... Si nous avions une vraie victoire! si j'avais des nouvelles de toi, un seul mot, un seul signe!

---

12 et 13 décembre.

Ce qui me rassure, c'est la disette de nouvelles où MM. les Prussiens nous laissent. M. Washburne lui-même, n'ayant reçu que des lettres compilées, des journaux découpés, en conclut que l'ennemi n'a pas voulu laisser passer de bonnes nouvelles.

L'ordre du jour de M. de Moltke à ses soldats n'est pas du tout inquiétant: « L'armée de Paris est occupée à défendre la sécurité publique contre

les entreprises d'une population affamée, et ne peut sortir. Attendez quelques jours, et vous entrerez! » Voilà les paroles du général en chef des armées prussiennes à ses troupes. Or il ment à ses soldats, il sait bien qu'il les trompe, et il doit répondre, en les trompant, à des doutes, à des impatiences ou à des lassitudes.

Il est à peu près certain que nous n'avons pas eu un désastre à Orléans. Un seul des neuf corps qui existent a été défait. Nous nous sommes très-bien conduits, très-bien battus. Un de nos amis a causé hier avec les officiers français qu'on a échangés, qu'on nous a rendus pour des officiers prussiens, et qui ont assisté au premier engagement de ce côté-ci de la Loire. Les révélations de ces officiers, informés des choses du dehors, vont rendre de grands services aux généraux, s'ils veulent interroger, entendre et comprendre. Les officiers ont fait les bêtas, les désespérés, tandis qu'ils étaient prisonniers des Prussiens; ils répétaient sans cesse : « Tout est perdu! » et on nous les a envoyés à Paris pour nous décourager. Bons petits ennemis!

que de fines attentions! que de délicatesses! que d'ingéniosité!

Paris est vraiment extraordinaire! Cette population, avide de tout savoir, à qui l'on ne parle point, et qui se soumet à ce grand silence; ces curieux qui acceptent de ne rien apprendre et de vivre sur leur fonds; ces gourmands qui vivent de cheval, qui mangent de l'âne, du mulet, de l'éléphant, du cacatoës, du rat, du chien, qui mettent de l'osséine dans leurs sauces et qui achètent comme moi, à l'occasion, de la graisse qu'on a retirée de la pommade; ces sybarites qui se font gardes nationaux; ces crevés qui se font mobiles et qui vivent dans la boue, par ce froid, aux remparts, aux tranchées; ces oiseaux de nuit, qui se couchent à neuf heures, qui se promènent avec des lanternes, parce que la ville n'éclaire plus, faute de charbon; ces affolés de plaisir, qui consentent à s'ennuyer; ces marchands qui n'étalent plus, qui ne vendent plus, qui n'exportent plus; ces propriétaires lilliputiens, si nombreux à Paris, enfermés dans les murs, qui songent à leur maison de campagne, à

eur vide-bouteilles, à leurs dix mètres de terrain, à tout ce qu'ils préfèrent au monde entier, ce dimanche, et qui se résignent à la pensée de voir leur tonnelle détruite, leur lac démoli, leur jet d'eau brisé. C'est admirable !

Les femmes, les enfants sont répandus partout, dans les villes de saison, dans les villes d'eau, et le train des maris reste en gare le samedi soir ! L'énorme correspondance de Paris est arrêtée depuis trois mois, les entreprises accrochées, les affaires suspendues ! Le directeur des postes, M. Rampont, se creuse la tête, appelle les chimistes, les mécaniciens, tous les inventeurs à son aide, essaye de toutes les expériences pour faire entrer quelques pauvres petites lettres du dehors dans ses boîtes, envoie ses facteurs de bonne volonté, au risque de la mort, pour rapporter un malheureux petit billet, cela presque toujours inutilement !... Tout est privation, douleurs, torture même, et Paris conserve sa gaieté ! Tout est bouleversement, ruine, et, seul, le caractère parisien, si ondoyant parfois, cette plume au vent, demeure ferme, courageux, inébranlable !

15 décembre.

Je n'ai rien écrit le 14, j'ai eu un fort accès de névralgie.

Aujourd'hui, les bruits de la prise de Rouen, annoncée l'autre jour par ces stupides dépêches prussiennes, grossissent et prennent de la consistance. On parle aussi de la prise d'Amiens.

Le bataillon des artistes, ainsi nommé pour cause, a ému Paris avec une statue de neige. Décrite par Théophile Gautier, cette statue nous a fait pleurer d'enthousiasme. Je l'ai vue. Un rayon de soleil l'a fondue, mais elle est restée sculptée dans nos âmes. Cette statue de neige s'appelait *la Résistance ;* elle dominait le bastion où le 19ᵉ monte sa garde ; elle était colossale, et elle avait dans sa neige toute l'énergie du marbre.

Des pigeons sont arrivés, dit l'*Électeur libre ;* qu'apportent-ils ?

16 décembre.

Les dépêches de Gambetta découragent les découragés, mais elles fortifient les forts. Nous nous sentons relevés par ces mots de la *Gazette de Prusse* (ancienne *Gazette de la Croix*), cités dans les dépêches : « Nous ne croyions pas à l'activité, à l'énergie, à la puissance de sacrifices que les Français ont montrées dans cette troisième période de la guerre. »

Gambetta se révèle à la France, depuis un mois, tel que nous le savions, Adam et moi, tel qu'il est. Avec des facultés politiques innées, développées, sagement coordonnées, avec le tempérament et la vigueur d'un patriote fait pour les actions puissantes, avec l'invincible résolution d'un esprit qui conçoit, qui juge promptement, et qu'enhardissent toujours des événements prévus, avec l'encolure d'un sauveteur de nation : voilà Gambetta. Il essayera d'entraîner la France à des combats suprêmes; l'y entraînera-t-il? Ce que M. Trochu est pour la

population parisienne, la province le sera-t-elle pour Gambetta? un réfrigérant. Lui et nous, faisons ce que nous devons. Quoi qu'il arrive, Gambetta et Paris auront sauvé l'honneur français.

Les rares cochers de fiacre à qui il reste des chevaux commencent à dire à leurs camarades, lorsqu'ils n'avancent pas : « As-tu fini de faire ton Trochu? »

Une des choses qui me consolent, et qui me font mâcher avec plus de joie ma portion de cheval quand elle est plus dure, c'est de penser que je mange l'une de ces pauvres haridelles, maigres, sèches, vieilles, qu'on bat et qu'on traîne jusqu'à ce qu'elles meurent dans la rue. Chère Alice, quand je mange du bon gros cheval bien tendre, j'ai toujours peur de manger quelqu'un de ces beaux chevaux gris pommelé, de la compagnie de l'Ouest, que tu aimais tant à voir gravir la petite montée du boulevard Poissonnière.

J'ai l'esprit hanté par le général Chanzy. Ce nom m'a émue comme certains noms que j'en-

ends pour la première fois et qui me frappent. Le nom du général Chanzy sera redit et répété, j'en suis sûre.

Un des amis d'Adam, un militaire, lui voyant lire la liste des généraux de Gambetta, lui dit : « Mettez le doigt sur le nom de Billot, il est jeune, mais c'est un général ! »

Ah ! si la République formait assez de généraux pour qu'on puisse un jour, tout d'un coup, mettre les vieilles badernes à la retraite ! J'ai pris l'un de ces vieux généraux-là en grippe, et je traduis par lui tous mes griefs contre la bande des incapables de l'empire. L'autre jour, il demandait devant moi, dans un fort, le nom d'une position qu'il avait en face, sous le nez ! Il fallait voir la figure des officiers de marine ! Ce même général, à une attaque du Bas-Meudon, — c'est un officier blessé qui me l'a raconté, — sort tout à coup de derrière un pan de mur, et dit à cet officier, qui portait un ordre : « Il n'y a pas de danger, n'est-ce pas, jeune homme, à passer de ce côté ? — Non, général, puisque j'y étais tout à l'heure et que mes camarades y sont

encore. » Cette raison ne parut point concluante au général ***, qui rebroussa chemin.

Peyrat a prié Rochefort de lui raconter la scène de la suppression de l'*Électeur libre* au gouvernement de la défense, suppression qui, après Ferrières, après les indiscrétions commises par le journal des deux Picard, a été votée par cinq voix contre quatre. Et l'*Électeur libre* paraît toujours!

---

17 décembre.

Louis Blanc, Nefftzer, ont beaucoup causé hier soir chez moi de cette citation de la *Gazette de Prusse*. Tous deux sont d'accord sur son importance. M. Nefftzer, qui connaît bien l'Allemagne, nous disait qu'après cette déclaration de la *Gazette de Prusse*, nous pouvions, sans chauvinisme, croire notre honneur lavé en Europe des lâchetés de Sedan.

Les œufs frais n'ont plus de prix. On paye les

vieux œufs 2 francs ; le beurre, 28 francs la livre ; un lapin de choux, 40 francs ; un poulet, de 25 à 50 francs, selon sa taille ; une carotte, 70 centimes ; une feuille de chou, 15 centimes ; les pommes de terre, 20 francs le boisseau ; pour une pièce exceptionnelle, dindon, oie ou lièvre, on parle de 100, de 200 francs. Un porc, en contrebande, s'est vendu 2,000 francs dans notre quartier ! Que ne donne-t-on pas pour un morceau d'âne ?

---

18 décembre.

Des nouvelles ! Une longue dépêche de Gambetta à M. Trochu ! Revoilà Paris entièrement réconforté. Je conçois, nous concevons les espérances les plus ambitieuses !

J'ai vu arriver ce soir nos amis, les forts et les faibles, tous retrempés ! les mêmes, qui m'appelaient excentrique, fausse voyante, ces derniers jours, me complimentent.

Il paraît que sérieusement nous allons sortir. On dit que les soldats, que l'armée demandent la paix; je le crois difficilement, mais raison de plus pour marcher, puisque la garde nationale est prête.

Les gamins appellent M. Ducrot « ni l'un ni l'autre! » parce qu'il n'est revenu ni mort ni victorieux.

On ne sait pas si c'est M. Ducrot ou M. Trochu qui refuse, pour la prochaine affaire, d'employer la garde nationale. Sois bien certaine, ma chère Alice, que l'ennemi de la garde nationale est le plus piètre des deux; le moins résolu, celui qui a obligé l'autre à repasser la Marne! Est-ce M. Trochu? Est-ce M. Ducrot? Pourvu que ça ne soit pas tous les deux qui se soient fait repasser la Marne réciproquement.

Que d'humbles héros, que de pauvres gens courageux, que de vrais Français dans ces compagnies de guerre, dans ces bataillons de marche!

Ce n'est pas impunément qu'on refoulera tant de patriotisme, tant de volonté de combattre et de mourir pour la patrie! Que tout ce qui résul-

tera du mépris des généraux bonapartistes pour la garde nationale parisienne, retombe sur ces généraux ! Non, Paris n'est plus responsable d'une capitulation ou d'une défaite. L'histoire jugera les incapables et les traîtres !

19 décembre.

A cinq heures du matin, j'ai eu une émotion extraordinaire. Des tambours battaient la charge sur le boulevard. Des bataillons de guerre de la garde nationale, six ou sept, passaient. Des femmes, sur les côtés, dans les rangs, accompagnaient leurs maris. Quelques becs de réverbères éclairés au pétrole mêlaient leur lumière blafarde au jour naissant. La sonorité du boulevard, qui résonnait au bruit de ce tambour, la *Marseillaise*, qu'hommes et femmes récitaient plutôt qu'ils ne la chantaient, ah ! quel spectacle, quelle émotion !

On va donc sortir, on emploie donc la garde

nationale! Elle vaincra, je le sens, j'en suis sûre, parce qu'elle est à l'apogée de l'exaltation patriotique et du courage. Laissez-nous sauver Paris, messieurs les généraux, par pitié! Messieurs les bonapartistes, messieurs les réactionnaires de toutes eaux, consentez à ce que nous sauvions la France! Ce sont les républicains qui vous le demandent, qui veulent vaincre ou mourir. Nous nous ferons hacher et nous vous débarrasserons des envahisseurs, lancez-nous! Il le faut, d'ailleurs! Il faut une issue aux passions qui débordent en nous. Ce que nous ressentons doit se traduire par des actes.

---

20 décembre.

Ma fille vit! ma fille est à Jersey! ma fille reçoit mes lettres! Ma mère, mon père sont vivants auprès d'elle, la soignent, l'aiment, l'embrassent!... Est-ce qu'il y a encore aujourd'hui

de pauvres parents qui n'ont pas de nouvelles de leurs enfants?

La lettre qui me donne des nouvelles de ma fille m'est envoyée par Mme de Pierreclos, laquelle est à Mâcon. Merci, chère amie! Cette lettre est allée à New-York, sous une double enveloppe. En arrivant à Paris, elle a été mise, avec mon adresse, à la poste de l'avenue Joséphine. Est-ce à l'ambassade américaine que je la dois? Si je savais qui remercier!

Voici ce que me dit cette lettre, que je lis vingt fois : « Je reçois un petit mot de votre chère Alice, aussi vaillante que vous; elle a quitté Granville, elle est à Jersey, 2, Groose street, Saint-Hélier. Votre fille, vos parents sont en excellente santé. N'ayez que le chagrin d'en être séparée. La grande douleur d'Alice est de ne pouvoir répondre à vos lettres, qui lui font du bien et qui lui insufflent votre patriotisme et vos espérances. »

Enfin, enfin, je n'aurai plus de crainte, plus d'angoisse que pour la patrie. Quelle lettre je vais écrire à mon Alice!

Je lui parlerai de sa plante, de cette plante qui est toute une histoire.

Ma fille a toujours dans un coin de sa chambre un petit pot plein de terre, qui est pour elle le pot au lait de Perrette ; elle y plante toutes les graines qu'elle trouve, tous les pépins, jusqu'au noyau des fruits confits, et elle rêve plantes nouvelles pour le Midi ; elle acclimate, elle observe, elle fait des essais de germination.

Ce pot de terre a toute l'importance d'un jardin ! Au moment de son départ, dans ce pot brun que j'ai tant regardé, tant embrassé depuis le commencement du siége, ma fille avait planté des graines d'Amérique, et, après trois mois de constance, germination dans l'eau froide, germination dans l'eau chaude, un microscopique point vert avait surgi ! La graine d'Amérique pousse ! Événement chez nous. Alice fait déjà de ce ramicule des tonnelles à Bruyères !... Je l'oblige à quitter Paris, et elle me confie son trésor.

Nous convenons que tous les jours, à midi, j'arroserai la plante, je me pencherai sur ce pot, et que nous songerons l'une à l'autre, mon Alice et

moi. Aujourd'hui le point vert, gros comme une tête d'épingle, a cinq grandes feuilles, c'est un arbre ! Je l'ai réchauffé de mon souffle, nourri de mes baisers. Seulement la graine d'Amérique a produit un néflier du Japon ! Ce n'est pas la délicate graine rouge qui a germé, c'est quelque gros noyau de nèfle confite, oublié au fond du pot, qui a traîtreusement poussé. Voilà un essai à refaire.

Mais cette chère plante, née à Paris, d'un noyau confit, je la porterai à Bruyères, quand Paris aura vaincu, nous la mettrons en terre solennellement, et nous l'appellerons « le Néflier du siége ». Nous et nos petits enfants, nous nous assoirons à son ombre, nous mangerons de ses fruits.

---

21 décembre.

J'ai passé quatre heures de mon après-midi à solliciter un laisser-passer pour la mère d'une jeune femme de mes amies. La pauvre petite, en

allant hier voir son mari, lequel est mobile, campé à Saint-Denis, a pris peur d'un coup de canon, et elle est accouchée à sept mois, par terre, dans une chambre sans meubles, sans linge !

Sa mère est folle. On m'a refusé un laisser-passer à l'état-major du général Schmitz ; on se bat, paraît-il, à Saint-Denis. J'y vais. J'ai un laisser-passer d'ambulance très en règle, une carte verte de la Préfecture de police, une carte rouge de ma mairie avec lesquels je pénètre partout.

Mais, dans la cour de l'état-major, je rencontre M. Legouvé, qui m'annonce la reprise du Bourget. Je suis dans la joie, je le remercie. La mère de mon amie m'attendait dehors, je lui donne toutes mes cartes, et je lui conseille d'en user.

Je cours à l'*Avenir national* annoncer la reprise du Bourget. Nous nous réjouissons. Quelqu'un arrive et affirme qu'on a pris cinq cents bœufs aux Prussiens. Nous rêvons pot-au-feu ! Peyrat veut qu'on fasse défiler ces bestiaux sur les boulevards, et ajoute : « Jamais triomphateur romain, en faisant défiler des rois, n'aura eu plus de succès. »

Je rencontre Edmond Plauchut, l'oncle de mon petit lieutenant; il est désolé, il cherche du linge pour les blessés de l'Odéon. Mme Sarah Bernhardt lui a écrit pour le supplier de lui en trouver; elle manque de ressources, elle a tout épuisé; elle se conduit en femme d'un grand cœur. Je vais avec Plauchut à l'Élysée, où Mlle Hocquigny a transporté sa lingerie, et j'obtiens tout un fiacre de linge pour l'Odéon. E. Plauchut me peint l'abnégation des femmes, le dévouement des hommes de ce théâtre.

Je sais aussi à quel point le Théâtre-Français est Français! On ne répétera jamais assez combien ceux qui touchent à l'art, ceux qui le cultivent ou le peignent ou l'expriment, les artistes enfin, sont Parisiens et patriotes. Ils ont été si peu bonapartistes qu'on pouvait beaucoup attendre d'eux. Ils donnent leurs bras, leur temps, leur santé, leur fortune, leur vie à la France, tous, tous, tous!

Il y a eu ces jours-ci une aventure de prisonniers prussiens. On les avait laissés libres; ils sont allés avec leur truchement, M. de Dreer,

dîner chez Notta, boulevard Poissonnière. C'étaient des officiers; ils ont choisi ce restaurateur où ils avaient, paraît-il, dans leur première existence d'espions, dîné plus d'une fois. Ils ont chanté en allemand et bu aux Prussiens; ils ont porté des toasts aux succès de la Prusse. Le public du restaurant s'est indigné, on les a fait prier de se taire, et, comme ils s'y refusaient, on les a chassés à coups de serviettes, on leur a jeté de la farine aux yeux, et j'ai vu de mes fenêtres sur le boulevard l'émotion et le rassemblement causés par cette farce poméranienne si pleine d'esprit et d'à-propos.

L'armée de Paris est sortie tout entière : cent cinquante mille hommes. On dit beaucoup qu'on veut faire de grandes choses.

22 décembre.

Aujourd'hui Adam et son ami Cernuschi sont allés au Bourget. Ils ont trouvé la désola-

tion des désolations chez les officiers, la révolte chez les soldats. On les a encore fait se battre à l'arme blanche, à la baïonnette, contre des murs, et au fusil contre des canons! Cent cinquante mille hommes sortis rentrent sans avoir pris le Bourget! La communication du gouvernement à la presse, ce soir, est idiote! Que signifient ces mots : « Le général Trochu réunit les chefs de corps pour décider des opérations ultérieures? »

Ma violence, mon indignation ne peuvent plus se contenir, nous courons à notre perte. Jamais de la vie les soldats français n'ont été plus braves, et jamais ils n'ont exécuté d'ordres plus stupides que ceux qu'ils exécutent depuis le commencement de cette guerre avec la Prusse.

On change l'imbécile qui a choisi ce personnel militaire depuis vingt ans ; l'un des justes crimes qu'on lui impute, c'est d'avoir abaissé le niveau intellectuel des officiers supérieurs, d'en avoir fait des courtisans, des créatures, et l'on garde tout le choix de l'homme de Sedan, tout le dessus de son panier, tous ses courtisans, toutes ses créatures, et l'on veut, avec les bergers qui nous

ont conduits au boucher, éviter la boucherie. Ah! sommes-nous bêtes! sommes-nous crédules! sommes-nous naïfs! c'en est touchant, c'en est pastoral!...

Gambetta fait des généraux et M. Trochu ne sait pas même en défaire!

23 décembre.

J'ai invité nos amis à dîner. Les dîners deviennent des espèces de pique-nique. Jourdan avait fourni le beurre. Peyrat donnait la dernière des boîtes d'Albert qui existe dans Paris! Plauchut apportait une petite boîte de haricots verts, bonne marque de province. Bergier avait envoyé de la vache, le morceau d'une vache intéressante qui vivait depuis deux mois dans un salon! Cernuschi est venu un peu tard pour jouir d'un succès dont il était certain; il a apporté du fromage! Aucun de nous n'en avait mangé depuis un mois. Nous n'avions pas attendu

M. Cernuschi, et, le voyant arriver avec une tête-de-mort à la main, et l'entendant prononcer ces simples mots : « Elle est pour vous ! » nous nous sommes tous levés de table, et nous avons embrassé l'auteur du fromage de Hollande, le grand Cernuschi lui-même !

Moi, ce jour-là, j'avais fait une trouvaille. J'avais acheté à la boucherie anglaise, que je cultive pour ses ressources et son originalité, j'avais acheté de la bosse de chameau. Ma chère Alice, je ne te dis que ça ! c'était divin ! Quel dîner !

Le froid est tellement atroce, qu'on ne se réchauffe pas dans son lit. Je pense sans cesse à nos pauvres soldats, à nos mobiles, à nos gardes nationaux dans les tranchées.

Le *Temps* publie des extraits de journaux allemands qui nous indignent contre la Normandie. Le maire de Dieppe a désarmé sa garde nationale. Châteaudun ! Châteaudun !

Aux avant-postes, trois cents hommes ont gelé la nuit dernière par dix-neuf degrés. C'est M. Trochu lui-même qui l'a dit à Adam. Ils se sont ren-

contrés aujourd'hui à Drancy. Le général, en l'apercevant, lui a crié : « Eh bien, Adam, il faut vaincre ou mourir ! — Il faut vaincre, général ! »

M. Lasteyrie est venu me voir. Je lui ai parlé de sa nièce, Mme de R..., qui soigne, dans son propre hôtel, vingt-deux blessés ; que tout le monde loue et admire ; qui ennoblit sa douleur et son veuvage par sa bienfaisance et l'ardente passion qu'elle a d'adoucir les douleurs des autres.

24 décembre.

Bonne nouvelle ! Au *Siècle* on parle cette après-midi, à la réunion du conseil, d'un article du *Times* que M. Washburne aurait appris et *répété* puisqu'il lui est interdit, par *ordre prussien*, de communiquer ses journaux. Gambetta, d'après le *Times*, aurait cinq cent mille hommes sous les armes ; il en aura neuf cent mille à la fin du mois, un million cinq cent mille à la fin de jan-

vier, tous armés! Il a créé quatorze camps retranchés. La levée en masse des hommes de vingt à quarante ans serait en pleine exécution. Voilà par quoi il faut répondre aux envahisseurs. Si nous avions aidé Gambetta, si nous l'aidions encore, si nous avions le quart de son énergie, de son tempérament patriotique, nous ferions comme lui des miracles!

Les enfants jouent et rient, en sortant de l'école, autour du bassin du Palais-Royal. Ils forment des régiments, et, tambours en tête, avec des officiers élus, ils font des exercices, battent la charge, attaquent les Prussiens; il faut voir la mine de ceux qui, pour infraction à la discipline, sont condamnés à *représenter* les Prussiens; ils ne sont pas nombreux, mais en revanche ils reçoivent des piles, mais des piles... On voudrait que l'image devînt la réalité!

Dans la rue Saint-Honoré, il y a un rasssemblement sur le trottoir, devant l'étalage d'une boutique. On vend là des comestibles pour les blessés. Pâtés, poissons frais, œufs, volailles, gâteaux, il y a de tout!

— C'est trop salé, disent les uns.

— C'est trop vert, disent les autres.

Un garde national des faubourgs, avec sa vareuse, regarde un brochet magnifique affiché trois cents francs, et nous dit avec un accent inimitable :

— Moi, j'irais pour cette pièce-là jusqu'à trois francs, je me saignerais, parce que le brochet, voyez-vous, c'est ce que j'aime le plus; il y a tous les instruments de la Passion dans la tête du brochet, c'est le poisson du peuple !

En revenant chez moi par la rue de la Banque, je vois un homme qui tombe. Deux agents de police le ramassent.

— Qu'est-ce? leur dis-je, un ivrogne ?

— Non, madame, c'est un pauvre marchand de fouets qui crève de faim et de froid ; il n'y a presque plus de fiacres, on n'use plus de fouets.

J'achète tous les fouets de ce pauvre homme, et je les offre aux agents de police, qui les lui rendent quand j'ai tourné le dos.

25 décembre.

La Noël! Vente de Mme Jules Simon au ministère de l'instruction publique.

Le commerce parisien, dont la générosité ne s'épuise pas, a envoyé des cadeaux superbes. La vente est fort belle, elle est magnifique, on y fait beaucoup d'argent. La section des légumes, des volailles, des conserves est fort courue. Il y a des choux qui me trottent par la tête. Un de nos amis guigne un potiron splendide. Rochefort, que nous rencontrons, veut faire des folies pour une jeune dinde grasse qui l'a séduit, mais qu'il faudra payer très-cher. Adam compte se ruiner pour des cigares. Rochefort, qui ne fume pas, engage, à propos de cette dinde et de ces cigares, la plus spirituelle discussion du monde. Messieurs les Prussiens, j'en suis bien fâchée pour vous, malgré votre investissement, nous avons encore de l'esprit!

26 décembre.

Le froid est atroce! Les armées de la République gèlent à Paris, et l'on ne fait rien pour les réchauffer. Si nous avions des généraux républicains, un seul, un ancien de l'autre République, le moindre des Mayençais!... Mais nous n'avons personne, nous ne faisons rien !

Nous allons, le soir, chez Dorian. Il nous apprend la retraite de Faidherbe. Nous pouvions aider Faidherbe, nous l'avons laissé accabler, là, tout près de nous. Faidherbe et ses troupes se sont battus trois jours ; ils ont tenté l'impossible; ils auraient vaincu si nous avions retenu les Prussiens autour de nous par des attaques, par des sorties.

Mme Dorian, Mme Ménard, moi, nous répétons:

— Il fallait aller au secours de Faidherbe.

— Ne parlons pas de ce qu'on devait faire hier, nous dit Dorian avec irritation ; parlons de ce qu'on pourrait encore faire demain. Nous n'avons pas un général. Je ne suis pas suspect de

tendresse pour M. Trochu, eh bien, c'est encore lui qui vaut le mieux! Ducrot, Vinoy détestent les républicains ; vous ne feriez pas crier à l'un d'eux : « Vive la République! » Trochu, lui, le criera. Dans la séance que nous avons eue ce matin, de huit heures à deux heures, j'ai vu, j'ai compris que tout ce que je fais ne sert à rien ; on brûle ma poudre pour des moineaux, on tire mes obus en l'air au mont Valérien, on ne veut pas vaincre, je vous le dis, et je suis désespéré. La mobile, les soldats refusent de se battre, voyant ce qu'ils voient, leurs officiers, sachant ce qu'ils savent, comprenant ce qu'ils comprennent. Nous sommes perdus!

Ah! que ce mot de Dorian m'a fait de mal!

27 décembre.

Un de nos amis, le colonel Germa, m'écrit de Vitry, où il est depuis le 12 avec ses compagnies de guerre : « On nous dit à l'instant de nous te-

nir prêts pour une attaque. Nous sommes prêts depuis le commencement du siége ! Mieux vaut le combat le plus meurtrier que notre perpétuelle, sempiternelle inaction. »

Il neige affreusement. Les forts tonnent dans tous les sens. Les Prussiens ont découvert des batteries et bombardent le fort de Nogent. La population de Paris sait que Faidherbe a été repoussé dans le Nord; elle ne bronche pas ; sa foi robuste repose sur un grand courage, que rien ne peut ébranler.

28 décembre.

On se rassemble sur le boulevard ; on croit, on dit qu'il y a une victoire de Chanzy sur la Loire ! Si c'était vraiment vrai !

Je n'ai plus de bois, même pour mon petit blessé : le bois est rationné.

J'ai été obligée de dire à Adam que je n'allumais plus de feu dans ma chambre depuis long-

28 DÉCEMBRE.

temps, il a eu beau s'ingénier, il n'a pas pu trouver de bois. Mon marchand m'avait assuré qu'il en aurait toujours ; mais on ne s'attendait pas à un hiver si rude, au rationnement, aux réquisitions pour la troupe, aux paniques. MM. Rougelot et Pingault, boulevard de Latour-Maubourg, m'écrivent aujourd'hui : « Notre chantier est entièrement épuisé. »

Nous brûlons, pour nous chauffer un peu, par ces quinze degrés, sous les toits, au nord, 100 kilos de bois par jour, et l'on n'a le droit d'en *toucher*, sur bons de la mairie, que 75 kilos par semaine. Comment faire ?

Adam revient dans la journée et me dit qu'il vient d'acheter un bateau sur la Seine, avec plusieurs de nos amis. On brûle des chaises, des vieux meubles, des billots de bois des îles ; le gouvernement fait abattre des arbres sur les promenades publiques, dans les squares, un sur deux.

Bast! si la victoire de Chanzy est véritable, voilà qui va nous réchauffer !

30 décembre.

A mesure que la population s'élève, par son héroïsme, au-dessus de tous les sacrifices, M. Trochu, les généraux s'irritent et se découragent plus encore. On voit mieux la distance qu'il y a entre eux et nous, entre leur énergie et la nôtre. Aucun n'a l'enthousiaste vision de la délivrance. Ces gens-là croient trop aux miracles catholiques pour croire aux prodiges républicains. Ils ont la foi qui conduit au *Credo quia absurdum;* ils n'ont pas celle qui conduit aux vérités humaines, au martyre patriotique.

Quelle insuffisance! Le plateau d'Avron a été abandonné sans que, depuis un mois, on ait rien fait pour le défendre, pour le mettre à l'abri d'une attaque de l'artillerie prussienne. L'attaque a eu lieu, il a fallu se sauver, emporter les canons dans un désordre inexprimable.

L'ennemi déploie toute son intelligence, toutes ses ruses, invente, cherche, essaye, trouve, ose! Nous, bêtement, opprimés par les chefs de l'ar-

mée, par les favoris de la défaite, nous nous rongeons le foie ; nous mangeons notre ration de pain jusqu'à ce qu'on nous dise : « Vous n'avez plus de vivres, il faut capituler ! »

---

31 décembre.

Quelle fin d'année ! L'angoisse envahit les âmes les plus courageuses. Je me débats contre ma propre inquiétude, et je triomphe à grande peine de mes doutes. Hélas ! hélas ! cette fin d'année est lamentable. Le jour de demain verra l'aurore de notre régénération ou commencera l'année la plus terrible qu'une nation puisse vivre.

La proclamation de M. Trochu est molle, sans ardeur d'aucune sorte. Elle a l'air de sortir d'un esprit que les événements ont vidé comme on vide avec un fétu de paille du *soyer* dans un verre ! En lisant cela, ceux qui, comme moi, n'ont rien espéré de cet homme, éprouvent un dédain étonné.

Louis Blanc vient de me lire son admirable lettre à Victor Hugo, qui sera publiée demain. Quel beau langage ! et quelle page définitive d'une histoire qui n'est pas faite encore !

***

1er janvier 1871.

On a cogné toute la nuit sur le boulevard pour construire des petites baraques. Je reçois des bonbons, des cartes, deux jolis morceaux de fromage enveloppés de papier doré, un petit pot de beurre, trois œufs frais dans un admirable nid de paille; malgré de si belles étrennes, quel jour de l'an !

Nous sommes assiégés depuis plus de cent jours !

Tout le monde, sans distinctions de nuance d'esprit ou de nuance de parti, admire la belle lettre de Louis Blanc à Victor Hugo. Quelle langue ! quel souffle ! quelle vue profonde des choses à venir ! Prédits avec cet art, les temps

futurs semblent vivre pour nous rendre l'espérance.

J'avais conquis à la boucherie anglaise, hier, à tour de bras, au milieu d'une bousculade inénarrable, un morceau d'éléphant. Chair appétissante, rosée, ferme, d'un grain très-fin avec de petits chinés du blanc le plus pur. J'appris par le boniment du boucher, un vrai boniment, très-spirituel, comique à se tordre, étant donné la marchandise qu'il annonce et les animaux du jardin d'acclimation et des ménageries qu'il débite, que mon morceau d'éléphant faisait partie d'un tout ayant eu nom : *Castor*.

J'invitai Louis Blanc et son frère Charles à essayer de ce *Castor*, sur le mérite et sur la saveur duquel nous ne cessâmes de nous étendre durant tout le dîner.

Charles Blanc avait une loge pour l'Opéra. On y donnait le *Désert*.

La salle de l'Opéra n'est plus chauffée depuis longtemps; elle est tristement éclairée par quelques lampes, par des bougies. On n'y joue qu'au bénéfice d'artistes pauvres ou appauvris. On gelait,

et ce *Désert* si chaud, où le soleil verse tant de rayons, où la lumière et la couleur éblouissent, où le sable brûle, me causait, par le contraste, un tel malaise d'esprit, une telle souffrance nerveuse, que je priai Adam de me ramener à la maison.

Nos amis, qui mouraient aussi de froid, revinrent avec nous se chauffer à notre pâle feu de bois de bateau.

Nous causâmes d'un projet du gouvernement qui serait de faire nommer des représentants de Paris et de remettre les affaires entre leurs mains. Ce projet me rappelle un jeu de mon enfance. On passe de main en main une allumette dont on a éteint la flamme, dont on diminue le feu, et l'on dit : « Petit bonhomme vit encore ! » Il s'agit de passer l'allumette au voisin dans le moment même où le petit bonhomme se meurt.

Je suis bien certaine que M. Trochu jettera l'allumette, la dernière étincelle de Paris, au dernier instant, à quelque bon petit camarade, afin de pouvoir dire : « Ce n'est pas dans mes mains que le petit bonhomme est mort. » M. Trochu est un

malin qui fait donner des gages par les autres.

Paul Guéroult, qui continue de traîner la brouette aux tranchées, vient me voir. Il a passé une nuit dehors, la semaine dernière, par 17 degrés. Tu crois, chère Alice, qu'il est refroidi; point du tout! C'est lui qui remonte le moral de l'escouade dont il fait partie, et le brave garçon ne doute pas des destinées glorieuses d'une patrie qu'il consent à servir si humblement.

Mon neveu, Jules-Louis, ton unique cousin, se conduit fort bravement, Alice; il est dans l'artillerie de la garde nationale, et j'ai reçu ce matin, du fort de Rosny, une lettre de lui, pleine de souhaits ardents pour notre France. Le fort de Rosny est bombardé par les Prussiens. L'artillerie de la garde nationale y fait honneur à notre Paris. Elle est pleine d'admiration pour son chef, le colonel Schœlcher, qui donne l'exemple de tous les courages. Mon neveu, avec soixante-dix de ses camarades, a réparé une brèche sous le feu; il a une bonne petite blessure à la tête dont il est très-fier, et moi aussi. Trois artilleurs ont été tués ce matin dans une casemate par un obus prussien.

L'artilleur en permission qui m'a remis la lettre de Jules, un homme de quarante ans, un ouvrier, me disait : « Vrai de vrai, madame, votre neveu a un joli sang-froid; je rage de n'en avoir pas tant que lui! Je ne suis pas poltron au dehors, mais au dedans je songe un peu trop à ma femme et aux petits, quand les obus prussiens carambolent autour de nous. »

M. Paul Collin, le peintre, qui revient des avant-postes avec son colonel, M. Maurice Bixio, me raconte l'histoire la plus bouffonne du monde. En rentrant de sa garde, d'une grand'garde de douze jours, il veut monter à son atelier, le concierge s'y oppose, dit qu'il ne le connaît pas, se refuse à lui donner sa clef. Le propriétaire de cette maison est parti, les locataires sont partis, l'ancien concierge est mort au commencement du siége, le nouveau s'est laissé enterrer il y a huit jours, de sorte que le concierge actuel n'entend rien et ne veut donner de clef à personne.

— Je couche philosophiquement chez Maurice, me dit M. Paul Collin, dont le récit m'avait fait

rire aux éclats, mais ce qui me tourmente, c'est que je ne puis pas ravoir mes provisions.

— Quelles provisions? demandai-je.

— Ah! tout un sac de petits haricots rouges, avec lesquels nous jouions au loto depuis trois ans, et qui nous rafraîchiraient beaucoup, mon colonel et moi ; car, aux avant-postes, on ne mange que de la viande salée !

---

2 janvier.

Des nouvelles assez vagues circulent; ce sont d'heureuses nouvelles! Chanzy serait un héros, il aurait culbuté l'armée du prince Frédéric-Charles. Notre cœur bat encore d'espoir. M. Hauréau m'assurait tout à l'heure que M. Washburne a reçu pour la seconde fois ses journaux, non-seulement triés, mais découpés. Tout ce qui concerne la province est enlevé, bon signe !

On a trouvé hier une bouteille venue par la Marne et qui contient une lettre où il est écrit, en

vraie écriture, que l'armée de Frédéric-Charles est en déroute, que Frédéric-Charles est tué! Quel cran d'arrêt à la roue de notre fortune!

Ce bombardement de nos forts, cette dépense excessive de projectiles doit répondre à une inquiétude des Prussiens. Ils savent, M. de Moltke le leur a dit, que la famine nous menace, qu'avec un peu de patience ils prendront Paris sans combat. Pourquoi nous attaquent-ils?

Aujourd'hui, ce dont on souffre le plus, c'est du manque de bois; il n'y a plus de bois, plus de chevaux pour transporter le peu qu'on trouve. Le bois s'achète par toutes petites quantités. On rencontre des femmes bien vêtues avec leurs bûches ou leurs fagots de douves de tonneaux dans les bras. Elles vont par les rues, sans ostentation et sans humilité. Le pain aussi est bien mauvais. Pas une femme qui se plaigne! Le dévouement à la patrie, voilà l'idée fixe, et c'est une si grande chose que la patrie, *quand on y pense!* me disait mon ami l'ouvrier. — On y pense!

Au milieu des événements qui se pressent, les interprétations, les théories, les paradoxes, les prédictions vont leur train, le soir, dans notre salon. Les uns, comme M. de Reims, prétendent que la République est perdue, parce qu'elle a été proclamée trop hâtivement, et qu'elle n'est pas assez populaire en France pour supporter le poids des défaites, du sang versé, des impôts. M. d'Artigues répond que la République ne peut s'établir que sur des défaites, parce que la réaction et les partis monarchiques, si la France est vaincue, seront moins avides à la curée. M. Victor Lefranc dit qu'il faut que la République entre lentement, par la petite porte; qu'en 1848 la République est entrée par la grande porte, et qu'elle a été trop facilement jetée dehors. M. Duclerc affirme, comme Adam, qu'heureuse ou battue la République seule peut tenir tête et faire face aux complications politiques et sociales de l'avenir.

3 et 4 janvier.

Mme de Rothschild a organisé, au chemin de fer du Nord, dans les salles du conseil, une vente en faveur de l'*OEuvre du Travail des femmes*. J'ai vu souvent Mme James de Rothschild, Mmes E. Bocher, de Galliera et Duchâtel, ces derniers jours, pour l'organisation de cette vente.

Le patriotisme, la charité effacent rangs, castes, préjugés, religions, partis, éducations, fortunes, habitudes.

J'ai été frappée de la grande et calme lucidité que Mme de Rothschild apporte dans la bienfaisance. Sa bonté, à force de cœur et de générosité, parvient à être immense, même lorsqu'on la proportionne et la mesure aux facilités d'une immense fortune.

Nous vendrons le 5 au chemin de fer du Nord. Il gèle, il fait du verglas. Les voitures de toute espèce sont de plus en plus rares. Comment viendra-t-on à ce chemin du Nord? comment irai-je?

On a commenté, ces jours-ci, les nouvelles ap-

portées par un numéro du *Times* du 23 décembre. Chanzy nous donne toujours les plus grandes espérances. Mais, à Paris, ceux qui voient l'inaction des généraux, leur incapacité, leur insuffisance voulue, les entraves qu'ils mettent à toutes les entreprises, n'hésitent pas à prononcer le mot de *trahison*.

Tout le monde s'attend au bombardement de Saint-Denis. Au sud de Paris, les Prussiens ont découvert des batteries à Clamart. Vont-ils bombarder aussi le faubourg Saint-Germain ? La nuit dernière, nous avons eu 20 degrés de froid, et, à quatre heures, sur le boulevard, nous en avons encore 8. Je ne me réchauffe plus. Qu'il doit faire doux et bon au Golfe-Juan ! Au mois de janvier, les rosiers et les orangers y sont en fleur !

---

5 janvier.

L'affreux verglas ! Il m'a fallu une heure et demie pour aller du boulevard Poissonnière au chemin de fer du Nord.

C'est aujourd'hui le premier jour de notre vente en faveur de l'*OEuvre du Travail des femmes*. Je vends des passe-montagnes et des journaux. Mme de Rothschild fait vendre des comestibles qu'on s'arrache, qui atteignent des prix fabuleux. Un morceau de saucisson, duquel on pourrait à peine tirer quatre tranches, s'achète 25 francs. Un chou-rave s'enlève au même prix. L'enchère fait monter jusqu'à 100 francs une microscopique terrine de foie gras. Une paire de canards est couverte d'or. La boutique de Mme de Rothschild a le plus légitime succès et réalise plusieurs milliers de francs.

Tous les journaux amis m'ont envoyé une édition spéciale avec l'annonce de notre vente en tête. L'*Officiel*, lui-même, est également tiré pour moi sur papier de Hollande. Les *Débats* recommandent mon kiosque en des termes qui m'amènent acheteur sur acheteur. Partie dès le matin, je n'ai pas lu les journaux; on me demande les *Débats* d'un air malin, on les paye généreusement vingt francs, quarante francs! On me répète: « Quel charmant article de

M. John Lemoine! » Je dis : « Ah! » J'ouvre le journal, je cherche les beautés de ma marchandise pour la mieux recommander, pour l'annoncer au besoin. Je ne trouve pas dans les *Débats* le moindre article de M. John Lemoine.

Le spirituel et le délicat de la chose s'expliquent. Les numéros des *Débats* qu'on m'a envoyés n'ont pas l'article sur mon kiosque; ils ne contiennent pas ma réclame, et je ne suis pas exposée à vendre moi-même mon propre éloge.

Le canon ne cesse pas de gronder. Mme Dorian me dit que le gouvernement craint pour le soir une manifestation à l'Hôtel de ville. La neige et le verglas arrêteront bien des emportements, refroidiront bien des colères.

Les Prussiens bombardent les forts de Vanves, d'Issy, de Montrouge. Quel temps horrible pour nos soldats dans la tranchée, pour nos armées en campagne, pour notre chère armée de la Loire! Si nous étions en automne, au printemps, comme la défense, comme l'attaque seraient plus faciles, l'obligation d'agir plus impérieuse, les prétextes à ne rien faire plus nuls encore!

6 janvier.

Le bombardement de Paris a commencé cette nuit, sans que nous en ayons été officiellement avertis par les Prussiens, suivant l'usage de la guerre. Les barbares! Plus de trois mille bombes sont tombées autour du Jardin des plantes, du Luxembourg. On ne s'était pas garé, ne sachant rien; plusieurs personnes ont été tuées dans leur lit. Les obus sifflaient par-dessus les toits, éclataient à droite, à gauche. Les pauvres bombardés ont d'abord perdu la tête, et, au lieu de se réfugier dans les caves, beaucoup se sont sauvés, se sont fait tuer dans la rue.

Le courage de Paris ne faiblit pas. Nous courons dès le matin chercher les bombardés; on réquisitionne pour eux les maisons des absents; c'est un va-et-vient, un déménagement universel des extrémités au centre de Paris. Le commandant Gauthier m'amène Jeanne, sa fille, une amie de la mienne, avec son sac de voyage. Elle a compté dix-huit obus qui ont éclaté autour de sa

maison, elle a la fièvre; son courage n'a pas diminué, mais son exaltation est extrême.

Ce matin, en s'éveillant, elle s'est précipitée à une glace pour voir si, durant cette interminable nuit, ses cheveux n'avaient pas blanchi.

J'offre l'hospitalité à Jeanne. Nous allons partager avec elle la maigre ration de pain noir que nous partageons déjà avec notre blessé. On n'a pas d'indigestion en ce moment. Si les bombes et les obus se mangeaient, MM. les Prussiens ne nous en lanceraient pas autant. Quel bruit infernal!

J'ai vendu encore aujourd'hui, de une heure à quatre, au chemin de fer du Nord. Le ministre belge, en m'achetant un *Officiel,* me parlait de Gambetta, dont le gouvernement laisse penser beaucoup de mal, que quelques-uns de nos amis soupçonnent d'ambition, que la plupart défendent avec tiédeur. Le ministre belge me disait que Gambetta fait une besogne extraordinaire, et que ce tempérament, cette passion, cette exubérance dont on cherche trop à voir les mauvais côtés, lui donnent des ressources

merveilleuses et des puissances tout à fait personnelles et imprévues.

Ce soir, on lit sur les murs de Paris la proclamation suivante:

« Au moment où l'ennemi redouble ses efforts d'intimidation, on cherche à égarer les citoyens de Paris par la tromperie et la calomnie. On exploite contre la défense nos souffrances et nos sacrifices. Rien ne fera tomber les armes de nos mains. Courage, confiance, patriotisme! Le gouverneur de Paris ne capitulera pas!

6 janvier 1871.

Le gouverneur de Paris,
Général TROCHU. »

On entend le bruit incessant des obus, des canons, bruit tantôt sourd, tantôt déchirant, selon la distance où l'on est des bombes qui éclatent.

A neuf heures, le silence est extraordinaire; ni voiture, ni passant sur le boulevard; pas d'autres bruits que les bruits du bombardement! Il dégèle, le ciel est noir, les rues sont boueu-

ses, humides, glissantes. On ne trouverait pas un fiacre à prix d'or.

Tout est dramatique : le temps, le lieu, l'action. Nous pourrions, en ce moment, dans nos lettres, dans nos journaux, parler le langage des grandes situations de l'histoire, sans qu'on ait le droit de nous reprocher d'être juchés et déclamatoires. Si les capitales de l'Europe se demandent quel air, pendant ce bombardement, a ce Paris si gai, si spirituel, si léger, répondons-leur : « Paris est fier d'être bombardé! regardez-le, voyez son calme, son courage, et tâchez de l'égaler! »

---

7 et 8 janvier.

Le bombardement continue. Les histoires les plus navrantes circulent. Dans la nuit du 5 au 6, il y a eu beaucoup de morts. Une mère, en rentrant chez elle, n'a retrouvé que des lambeaux de ses deux enfants. Au quatrième étage

d'une maison, une famille a été broyée, père, mère, jusqu'à la nourrice, et une petite fille de six mois est restée suspendue dans son berceau à quelques millimètres du précipice ouvert par l'obus.

Ces deux jours-ci, on recommence à parcourir les quartiers bombardés. Je suis allée moi-même rue des Écoles, où est l'appartement de mon père, et, par la rue du Cherche-Midi, au ministère des travaux publics. Bien des gens qui n'affronteraient pas un coup de fusil courent après les obus et assistent tranquillement à leur explosion.

Des bombes sont tombées rue du Bac, jusqu'en face des Missions-Étrangères. Rue Madame, quatre obus ont éclaté dans la même cour. En traversant une place, j'ai entendu un gamin dire à son camarade :

— Je te dis qu'*elles* tombent de ce côté-ci, les *obuses!* Tu vois bien les trous, c'est le bon endroit !

M. de Reims, qui est très-lié avec le commandant Potier, l'auteur de nos canons de sept, me disait que celui-ci s'étonne de la violence du

bombardement. Les Prussiens, d'après lui, ont usé 40,000 kilogrammes de poudre sur le plateau d'Avron, et ils tirent sur Paris comme pour épuiser leurs provisions de siége.

Nous sommes toujours convaincus que l'absence de nouvelles et la suppression des journaux anglais et américains par l'ennemi sont la meilleure preuve de nos succès en province. Les Prussiens nous bombardent, donc ils ne croient pas avoir le temps d'attendre que la famine ouvre nos portes. Ils se hâtent d'employer leurs plus grands moyens de contrainte pour nous forcer à une capitulation immédiate.

Le froid me rend folle. Il me semble que ma tête va éclater comme un vase congelé.

Du 9 janvier au 14.

Je m'éveille après un cauchemar horrible. Depuis six jours, il me semble que toutes les bêtes à mille pattes du monde entier ont tra-

versé ma cervelle, s'y sont accrochées, et qu'il a fallu les arracher une à une en ouvrant chaque fois les soudures de mon cerveau.

J'ai vécu pendant six jours enfermée, sans lumière, incapable de lire, d'écrire, d'entendre. On m'a dit les bonnes nouvelles de la province envoyées par Gambetta, et je ne les ai pas comprises! Je ne percevais qu'une chose : les sons, parce qu'ils ajoutaient à ma souffrance. Le bruit de chaque obus ennemi a frappé sur ma pauvre tête comme un coup de marteau. Que MM. les Prussiens piétistes soient contents! Ils ont torturé, avec leurs bombes, aussi cruellement que l'eût fait la sainte inquisition, l'une des Françaises qui les hait le plus!

Je suis si faible encore que je ne puis rassembler mes idées.

Adam, qui a été inquiet de moi, est tout triste, malgré les bonnes nouvelles de la province.

Ce Gambetta prend des proportions de colosse, avec ses larges épaules qui ont toujours l'air de soutenir un monument. Il est la cariatide de notre France.

15 janvier.

Je suis broyée, vaincue par la douleur. Je n'ai vu personne depuis une semaine.

Impossible de dormir, de reposer même un instant. Les Parisiens n'ont pas dormi depuis dix jours. Le bombardement est effroyable.

Comme j'ai bien fait de ne pas garder ma fille auprès de moi! Les femmes de Paris, qui assistent au siége, payeront chacune, un jour ou l'autre, le tribut de souffrances que je viens d'acquitter.

16 et 17 janvier.

Le bruit de la trahison de M. Schmitz a couru. Ce général dont le nom allemand est désagréable à lire, et qui signe toujours : *P. O.* (par ordre) *Schmitz,* ce qui l'a fait surnommer *Pot-Schmitz,* est malveillant pour la défense, grognon dès

qu'il s'agit de la garde nationale, fécond en entraves lorsqu'on projette une sortie. M. Trochu, ce matin, a répondu dans l'*Officiel* aux accusations qui circulent sur le général Schmitz. Cette réponse est piteuse. M. Trochu y affecte des indignations de réactionnaire, il en parle le sot langage, il en écrit le mauvais style, il en emploie les rengaînes, comme celle-ci, qui est bien usée : « Je ne recherche que l'approbation des honnêtes gens! »

18 janvier.

Les bataillons de guerre de la garde nationale ont défilé depuis sept heures du matin jusqu'à quatre heures du soir sur le boulevard, sac au dos, leurs tentes sur des charrettes. Ils croient qu'on les conduit à une attaque décisive. La foule est énorme sur leur passage. Ils marchent, musique en tête, heureux d'agir, résolus à tout tenter dans ce dernier effort pour sauver notre

Paris. Les bataillons sédentaires accompagnent leurs bataillons de guerre jusqu'aux portes.

A l'état-major de la garde nationale, on est convaincu que les compagnies de guerre se débanderont, s'affoleront aux premières décharges de l'artillerie prussienne. Tout Paris est certain du contraire. Des hommes qui, un à un, ont ce patriotisme, et qui, dans les rangs, ont cette fermeté d'allures, cet air martial, se comporteront comme de vieux soldats. C'est dans la garde nationale qu'est aujourd'hui le vrai courage de Paris, la volonté de vaincre, le meilleur élément de la défense, la seule force qui, habilement combinée avec les forces de la province, peut devenir l'instrument de notre délivrance.

Ils partent, où vont-ils? Tous s'engagent dans les Champs-Élysées et se dirigent vers le mont Valérien.

J'ai une seconde lettre de ma fille, qui m'est venue par un ami de Mme Sand. Alice me dit que tous les regards se tournent vers Paris. On espère en lui pour sauver la France. Que signifie cette phrase? Et la province vers laquelle tous

les regards des Parisiens se tournent? Nous espérons en elle aussi pour sauver la France. Peut-être la province et Paris, dans leur ardeur patriotique, se trompent-ils mutuellement et font-ils un chassé croisé d'espérances. Qu'importe, après tout, si notre foi réciproque nous soutient et nous encourage à continuer la lutte à outrance?

---

19 janvier.

L'action est engagée. On se bat. La garde nationale est au feu depuis six heures du matin. M. Cernuschi vient chercher Adam, et ils partent pour le lieu de la bataille.

A deux heures, une de mes amies entre chez moi et me crie : « Bonnes nouvelles ! Montretout a été enlevé à dix heures, on se bat sur Garches et à la Jonchère, les Prussiens ont été surpris et repoussés partout ! »

Elle me raconte que le directeur de l'École

des ponts et chaussées, M. Léonce Reynaud, a trouvé un système de télégraphie extraordinairement ingénieux, que la clef de ce système est partie avec le dernier ballon, et que déjà M. Trochu a eu des nouvelles par ce procédé.

Mon amie est liée avec l'amiral Saisset, qui vient de perdre son fils unique broyé par un éclat d'obus, et qui disait hier : « Je puis me consoler de la perte de mon fils, tué pour la France, mais c'est à la condition de tremper tous les jours mes mains dans le sang prussien. » L'amiral voit un obus tomber à ses pieds l'un de ces derniers jours, il le repousse du bout de sa botte en disant : « Vieille ferraille ! » Des officiers se précipitent vers l'amiral, le saisissent et l'emportent. L'obus éclate aussitôt.

A trois heures, Paris entier est sur le boulevard, dans les Champs-Élysées. Nous passons encore par toutes les joies des bonnes nouvelles, par toutes les angoisses des mauvaises. Une chose sur laquelle on est d'accord, c'est que la garde nationale se bat admirablement, étonne les troupes et les entraîne. Depuis ce matin, la garde

nationale gagne du terrain; on dit qu'elle est dans le parc de Buzenval.

Tout à coup, en plein espoir, avec des nouvelles certaines, au moment où il est incontestable que nous avançons, que l'élan de la garde nationale, de la mobile, des troupes est complet, on lit une proclamation de M. Trochu, proclamation insensée, coupable, et qu'il est impossible d'expliquer autrement que par un accès de folie. Ce général, tandis que nos troupes se battent, dit qu'il voit un brouillard entre elles et lui, nous apprend qu'il demande un armistice de deux jours, et qu'il faut envoyer ce qui nous reste de fiacres pour rapporter nos blessés. N'est-ce pas à devenir fou soi-même?

Un long gémissement s'échappe de toutes les poitrines, on se sent perdu avec de pareils hommes, le désespoir est dans toutes les âmes. Ces méchants croyaient que la garde nationale allait donner le spectacle de sa lâcheté! En la voyant se battre comme elle se bat, soit remords de ne l'avoir pas employée, soit jalousie de gens vaincus partout, et qui ne veulent pas que des

pékins sauvent Paris, ils ordonnent la retraite sous prétexte de brouillard, ils terminent la bataille sous prétexte de morts et de blessés! Que l'histoire les maudisse comme Paris les maudit!

Adam et M. Cernuschi reviennent. Ils étaient sur le plateau du Moulin-de-Pierre, au milieu de notre artillerie, à mi-chemin entre le parc de Buzenval et le mont Valérien, où se tenait M. Trochu, M. Clément Thomas et leur état-major. Ils n'ont pas cessé de voir et les troupes et les généraux. Qu'est-ce donc que ce fameux brouillard? M. Cernuschi m'assure que les canons du Moulin-de-Pierre portaient jusqu'au milieu des Prussiens et que les boulets prussiens n'atteignaient pas les batteries du Moulin-de-Pierre.

— La garde nationale, me dit Adam, vient de montrer, en pure perte, hélas! qu'on pouvait sauver Paris avec elle.

— Il n'y a plus d'illusion à se faire, ajoute M. Cernuschi, les hommes qui nous commandent étaient et sont incapables de nous délivrer.

Adam a vu revenir le 116ᵉ du champ de ba-

taille. Son colonel, M. Langlois, un des hommes les plus braves, un des patriotes les plus ardents qui soient à Paris, est blessé. Le 116°, le 71°, le 35°et le 76°, qui s'étaient battus toute la journée, marchaient en rang, solides, fiers de s'être bien conduits. Que de patriotisme, que de courage, que d'abnégation, que d'héroïsme rendus inutiles par l'insuffisance de M. Trochu, par la malveillance de MM. Guiod et Schmitz, par l'envie que MM. Ducrot et Vinoy se portent l'un à l'autre! On dit que M. Ducrot était hier en retard de deux heures, parce que M. Vinoy commençait l'attaque, et que M. Vinoy s'est retiré au moment où M. Ducrot entrait en ligne. Mais là où MM. Guiod, Schmitz, Ducrot, Vinoy se retrouvent d'accord, c'est dans leur haine de Paris et de la République!

20 janvier.

Encore une entreprise solennellement préparée, maladroitement conduite, misérablement

terminée. Avec cette phrase dont je n'ai trouvé encore que des variantes après chaque sortie, on pourrait faire l'histoire militaire du siége.

Quelqu'un qui ne ment pas m'affirme avoir entendu M. Trochu, au mont Valérien, nous mettre sous la protection de sainte Geneviève. Il avait, paraît-il, terminé sa dépêche par cette invocation : « Que sainte Geneviève ait pitié de nous ! » M. Jules Favre a effacé la phrase.

Les mauvaises nouvelles de Chanzy arrivent en même temps. Peut-être les avait-on gardées pour frapper notre esprit par plusieurs désastres à la fois. Les généraux et le gouvernement veulent une capitulation ! Paris et tous ceux qui, comme moi, avaient mérité le surnom d'*à outrance,* se sentent écrasés. Jamais, durant les plus cruelles épreuves de ces derniers mois, je n'ai plus souffert qu'en ce moment.

Paris est perdu ! notre pauvre, notre cher Paris va être sacrifié ; lui, qui pouvait être si fier, si glorieux, va être humilié, abaissé ! Avec tant d'éléments d'action, nous n'avons rien fait ! Tout ce courage, lentement aguerri, il va falloir

l'arracher de nos âmes pour subir la honte d'une capitulation ! Cette combativité rentrée ne va-t-elle pas faire éclater nos cœurs et nos têtes?

---

21 et 22 janvier.

Et le gouverneur de Paris, est-ce qu'il capitulera? Et M. Jules Favre qui a dit : « Nous ne donnerons ni une pierre de nos forteresses, ni un pouce de terrain, » est-ce qu'il pourra mettre sa signature au bas d'un traité de capitulation?

Ah! nous voyons dans l'*Officiel*, aujourd'hui 22, que M. Trochu n'est plus gouverneur de Paris; c'est donc M. Vinoy qui capitulera. Passez, muscade! Le tour est fait. Pauvre Paris!

Le frère d'Adam, Adolphe, me raconte qu'hier, à la réunion des maires, M. Jules Ferry s'est prononcé avec passion pour une capitulation immédiate.

Tous les amis de Dorian se succèdent auprès

de lui pour qu'il accepte de faire, avec la garde nationale, une dernière sortie, un acte de désespoir, cette fameuse trouée qu'on dit possible avec cinquante mille hommes décidés à tenter quelque chose de grand et prêts à mourir.

Je vais moi-même chez Mme Dorian, je la supplie d'intercéder auprès de son mari en faveur des pauvres *à outrance,* dont elle, sa fille, son gendre, son fils, Dorian lui-même, ont assez prouvé jusqu'aujourd'hui l'ardeur et le patriotisme. Mme Dorian est très-énergique. Sa douleur, à la pensée d'une capitulation, est aussi violente que la mienne. Elle prie son mari de tenter cet effort suprême que nous lui demandons.

A ce moment, M. Magnin arrive, et nous dit qu'il n'y a plus de vivres que pour *deux jours.*

Plusieurs personnes m'attendaient chez moi pour savoir quelle était la réponse de Dorian; l'une d'elles me dit :

— Il est facile de prouver avec des chiffres que nous avons encore des vivres pour quinze jours. Aux omnibus, dont on peut supprimer en-

tièrement le service et manger les chevaux, il y a 170,000 quintaux d'avoine. On a trouvé 1,400 sacs de blé à Nanterre, et il reste 70 communes à fouiller. Tous les grainetiers, aux étalages, ont encore de l'orge et des graines.

Nos nerfs sont tendus comme les cordes d'une raquette : tout rebondit dessus. Je sors de chez moi, je ne puis tenir en place. Je cherche l'un des hommes qui peuvent le mieux apporter quelque apaisement à ma douleur. Peyrat, que je trouve, vient de faire un article superbe d'indignation; il porte sur les hommes qui nous commandent et sur ceux qui nous gouvernent un jugement que l'histoire confirmera.

Avant de rentrer chez moi, je songe à Jourdan, à mon vieux compagnon d'espérance. Je vais au *Siècle*. Jourdan est très-abattu, presque découragé. La nomination de M. Vinoy lui paraît une dérision, un jeu; il en est blessé plus qu'un autre. Jusqu'à une heure du matin, on lui a fait croire qu'on accordait Dorian à l'opinion publique comme ministre de la guerre. Notre avis est que le gouvernement veut à tout prix une capi-

tulation, qu'il est las de ses responsabilités, qu'enfin Paris va être livré! Nous n'avons plus d'espoir qu'en la province. Nous essayerons de nous échapper pour aller rejoindre nos amis, les *à outrance* du dehors.

Je retourne à la maison, il pleut. Je sors aujourd'hui pour la première fois depuis mes affreuses névralgies, je suis très-faible encore ; cependant je reçois la pluie, je marche dans la boue sans me soucier d'autre chose que des pensées qui m'assaillent.

En remontant chez moi, je rencontre sur l'escalier le jeune lieutenant, notre blessé. Il est pâle et me crie : « On se bat certainement sur la place de l'Hôtel de ville. Je viens d'entendre des feux de peloton dans cette direction. » Je ne veux pas croire à ce malheur. Au *Siècle*, où l'on parlait d'une manifestation, j'avais demandé si c'était chose grave, et l'on m'avait répondu : « Ce n'est rien ; il n'y a pas trois cents personnes sur la place de l'Hôtel de ville, et M. Vinoy, qui gouverne Paris, a massé sur les ponts, sur les quais, depuis douze heures, quatre-vingt mille

hommes! » Jamais, pour les Prussiens, on n'était parvenu à en réunir autant.

Adam rentre et me dit que le bruit entendu est bien le bruit d'une fusillade sur la place de l'Hôtel de ville. Il y a plusieurs morts.

Hélas! hélas! je n'aurais pas assez des lamentations de Jérémie pour exprimer ce que je souffre. Ma pauvre République!

On m'apporte deux dépêches de province : l'une est de mon ami Arlès-Dufour, qui me parle de ma fille, dont il a reçu une longue lettre; l'autre est de mon père lui-même. Ma mère et ma fille vont très-bien. J'ai un moment de joie égoïste.

Le boulevard est en pleine agitation. Tous se demandent ce que veut dire cette fusillade. On raconte qu'à un coup de fusil tiré du fond de la place, à un signal, les portes et les fenêtres de l'Hôtel de ville se sont ouvertes comme par enchantement, les unes pour laisser voir des mitrailleuses, les autres pour laisser passer des feux de peloton. Plusieurs personnes affirment que les mitrailleuses ont tiré.

M. Vinoy, gouverneur de Paris, commence bien. Sa première journée a été bonne. Son bonapartisme doit être satisfait. Cela rappelle en petit le 2 décembre. Et le gouvernement de la défense, qui fait grâce aux déserteurs et laisse tirer à mitraille sur trois cents exaltés dont le crime est de ne pas vouloir capituler! Ces mitrailleuses, pour lesquelles on a souscrit dans la plus pauvre mansarde, étaient donc destinées à faucher les Parisiens, à faire *merveille* sur des Français? Les hommes du gouvernement sont solidaires de l'acte coupable qui vient de se commettre. M. Picard, dont l'influence a puissamment aidé au choix de M. Vinoy, est responsable du sang versé aujourd'hui.

Sur le boulevard, j'entendais dire par de pauvres gens : « Quoi! nous avons tant souffert; quoi! nous avons supporté tant de privations pour qu'on nous mitraille, nous, nos femmes, nos enfants, quand on refuse de tuer les Prussiens! » Les officiers de la garde nationale étaient atterrés. J'en vis plusieurs qui, après avoir été lanternés et trompés, voyant clair enfin, poussés à

bout, nourrissaient les projets les plus extravagants. Les simples gardes répétaient comme une formule : « Est-ce que nous avons refusé de nous battre? » Les femmes surtout, qui ont montré un courage plus difficile et qui ont dû, pour être ce qu'elles sont depuis quatre mois, violenter leur nature, éprouvent une indignation telle que tout à l'heure, dans un groupe où je me trouvais, composé exclusivement de femmes, la plupart s'écriaient : « Puisque les hommes obéissent à un état-major qui trahit, il faut que nous fassions mieux que les hommes! »

A huit heures, il n'y a plus une âme sur le boulevard; c'est lugubre.

23 janvier.

Triste journée. L'*Officiel* est un réceptacle de platitudes et de menaces : — Défense de se réunir dans les clubs; — suppression du *Combat* et du

Réveil; — une jésuitique proclamation de M. Vinoy; — une très-fade adresse du gouvernement aux citoyens de Paris; — deux lettres de M. Jules Ferry aux maires.

La fusillade d'hier est le sujet de toutes les récriminations. Un capitaine d'état-major a dit tout haut dans un café, en se frottant les mains : « Eh! eh! Vinoy n'a pas tardé à faire sa petite affaire! »

La réaction, fruit des manœuvres bonapartistes et de la complaisance de M. Picard, éclate enfin, elle est partout, à chaque ligne de l'*Officiel*.

Nos vieux amis, qui depuis tant d'années luttent pour les idées libérales, voient encore une fois le triomphe de la réaction, d'une réaction apostillée, hélas! par des hommes qui portent comme nous le nom de républicains!

C'est M. Picard, en personne, qui a porté à l'*Officiel* la nomination de M. Vinoy, sans prévenir ses collègues. Le gouvernement n'a pas osé la démentir. Voilà qui explique pourquoi cette nomination n'était pas à la partie officielle.

Jourdan vient et pleure avec moi.

— Croiriez-vous, me dit-il, que, depuis cinquante ans, j'ai toujours fumé des cigarettes, que mes doigts ont pu en rouler, par vieille habitude, dans les circonstances les plus graves de ma vie, et que j'ai cessé de fumer, sans m'en apercevoir, depuis trois jours?

Edmond Plauchut arrive bien exalté. Ce qui l'irrite par-dessus tout, lui, ce qui met le comble à ses griefs, c'est la suppression des journaux. Il montait la garde hier au soir dans la cour du ministère de l'intérieur. Il voit venir à lui et à ses camarades M. Picard lui-même, qui leur dit : « Messieurs, vous avez appris l'horrible attentat... Vous avez des cartouches, n'est-ce pas?... Vous savez qu'il n'y a plus de vivres que pour huit jours? » Les gardes nationaux tournent le dos à M. Picard.

M. Germa, colonel de la garde nationale, entre et raconte sa campagne sur le plateau de Montretout, le manque de canons, de vivres, les éternelles attaques contre les murs, l'insolence d'un général, cette rage de retraite en bon ordre qui nous a fait toujours perdre nos positions

acquises, et montre assez qu'on n'a jamais voulu aller en avant. A quatre heures du soir, il tenait la Bergerie; en sacrifiant vingt hommes, il l'eût gardée jusqu'au lendemain matin !

Nous avons tous la fièvre. Nous faisons des projets de délivrance extravagants. Mon neveu me dit que l'idée de la capitulation le rend fou, qu'il a perdu tout sommeil, qu'au fort de Rosny les marins et les artilleurs de la garde nationale, lui compris, jurent de ne point se rendre.

Les réactionnaires du gouvernement imaginent l'impossible pour qu'on exige d'eux cette capitulation qu'ils convoitent et que personne, à Paris, ne consent à désirer. On lasse, on tourmente, on harcèle la population parisienne, si dévouée à la cause de la France, de cette France que M. Picard ne veut à aucun prix laisser sous le pouvoir de Gambetta. J'entends d'ici M. Picard se dire à lui-même : « Vite, capitulons, et courons à Bordeaux pour briser celui qui de rien a fait quelque chose, tandis que de quelque chose nous n'avons su faire ici qu'un beau rien du tout! »

M. Ferry s'est amusé, avec une ironie cruelle, à faire jouer depuis avant-hier aux femmes de Paris le jeu des quatre coins. Nous allons chercher notre pain dans le quartier de gens qui viennent chercher leur pain dans le nôtre!

---

24 janvier.

J'ai passé une nuit horrible, avec des hallucinations. La République, notre France, prennent des formes, des visages, me parlent, m'appellent.

L'une de mes amies, qui a la fièvre comme moi depuis quelques jours, me disait :

— Ce gouvernement et tout ce qui le touche me paraît si mesquin, si petit de taille, si aplati, que je ne puis pas même, pour calmer ma fièvre, rêver à quelque acte de folie un peu grand. Me voyez-vous la Charlotte Corday de M. Picard ou de M. Trochu?

Il y a des gens qui ne désespèrent pas encore

aujourd'hui. J'en rencontre beaucoup qui préfèrent les extrémités les plus terribles à la moindre faiblesse. Si les Prussiens osaient défiler sur le boulevard, je crois que nous ferions comme les Russes ont fait à Moscou... La mort est vingt fois moins cruelle que l'abaissement de la patrie !

On dit que le vieux général Tripier, général du génie, croit qu'on devrait tenter un coup d'audace.

Le général Tripier est celui qui, dès les premiers jours du siége, essaya en vain de faire adopter un système d'éloignement des Prussiens par des levées de terre auxquels la garde nationale tout entière eût travaillé. Le général Tripier, s'appliquant à persuader le général Ducrot, lui disait, à propos de Châtillon que nous avions perdu :

— Vous n'aurez presque rien à faire si vous permettez que je vous aide à le reprendre.

— Je me moque de Châtillon, répondait M. Ducrot. Si j'y suis, les Prussiens me tourneront.

— Tant mieux, répliquait le général Tripier, être tourné d'un seul côté quand on sait par où, c'est un avantage ; vous jetterez les Prussiens à la Seine !

M. Ducrot ne voulut rien entendre.

Je suis allée avenue d'Italie. On meurt de faim, mais je n'ai nulle part entendu dire une autre parole que celle-ci : « Nous ne capitulerons pas ! »

---

25 janvier.

Quelles tortures ! Il me semble que tout s'écroule en moi. Le 4 septembre j'avais touché à l'idéal, je l'avais tenu dans mes deux mains. La République était née ce jour-là sans violence ; une grande révolution s'était faite sans désordre. Cette République implorée m'apparaissait comme une Madone de bon secours apparaît aux matelots dans la tempête. Je ne doutais pas que, venue ainsi, elle ne nous sauvât et ne nous fît accomplir des miracles. Toutes mes croyances,

toutes mes idées, tous mes sentiments trouvaient leur culte. Je voyais de mes yeux cette divinité réelle : le Progrès ! Mon esprit était frappé par la démonstration, par la vérité des lois de justice et de morale qui président aux faits humains !... Aura-t-il suffi de quelques prétoriens médiocres, de quelques militaires ou stupides ou haineux, ou plus impérialistes que Français, de quelques traîtres, pour souffler sur notre flambeau, pour éteindre notre lumière, pour faire mentir la vérité ?... Où se retrouver ? Quel affolement pour le peuple ! Ma France adorée, que faire, que faire ?

L'*Officiel* de ce matin est une insulte à notre douleur. Quoi ! les cœurs saignent !... quoi ! la population entière de Paris est dans le désespoir, dans les larmes !... et pas un mot, pas un gémissement, pas un cri ne s'échappe du cœur ou de la poitrine de ceux qui nous gouvernent ! M. Picard et M. Vinoy ne le permettraient-ils pas ?

Tous ceux que je vois et qui sont renseignés me disent, me répètent : « C'est fini ! La retraite

de Faidherbe, le désastre de Chanzy sont certains. Le gouvernement capitule. »

Louis Blanc me fait visite ; il ne sait rien que les fautes commises par nos généraux à Montretout. Je lui donne mes tristes nouvelles, et j'assiste au spectacle de sa désolation. Il s'indigne, et sa souffrance, tout d'abord, se traduit par l'emportement. Il récrimine, comme je le fais sans cesse, il énumère la série des dons que nous avions faits à M. Trochu et au gouvernement de la défense : notre confiance, notre foi même, l'abandon de tous nos intérêts, la charge de dépenser notre courage ; tous les éléments sauveurs, nous les leur avions donnés !

Mme Dorian arrive. Nous nous embrassons, et nous pleurons. Je lui dis :

— On ne m'ôtera jamais de l'idée que Dorian eût pu nous sauver encore ; lui aussi, il est coupable...

— S'il avait eu la moindre lueur d'espoir, il eût accepté toutes les responsabilités, répond-elle ; mais nous manquons de vivres, à tel point que nous

ne pourrons peut-être pas être ravitaillés à temps.

Mᵐᵉ Dorian me quitte en me priant d'aller voir sa fille, son gendre, son fils, qui souffrent autant que moi et me demandent. Je ne le puis, je suis trop violente ; je leur ferais du mal avec ma perpétuelle colère.

Le colonel Germa sort d'une réunion où le gouvernement avait convoqué quarante-six colonels ou commandants de la garde nationale, pour leur dire que *tout était fini* et qu'il fallait maintenir l'ordre. Le gouvernement compte sur les quarante-six commandants pour faire entendre à la garde nationale, avec *finesse* et *habileté*, — ce sont les expressions, — qu'il n'y a plus de vivres. Le colonel Germa ne veut pas capituler, il a donné sa démission, il est libre, il veut faire quelque chose, finir avec honneur ! Nos amis et lui, nous combinons cent moyens d'échapper à la honte de la capitulation.

Des affûts, des canons, des boulets, des obus passent sur le boulevard. Puisqu'on ne veut plus se battre, pourquoi promène-t-on ces voitures du train sous nos yeux ? Est-ce pour nous

prouver que nous nous rendrons sans avoir épuisé nos munitions? Nous le savons de reste, messieurs les généraux!

---

26 janvier.

M. Jules Favre a réuni les maires des arrondissements pour leur faire part de ses démarches et leur en apprendre le résultat. Un maire m'a raconté la séance.

M. Jules Favre a dit qu'il avait trouvé M. de Bismark beaucoup moins hautain qu'à Ferrières; qu'il avait été agité entre eux les questions suivantes : un ravitaillement de Paris, avec libre circulation pendant trois semaines renouvelables; nomination par la France d'une Assemblée avec laquelle on traitera de la paix. M. de Bismark demande les forts de Paris. Il laisse aux officiers de l'armée leur épée, licencie la mobile, conserve à la garde nationale ses armes pour maintenir l'ordre.

M. de Bismark, toujours d'après M. Jules Favre, prétend que MM. de Talhouët et Changarnier sont maîtres de la situation à Bordeaux, et soutiennent la candidature d'Eugénie et du prince impérial.

M. de Bismark aurait dit encore à notre ministre des affaires étrangères qu'il avait été sur le point de conclure un traité avec Bazaine pour une restauration impériale, mais qu'ayant constaté l'aversion de l'armée prisonnière en Prusse pour tout ce qui est bonapartisme, et, d'autre part, ayant vu la République créer en France tant d'éléments de résistance, il ne songeait plus à rétablir l'empire et qu'il acceptait de traiter avec le gouvernement de la défense nationale.

Vraiment ?... Ah ! le brave homme !

M. de Bismark licencie la mobile, qui ne demande qu'à retourner chez elle. Il laisse aux officiers leur épée, parce que plus d'un lieutenant, plus d'un capitaine aurait pu ne pas vouloir se laisser déshonorer. Il conserve à la garde nationale ses armes, et il prend les forts ! Voilà le chef-d'œuvre de noirceur. La garde nationale,

seule à Paris, refuse de capituler; elle a des armes, elle osera quelque folie patriotique; et M. de Bismark l'écrasera du haut des forts, en disant à l'Europe : « J'en suis désolé, mais convenez qu'avec ces Parisiens je n'ai pas pu faire autrement ! »

Tous mes humbles amis accourent de Montmartre, de la barrière d'Italie. J'entends des mots extraordinaires. Les femmes ont une douleur, une indignation effrayantes. L'une d'elles me disait avec l'accent de la haine et du désespoir.

— Quoi ! j'ai fait cinq heures, sept heures de queue durant trois mois pour avoir cent grammes de viande tous les trois jours et un peu de pain. J'ai vu mes deux enfants mourir lentement de faim avec cette nourriture que je leur donnais tout entière. Mon mari est à l'hôpital. La blessure qu'il a reçue à Montretout est grave, peut-être qu'il en mourra ! J'ai gagné une maladie de cœur pendant le froid, quand je n'avais ni bois, ni charbon, ni argent ; et tout cela... pour qu'on capitule, pour qu'on se rende !... jamais, jamais ! Je prendrai le fusil de l'homme que ses cama-

rades m'ont rapporté, et j'irai tirer avec contre les canons prussiens pour me faire tuer.

On oublie la distribution du pain à Belleville, depuis trois jours. Mais Belleville ne veut pas capituler. Les petits commerçants, d'accord avec les ouvriers, disent qu'ils préfèrent la mort à l'entrée des troupes de Guillaume dans Paris, qu'ils feront tout sauter, nous et nos ennemis, si les Prussiens défilent quelque part. On m'apprend que les hauts quartiers descendent demain pour protester contre une capitulation.

Adam revient de chez Dorian. L'armistice est signé ! Malédiction ! A onze heures, les forts cesseront de tirer... Il est onze heures, et le mont Valérien ou la batterie de Saint-Ouen tonne encore... S'il était survenu une difficulté ! Si l'un des forts, si le mont Valérien refusait de se rendre ! Si une grande action allait être le rachat de tant de faiblesses ?

Minuit... On ne tire plus.

Je voudrais mourir à cette heure !

27 janvier.

Les ministères envoient partout des dépêches pour commencer le ravitaillement. On songe au repas des funérailles.

Nous n'avons de nouvelles de la province que par M. de Bismark. Sont-elles aussi vraies qu'elles sont inquiétantes ? Pauvre Gambetta ! comme il doit souffrir là-bas, à Lille, où on le dit enfermé avec Faidherbe ! Pauvre grand patriote !

L'*Officiel* nous apprend ce matin dans une note plate, sans émotion, sans douleur, sans accent d'aucune sorte, la conclusion de l'armistice. Un petit nombre de gens croient à la réalité du manque de vivres. Le désespoir est sans limite, l'exaltation inexprimable. Les bruits de trahison, les menaces, les projets de faire sauter Paris quand les Prussiens y entreront circulent, toutes les extravagances ont cours et sont approuvées. La seule, l'unique consolation est la pensée qu'on pourra s'échapper de Paris, aller rejoindre l'armée de la Loire et combattre

avec les généraux et les amiraux de Gambetta, avec Chanzy, Jaurès, Billot, Jauréguiberry!

L'un des hommes qui ont le plus agi pendant le siége, et qui ont le plus sincèrement cherché, non à critiquer, mais à conseiller, M. Duclerc, s'indigne et récrimine aujourd'hui comme nous tous. Le 21 novembre, il avait dit à M. Trochu qu'il ne réussirait pas à Champigny, qu'il avait trois rivières à traverser, qu'il serait obligé de traîner ses ponts de bateau pendant vingt kilomètres, et qu'au moindre échec il serait jeté dans l'une des trois rivières. Pour Montretout, il avait proposé à M. Trochu, quelques jours avant l'expédition, de lui transporter cinquante canons, avec cinq cents charpentiers de chemin de fer, dans un pli de terrain, et, de minuit à quatre heures du matin, de les lui installer à la Bergerie, dont il connaît tous les abords. M. Trochu réfléchit et refusa.

Chaque fois qu'on voulait tirer M. Trochu de ses hésitations et de sa routine, il se défiait et considérait l'homme hardi, ingénieux qui venait à lui, comme un perturbateur dangereux.

J'entends sur le boulevard un grand bruit. L'agitation commence. Plus de mille personnes passent et se dirigent vers la Bastille. Pas un cri, pas un mot.

M. Delescluze a été arrêté pour excitation à la guerre civile.

Des officiers protestent ce matin dans le *Siècle* contre la capitulation et supplient le gouvernement de ne pas rendre les forts.

Il est trop tard!

---

28 janvier.

L'*Officiel* d'aujourd'hui contient les termes généraux de la capitulation. Il nous prépare lentement à la torture des petits détails.

Dans ce même numéro où le gouvernement nous donne la preuve de son découragement et de sa faiblesse, il y a quarante lignes qui sont pour lui une condamnation. Publiées dans le *Réveil* ou dans le *Rappel*, elles eussent paru

cruelles d'à-propos. Dans l'*Officiel*, ces quarante lignes sont inexplicables. Le sujet est la lutte des Milanais contre Radetzki (troisième page de l'*Officiel* du 28 janvier). Une population armée de vieux sabres, de vieux fusils, de lances, sort la nuit, hommes, femmes, enfants, de tous les côtés à la fois, et, par ses cris, par l'incendie, par le courage qu'elle montre, par le désordre et la terreur qu'elle répand, chasse en quatre jours une armée de cent mille soldats qui l'assiégeait.

On parle déjà d'élections. La plupart de nos amis déclarent qu'ils ne veulent pas siéger dans une Chambre où ils seraient obligés de consentir à la paix, comme représentants parisiens, puisque Paris est livré en otage, tandis qu'ils voudraient continuer la guerre à outrance, comme représentants français.

On a enterré hier, à Saint-Augustin, le pauvre Henri Regnault. Il y avait une foule énorme. On pleurait sur la patrie et sur l'un de ses enfants déjà illustre. Son titre de prix de Rome dispensait légalement Henri Regnault de tout

devoir militaire. Il a voulu servir la France dans les bataillons de marche, et il a été tué à Buzenval. Sa fiancée, en deuil de veuve, suivait le convoi.

Gustave Lambert et Rochebrune sont morts aussi dans l'affaire de Buzenval.

On parle de la résistance des marins qui refusent de livrer les forts. On est allé trouver l'amiral Saisset pour le supplier de se mettre à la tête des gens de bonne volonté, c'est-à-dire de tout Paris. S'il était possible de signifier à M. de Bismark qu'on rejette son armistice et qu'on ne ratifie pas la signature de M. Jules Favre! Quatre cents officiers de la garde nationale ont signé une protestation contre l'armistice.

Les marins ne voulant pas rendre les forts, on les a remplacés par des mobiles qui les ont rendus.

29 janvier.

Les termes définitifs de la capitulation, mot par mot, phrase par phrase, sont tout au long dans l'*Officiel* de ce matin.

Nos armées de province, notre dernier espoir, sont arrêtées, sacrifiées, ne peuvent continuer la lutte. Ce n'est pas seulement un armistice pour Paris, c'est un armistice pour la France! Les limites où doit se tenir l'armée prussienne ont été déterminées par M. de Bismark, et l'on peut penser si, avec des gens qui ne savent pas la géographie, qui sont mal renseignés, il les a fixées de manière à en bénéficier, au cas probable d'une reprise des hostilités! De quel droit M. Jules Favre a-t-il signé cela? Il fallait consulter Gambetta et ses généraux. Être accommodant, idéaliste, rêveur dans de pareilles négociations; ne pas savoir à quel point mathématique l'engagement consenti fixe vos limites : c'est accepter une responsabilité écrasante, c'est autoriser les contemporains à la

violence, aux récriminations, et permettre à l'histoire de vous infliger le plus sévère de ses jugements.

***

30 janvier.

Adam est porté sur la liste des députés de Paris. Que c'est grave! Signer une paix honteuse ou risquer de plus grands désastres en continuant la guerre : quelle alternative pour un patriote!

J'ai voulu sortir en voiture, aller chez Mme Dorian, m'abreuver des détails de notre humiliation. Impossible de trouver un fiacre! Dorian a dit à Adam qu'il n'y avait jamais eu plus de vingt mille Prussiens à Versailles! C'est le maire de Versailles qui le lui a certifié.

Le boulevard est lamentable à voir. Tous nos marins, tous nos mobiles, la plupart sales, déguenillés, les bras ballants, se promènent, s'en-

tre-croisent, se regardent. Rien n'est plus désolé que ce spectacle.

Il a fallu refaire les premiers laisser-passer, qui étaient en français. Le préfet de police a dû aller chercher la formule nouvelle à Versailles, formule moitié allemande et moitié française, parce que, a dit M. de Bismark, les soldats prussiens ne savent peut-être pas tous le français.

Trois mille cinq cents laisser-passer ont été distribués aujourd'hui à la Préfecture de police.

———

1er février.

Dès le matin, un ami de province nous arrive. Parti d'Évreux hier, il a couché à Saint-Germain. Il nous dit que jusqu'aux portes de Paris il ne pouvait se résoudre à croire que nous avions capitulé. « Quoi! ajoute-t-il, vous étiez cinq cent mille hommes armés, et vous n'avez pu avoir raison de deux cent mille assiégeants!

Votre courage n'a été que passif. N'eût-il pas mieux valu pour vous que vous fussiez moins résignés aux privations, et plus énergiques contre ceux qui vous les imposaient ? »

Il nous parle de la province. Faidherbe a fait une très-belle campagne avec vingt-cinq mille hommes. Si nous l'avions secondé, si nous nous étions rués sur les Prussiens pendant qu'il s'avançait vers Paris, il eût certainement triomphé. Je suis sûre que j'ai dû avoir ce sentiment-là et que je l'ai exprimé dans mes notes. La lettre de Faidherbe au ministre de la guerre, publiée ce matin, celle qu'il adresse au sous-préfet de Péronne, sont pour l'ineptie de nos chefs militaires une condamnation sans appel.

Gambetta est bien ce que nous avons cru, malgré les accusations de l'*Électeur libre,* malgré celles de M. Trochu, qui lui reprochait de n'avoir pas exécuté sa partie du fameux plan déposé chez M° Ducloux; il a tout dirigé, tout ordonné, tout créé; il a dû être administrateur, financier, politique, guerrier. Quoi qu'on ait prétendu à Paris, son influence personnelle n'a

pas diminué en province; au contraire, elle s'est accrue. Le choix qu'il a fait, comme ministre de la guerre, de ses commandants de corps, de ses généraux, de ses amiraux, montre sa connaissance des hommes. Tous ceux qu'il a choisis sont destinés à être les chefs éclatants de l'armée française régénérée !

Rien ne peut rendre l'impression que les Parisiens éprouvent en causant avec ceux qui arrivent du dehors. Il faut tout faire remonter au déluge, c'est-à-dire à l'investissement. Nos journaux donnaient les faits, mais ne les expliquaient pas. En somme, la province savait d'une manière insuffisante ce qui se passait à Paris, et nous ne savions rien de la province. Ce ne sont ni les mêmes jugements, ni les mêmes expressions. Une seule chose sur laquelle on s'accorde et qui me torture, c'est que, si nous avions eu au dedans un homme capable de déployer l'énergie que Gambetta a déployée au dehors, nous aurions vaincu. Humiliation par l'ennemi! humiliation par la France! rien ne nous est épargné!

Adam a vu dans la journée un Niçois de nos amis, qui l'a supplié d'aller dans les Alpes-Maritimes, où l'écart des opinions est bien autrement considérable qu'à Paris, où il est urgent de rallier les patriotes, à Nice surtout!

On y porte Adam comme candidat à la députation. Sa présence est nécessaire au succès de la liste française. Par quelle route sortir de Paris? La ligne d'Orléans est la seule possible, quoique, de la Mothe-Beuvron à Vierzon, le pays soit livré aux maraudeurs des deux armées, qui pillent et tuent. C'est un voyage dangereux, et je suis désolée qu'Adam l'entreprenne.

Rochefort vient me voir. Il fonde un journal, le *Mot d'ordre*. Il m'apprend que les Prussiens et le gouvernement ont désigné, pour la laisser armée, la division de M. Vinoy, d'un bonapartiste, de celui qui a donné l'ordre de tirer sur la place de l'Hôtel-de-ville, le 22 janvier. Est-ce qu'on veut avoir des émeutes? Hélas! ce ne sera que trop facile!

2 février.

Adam est parti. Je n'ai pas osé lui dire à quel point je trouvais cruel qu'il ajoutât une inquiétude à mes tourments. Paris s'occupe d'élections. C'est un dérivatif à nos douleurs. On se passionne pour des candidats, et l'on pense à ne choisir que des noms qui signifient guerre à outrance ! Il circule déjà plus de cent listes. Victor Hugo, Louis Blanc sont partout en tête. Ils trouveront dans le nombre additionné de leurs admirateurs la récompense du patriotisme et du désintéressement dont ils ont fait preuve.

---

3 février.

Les Prussiens ont voulu réquisitionner le cheval qui avait conduit Adam à Juvisy, où Adam est monté en chemin de fer avec MM. Duclerc, Gustave Fould, etc. Il m'a fait dire qu'il

n'était pas seul, ce qui m'a rassurée un peu. Moi, sans lui, sans ma fille, je reste en tête-à-tête avec la pensée de ma pauvre chère France vaincue, mutilée, broyée.

Mme Dorian, qui ne sait pas qu'Adam s'est mis en route, m'écrit pour m'engager à ne point le laisser partir. La ligne est interrompue à Orléans. On ne peut aller plus loin. Je suis bien certaine qu'Adam ne se laissera arrêter par rien. Quels dangers va-t-il courir?

Les élections agitent tous les partis. Celui dit de l'ordre est fort divisé. Il est mécontent de M. Dufaure. Les *Débats* aujourd'hui sont irrités. Partout, dans les clubs, dans les réunions électorales, des listes se forment, se fondent, se tassent. Il s'est fait une entente qu'on appelle l'union des quatre journaux, entre le *Siècle,* l'*Avenir national,* le *Temps,* le *Rappel.*

Les noms portés sur la liste des quatre journaux qui seront portés aussi, soit sur la liste réactionnaire, soit sur la liste du *Mot d'ordre* de Rochefort, sont certains de triompher.

4 février.

Ce matin, dans le *Mot d'ordre,* une très-belle proclamation de Gambetta. Il y a un tel souffle de patriotisme dans ce qu'écrit Gambetta, que les âmes vraiment françaises tressaillent quand le vent de Bordeaux passe à travers les brouillards de Paris. Le décret qui suit la proclamation est, dit-on, par trop dictatorial. On prétend même que déjà Gambetta y a renoncé. Tant pis.

Lorsqu'une nation est gangrenée par tant de maladies mortelles, si le médecin qui veut la sauver n'emploie pas des moyens énergiques, c'est qu'il est las de la traiter, c'est qu'il s'irrite de se voir préférer des charlatans, c'est qu'il abandonne son malade.

Sur le boulevard passent de longues files de charrettes. Des draps de serge verte les recouvrent. Ce défilé est un convoi funèbre. Des chassepots enfermés dans ces voitures vont s'enterrer dans les forts. Les soldats, les marins sur les trottoirs détournent la tête en entendant le bruit

plaintif des fusils qui gémissent et se heurtent les uns contre les autres.

---

5 février.

Des électeurs, des délégués de réunions électorales viennent me demander où est Adam. Ils s'étonnent d'apprendre que leur candidat est parti. Moi, je m'afflige d'une absence qui me donne toutes les inquiétudes. On parle de Français, de Parisiens arrêtés sur un geste, faits prisonniers sur un mot par messieurs les Prussiens.

Le décret de Gambetta est annulé. Garnier-Pagès, Eugène Pelletan, Emmanuel Arago, Jules Simon partent pour Bordeaux et vont lutter contre Gambetta par le nombre. Le ministre, ou plutôt le gouvernement de Bordeaux, résistera-t-il au gouvernement de Paris? Il le peut. Je le désire. Si Gambetta reste, les élections d'une Assemblée nationale seront faites dans le sens de la guerre. Si Gambetta se retire, s'il cède par modération

politique, ou dans la crainte de provoquer des conflits, d'ajouter à nos désastres, à nos déchirements, l'Assemblée, élue au gré de M. Picard, votera la paix que désire M. de Bismark.

Louis Blanc, très-navré, m'a répété quatre fois dans une visite d'une demi-heure : « Je voudrais être mort! » Il ne voit aucune lumière apparaître au milieu de nos ténèbres. Il cherche, il s'interroge, il réfléchit. Ce qui se dit dans les clubs l'épouvante. L'exaltation est telle contre les généraux, la haine contre les réactionnaires capitulards est si grande, qu'il craint quelque folie, si des conventions permettent aux Prussiens d'entrer dans Paris.

Mon dilemme est celui-ci : l'Assemblée est-elle républicaine, guerrière? Paris s'apaise comme par enchantement. L'Assemblée est-elle réactionnaire et ultra-pacifique? Paris écoute ses nerfs, qui sont dans un état épouvantable, se laisse aller à sa colère, voit rouge, et cogne pour cogner. Pourvu que ce ne soit pas notre cher Paris qui reçoive le coup de poing de la fin!

6 février.

Rien que les bruits vagues d'une résistance de Gambetta à Bordeaux.

Des affiches électorales partout. Là, un monsieur nous révèle qu'il fallait un homme de génie pour sauver Paris, qu'il s'est proposé au gouvernement, que le gouvernement l'a refusé. Ici, c'est un professeur de gymnase, lequel nous apprend que la gymnastique seule a manqué à la France pour vaincre, et que nous devons choisir pour députés des gens très-forts sur le tremplin.

Mais les affiches les plus curieuses, qui me rappellent une conversation singulière que j'ai eue avec des membres de l'Internationale, sont celles-ci : « Nommons des inconnus ! »

7 février.

Il y a une polémique pleine de documents précieux entre l'*Électeur libre* et le *Mot d'ordre*.

L'*Officiel* contient ce matin trois pièces qui deviendront des monuments historiques : le discours de Gambetta à Lille ; le texte exact du décret annulé par le gouvernement de Paris ; une conversation d'un correspondant du *Morning-Herald* avec Gambetta.

La résistance paraît encore possible. Ah! si notre France continuait la lutte, si elle parvenait à chasser l'ennemi, l'envahisseur qui ruine, l'étranger qui déshonore!

Le duc d'Aumale est affiché comme candidat, ce qui produit le plus mauvais effet. S'il faut avoir à s'occuper de prétendants, de princes, de rois, de monarchie, dans un pareil moment, c'est à brûler jusqu'à sa dernière cartouche pour la République. Des princes, une monarchie, nous sortons d'en prendre!

Quelques-uns de nos amis discutent le décret de Gambetta, le trouvent en contradiction avec nos principes. On me répète : « Périsse la République plutôt que le principe! » Nous jouons sur des mots. Est-ce que, dans un combat acharné, dans un duel à mort, en pleine guerre de

partis, il faut combattre avec des formules? Non, avec des armes. Inquiétons-nous des réalités; il est temps de bénéficier, en politique, des procédés scientifiques. Partons du fait, qu'il nous instruise et nous dicte notre conduite ; que l'observation, que l'expérience, une fois pour toutes, nous éclairent, et ne recommençons pas les fautes de 1848.

---

8 février.

Le *Mot d'ordre* publie en gros caractères, à la première page, un nouveau décret de Gambetta qui maintient le premier. L'*Officiel*, hypocritement, à la troisième page, publie en petits caractères la démission de Gambetta, qui est remplacé par le général le Flô. Nous allons voir un joli gâchis dans les élections, et nous aurons une Chambre qui donnera une haute idée de notre malheureux pays.

J'ai vu un paysan de ma Picardie, un fanati-

10 FÉVRIER.

que de Faidherbe; il a servi comme volontaire à la bataille de Saint-Quentin. Faidherbe, avec ses vingt-cinq mille hommes, a vaincu le premier jour; mais, le second jour, des trains de troupes fraîches arrivant de Versailles toutes les cinq minutes, la bravoure de nos petits soldats ne put tenir contre cinquante mille Prussiens, tout *battant neufs,* me disait mon Picard; et il ajoutait : « C'est de la faute à Trochu. Notre général l'avait prévenu de ce qu'il faisait, et Trochu pouvait, ou retenir les Prussiens, ou envoyer à notre secours. » Faidherbe! voilà un nom que les paysans du Nord n'oublieront pas.

Je suis sous le coup d'une véritable angoisse. Je viens de lire dans l'*Opinion nationale* qu'une caravane composée de Parisiens dans laquelle étaient MM. Duclerc, Gustave Fould, et par conséquent mon pauvre Adam, avait été attaquée en Sologne par des maraudeurs et s'était défendue.

Les malheurs, les tourments intimes surajoutés aux malheurs publics, c'est trop !

10 février.

Hier soir je dînais chez Mme Dorian. Comme je parlais à Dorian de mes inquiétudes sur Adam, il se fâcha et me dit que j'étais insupportable avec mes imaginations. Quand je sortis de table, étonnée de voir Dorian si nerveux, lui qui est si calme d'ordinaire, je pris au salon un journal que je parcourus.

— Tiens, dis-je à Mme Ménard, il y a eu un accident horrible à Saint-Nazaire. Vingt mille kilos de poudre ont sauté avec un train. Voilà à quoi sert la poudre maintenant, à tuer de pauvres voyageurs! Si encore c'étaient des Prussiens!... Heureusement que, pour aller à Cannes, il est impossible de passer par Nantes et Saint-Nazaire; sans cela...

Dorian m'arracha le journal et se mit dans une telle colère contre moi, contre la manie des femmes de lire les faits divers, de se repaître d'atroces canards, que Mme Dorian elle-même

m'en parut stupéfaite. Comme les malheurs patriotiques peuvent troubler un caractère!

Cette algarade, je ne sais pourquoi, m'inquiète sur Adam. Dorian a-t-il reçu des nouvelles qu'il me cache? C'est la seule manière d'expliquer son air furieux quand je lui ai parlé d'Adam et des dangers qu'il a courus en Sologne. Il sait qu'Adam est blessé, mort peut-être!

11 février.

J'ai passé une nuit horrible. Je suis poursuivie par des cauchemars affreux.

Aujourd'hui et hier, on a cherché à se renseigner sur le résultat des élections. C'est à peu près impossible, et Paris s'impatiente de ces lenteurs. MM. Ferry et Picard, qui sont bien certains de n'être pas nommés, ne font rien de ce qu'ils doivent et entravent plus qu'ils ne hâtent le dépouillement des votes.

L'*Électeur libre*, en parlant des élections, est

d'un morne, d'un désolé ! Il fait appel à la province. Pourvu qu'elle ne réponde pas trop complétement aux espérances des frères Picard ! On dit que les paysans demandent la paix et nomment tous les descendants des anciens émigrés, tous les vieux nobles, dans l'espérance qu'ils obtiendront de meilleures conditions de messieurs leurs anciens bons amis les Prussiens.

J'ai envoyé chercher Octave-Bibi Rochefort. Je suis trop seule, il me faut un enfant à aimer. Rochefort, qui est sûrement élu député de Paris, part pour Bordeaux ; je le prie de me laisser son fils.

Ah ! je suis soulagée d'un poids énorme. Je reçois enfin des nouvelles d'Adam ! Mon vieil ami Arlès-Dufour me fait parvenir, je ne sais comment, car les Prussiens retiennent toutes nos lettres, un petit billet au crayon où il est dit qu'Adam a dîné le 4 à Lyon, et qu'il est reparti pour Cannes par le train de dix heures du soir. Enfin ! enfin ! je vais pouvoir répondre à ceux qui me demandent des nouvelles d'un air si étrange et si inquiet.

Je cours au ministère des travaux publics, je déploie mon bienheureux billet, Mme Dorian et Mme Ménard le lisent avec stupeur. Je les vois pâlir, se troubler à cette bonne nouvelle, leurs yeux sont pleins de larmes, je les supplie de me dire pourquoi elles ont ce visage, cet air navré. Je perds la tête, je ne comprends plus rien à rien! Mme Dorian me rassure avec des paroles qui ne peuvent lui sortir de la bouche.

Mes névralgies du cerveau me reprennent. Comment savoir où est Adam, ce qui lui est arrivé? Mon billet d'Arlès-Dufour fait le même effet sur Rochefort, sur Jourdan, sur Peyrat, qui viennent tous, l'un après l'autre, m'interroger, me demander des nouvelles d'Adam. Suis-je menacée d'un grand malheur?

12 février.

C'est affreux! Je comprends la scène que Dorian m'a faite quand je parcourais les jour-

naux l'autre soir, et que mes yeux étaient tombés sur le récit de cet horrible accident de Saint-Nazaire. Je lis en ce moment, là, dans un journal, que ce Saint-Nazaire est le Saint-Nazaire de la ligne de Toulon !

Adam, d'après la certitude que me donne le billet d'Arlès-Dufour, était dans ce train qui a sauté avec 20,000 kilos de poudre. Il est mort. Il est blessé. Je pars, mon petit ami Octave Rochefort m'accompagne...

J'apprends, au moment de me mettre en route, qu'Adam est grièvement blessé, mais qu'il n'est plus, aujourd'hui, en danger de mort !

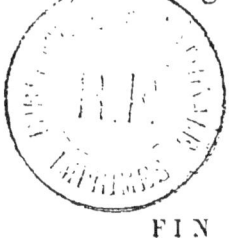

FIN

MICHEL LÉVY FRÈRES, ÉDITEURS

OUVRAGES DU MÊME AUTEUR

Format grand in-18

A 3 francs 50 c. le volume.

Idées anti-proudhoniennes. 3e édition........
Mon Village. 2e édition..............
Le Mandarin. 2e édition.............
Récits d'une Paysanne. 3e édition........
Voyage autour du Grand Pin. 2e édition....
Dans les Alpes..................
L'Éducation de Laure..............
Saine et Saube..................

Paris. — Typographie Georges Chamerot, rue des Saints-Pères.

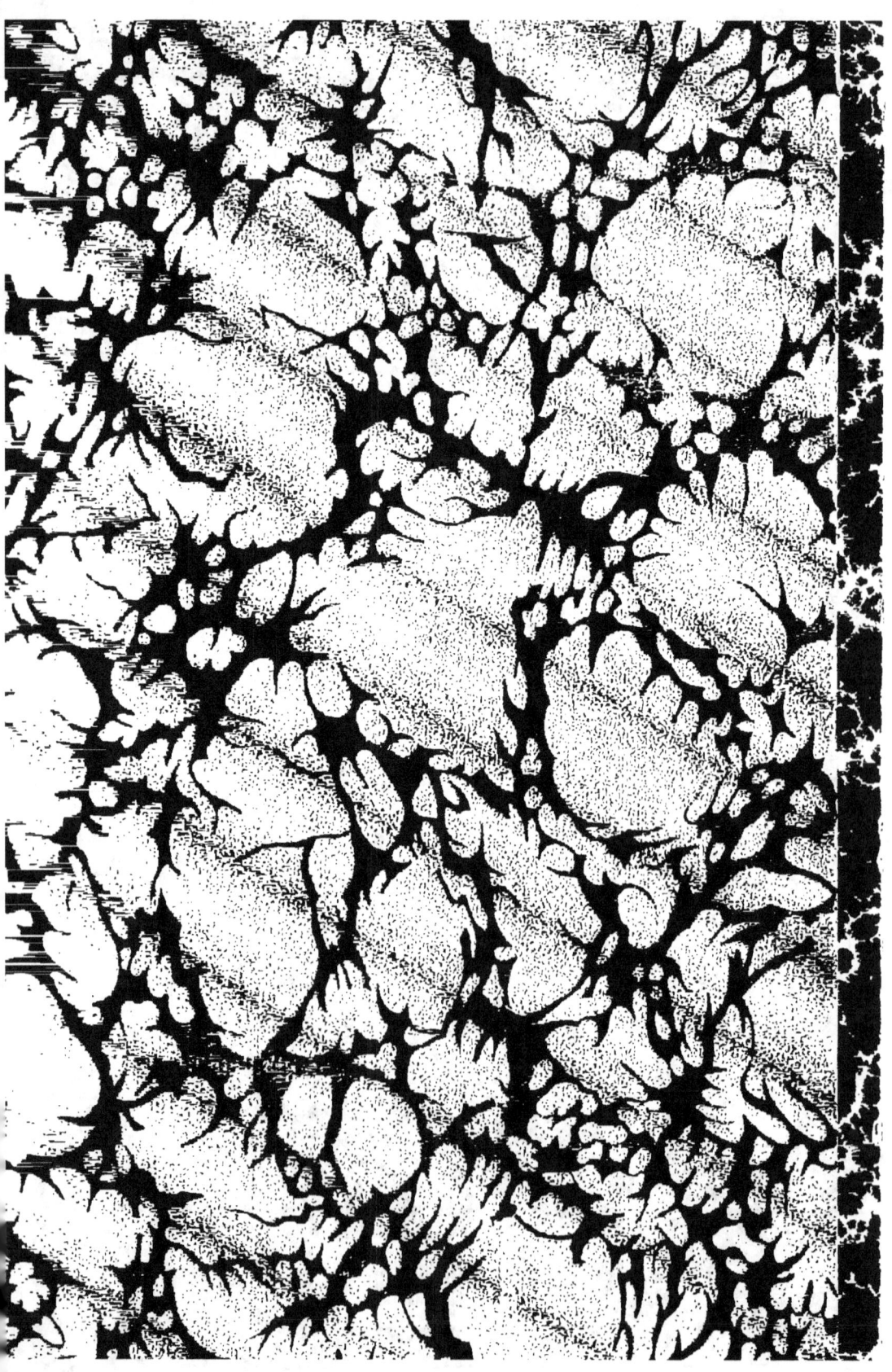

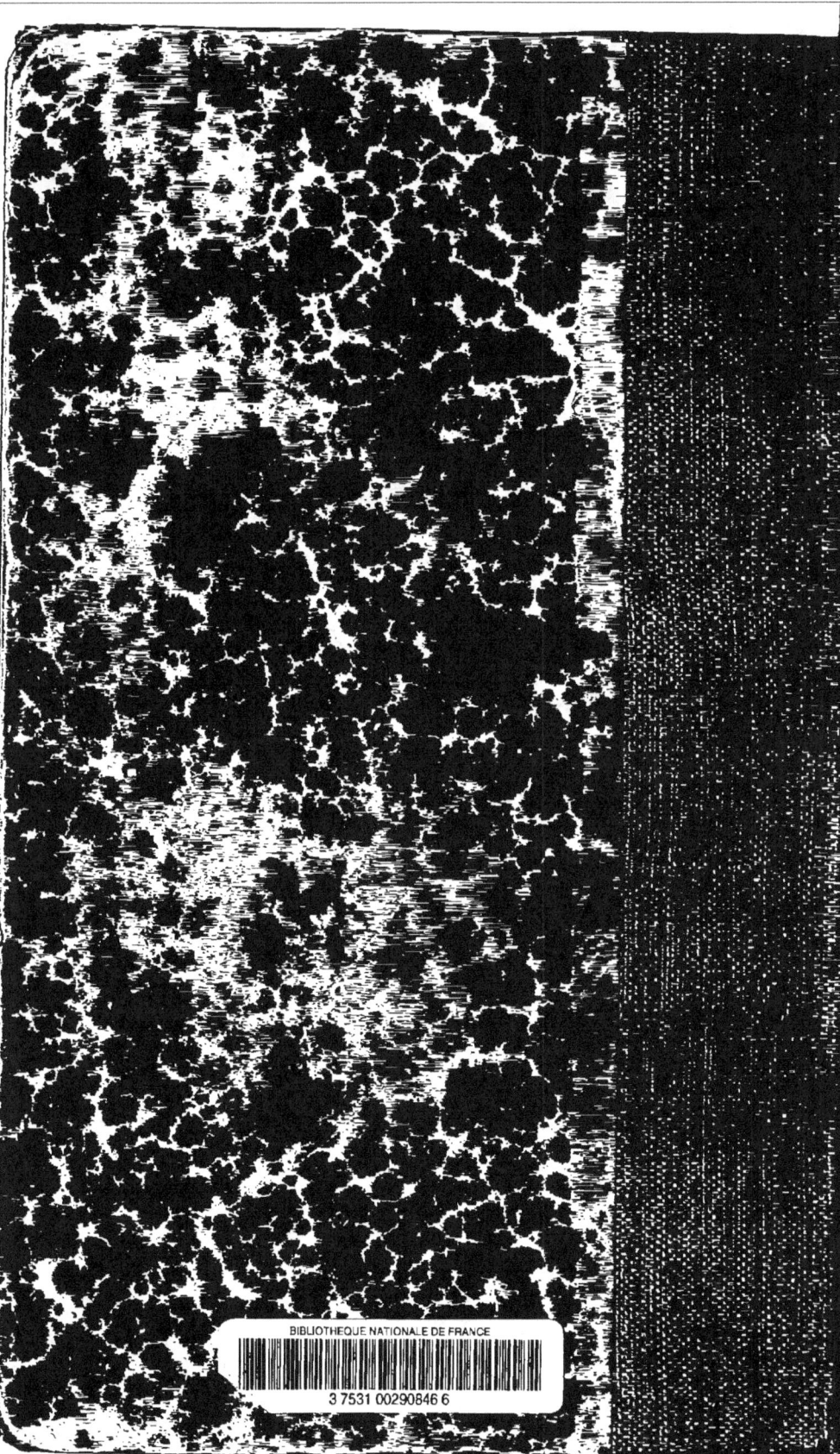

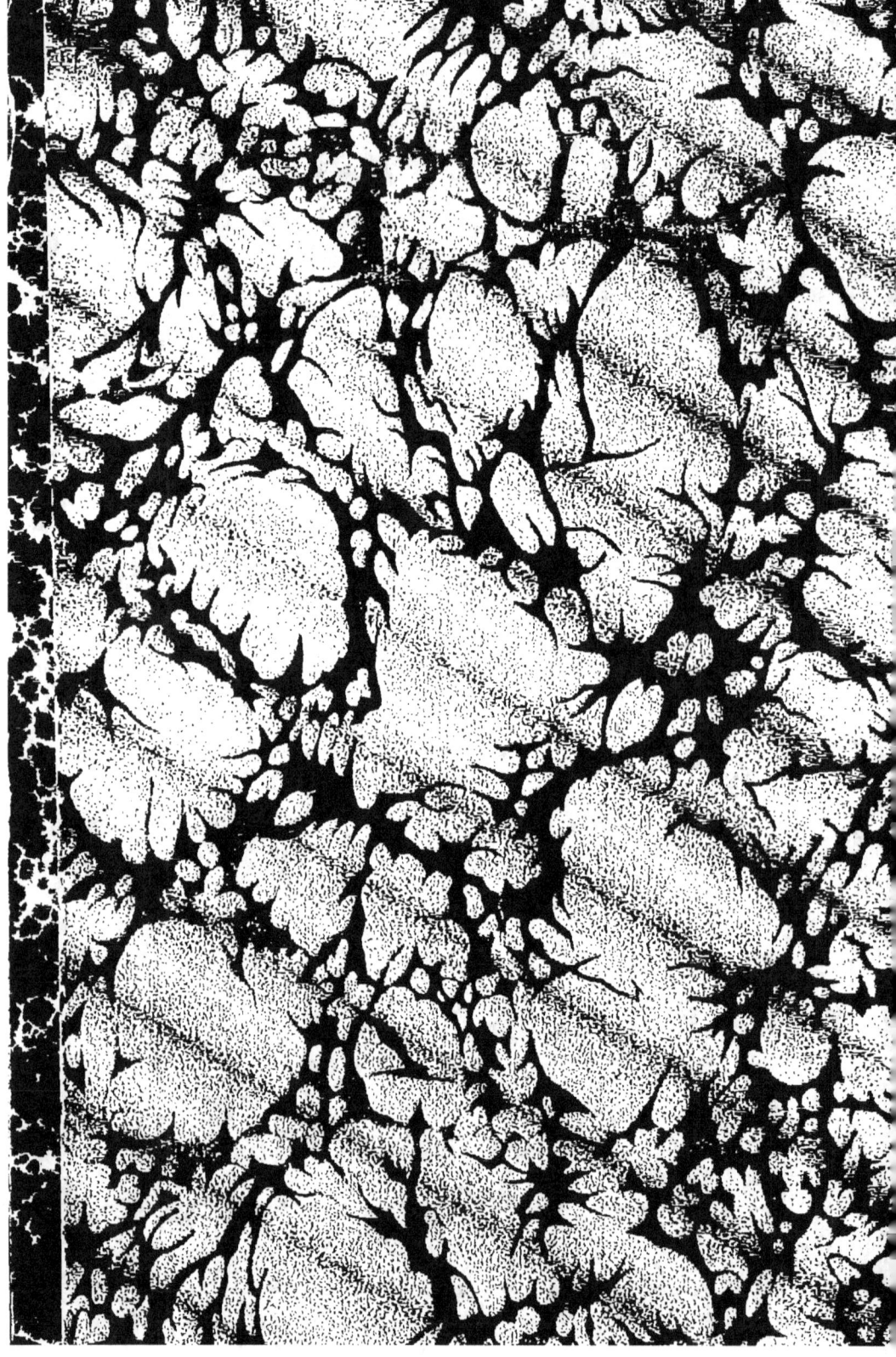

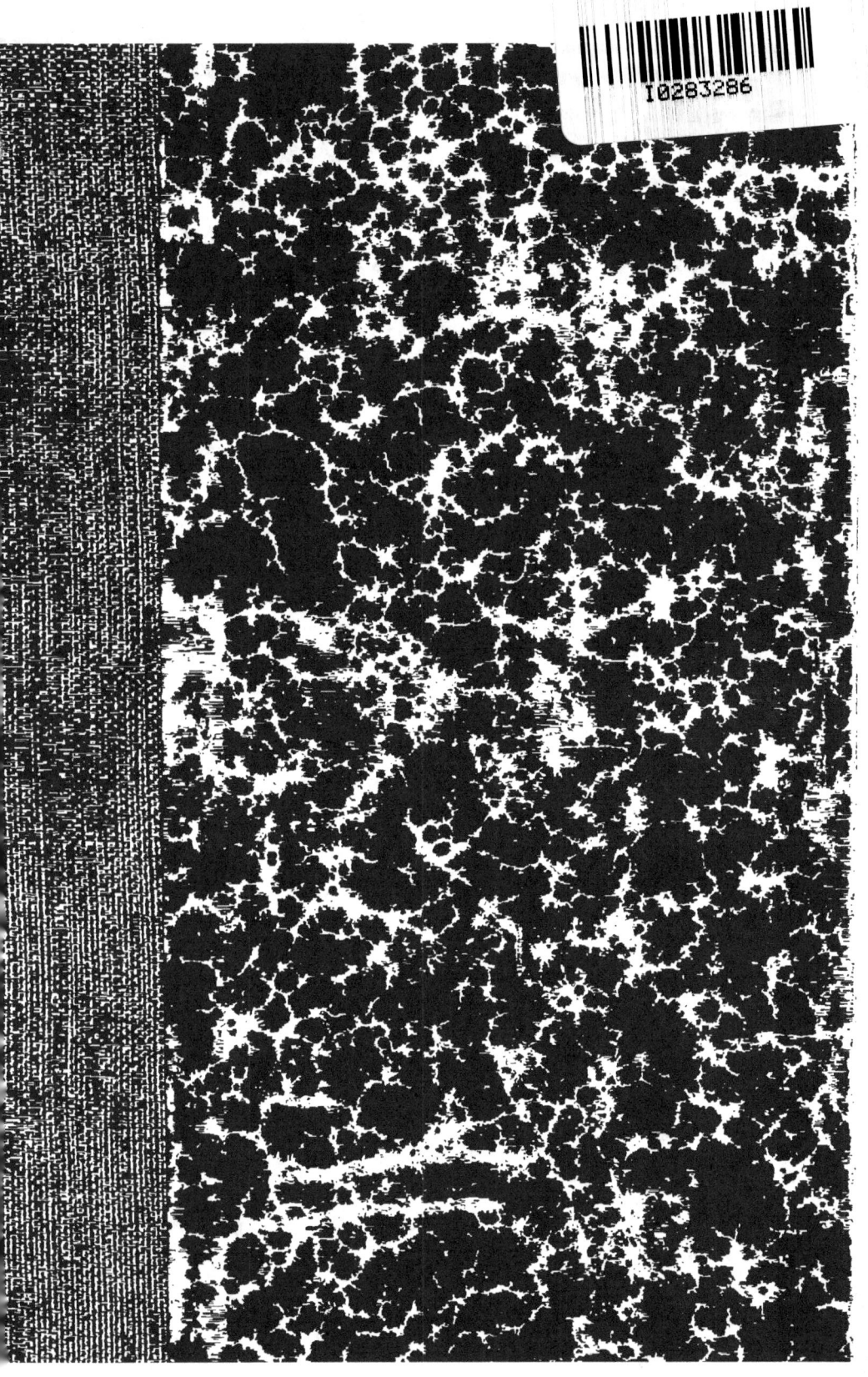